2011 中国牧草产业经济

王明利 等 著

中 国 农 业 出 版 社

图书在版编目（CIP）数据

中国牧草产业经济．2011／王明利等著．—北京：中国农业出版社，2012.11

ISBN 978-7-109-17405-4

Ⅰ.①中… Ⅱ.①王… Ⅲ.①牧草-畜牧业-经济发展-研究报告-中国-文集 Ⅳ.①F326.3-53

中国版本图书馆 CIP 数据核字（2012）第 277711 号

中国农业出版社出版
（北京市朝阳区农展馆北路 2 号）
（邮政编码 100125）
责任编辑 张 欣

中国农业出版社印刷厂印刷 新华书店北京发行所发行
2012 年 11 月第 1 版 2012 年 11 月北京第 1 次印刷

开本：720mm×960mm 1/16 印张：15.5
字数：225 千字
定价：36.00 元

本研究得到“国家牧草产业技术体系建设专项经费”的资助，特此感谢！

国家牧草产业技术体系产业经济功能研究室全体成员

顾　　问： 张英俊

研究室主任： 王明利

团队成员： 杨　春　黄　仁　辛　岭
胡向东　刘亚钊　修长柏
盛亦工　马　军　王美桃
石自忠　周　慧　柳　岩
刘玉凤　李　娜　王　磊
王宏宇

前 言

2011年是我国牧草产业发展极不平凡的一年。有关牧草产业发展的建议得到国家领导人的重视和有关主管部门的采纳，并第一次启动了奶业苜蓿行动计划，以实施项目的形式高标准补贴集中连片种植苜蓿的生产者。主管部门的重视和市场行情的高涨激发了生产者的积极性。在2010年以前，想找集中连片几千亩苜蓿地比较困难，而目前，在北方地区集中连片的苜蓿地随处可见。询问奶牛养殖户，大都认识到苜蓿饲喂奶牛的好处。这一切都说明，我国当前以苜蓿为主导的牧草产业正在快速兴起。

国家牧草产业技术体系产业经济功能研究室的研究团队，其职责就是在首席科学家的领导下，时刻跟踪国内外牧草产业经济发展前沿问题，准确掌握牧草产业经济的各方面信息，科学评价产业发展现状，及时判断产业发展未来趋势，对产业发展过程中的各种突发影响予以及时研判并在宏观决策建议上作出应急反应。《中国牧草产业经济2011》就是在这一指导思想下，由本人及全体团队成员在2011年及2012年上半年，在执行这些任务中完成的。全书既有我国牧草产业发展的一些重大、热点问题，也有对基础性的专题进行调研后形成的研究报告，同时还有国外发展牧草产业的典型案例及经验介绍。研究内容比较丰富，研究的问题也逐渐深入，将为客观呈现我国牧草产业经济的现状及研究思路提供一个平台。

本书整理和引用了大量的统计和调查资料，特别是应用大量的第一手调查资料进行分析，采用了大量实地案例，鲜活性、资料性的特征十分明显。全书由本人统稿，除统一体例外，对每篇文章都进行了大量删改和补充。通过阅读这些研究报告，可以对近年来中国的牧草产业经济问题有一个较为全面的理解和把握。当然，由于各研究报告分析的角度和研究的重点不完全相同，得出的研究结论和提出的对策建议也各有侧重。随着中国牧草产业的不断发展壮大，对该领域的研究还将进一步深入，我们恳请读者对本书提出宝贵的批评和修改意见。

王明利

2012 年 11 月

目　录

草业宏观经济

国外牧草产业发展

典型地区调研报告

草业宏观经济

构建我国“粮＋经＋饲＋草”四元种植结构研究

王明利　王美桃　杨　春　石自忠

摘要：当前我国种植业二元结构向“粮＋经＋饲”三元结构的调整早已到位，粮、经、饲比例已由1990年的76.5∶22.1∶1.4调整到2010年的48.2∶30.4∶21.4，但饲草面积只占农作物的1.2%。如果再单纯强调三元结构已无现实意义。我国的畜牧业正处在转型和升级的关键时期，优质饲草的严重短缺已经成为转型和升级的重要制约。在今后的农业结构调整中必须给牧草种植留有一席之地。本研究在回顾了我国种植业结构调整的历程，并对当前现状及存在问题进行分析的基础上，重点对三元结构向四元结构转变的充分必要性和紧迫性进行了论述，并提出了构建四元种植结构的思路方向和政策建议。

一、研究背景

改革开放之前，为满足人们的基本生存需要，粮食生产被视为重中之重，在很长一段时间内，我国坚持以种粮为主的一元种植结构。中共十一届三中全会以来，为提高农牧民经济效益，国家提出了“粮＋经”并重的二元种植结构。随着畜牧业规模的扩大和专业化、规模化养殖业的快速发展，对专业化的饲料生产提出迫切需求，“粮饲不分”的二元结构难以满足养殖业的需求。玉米作为“饲料之王”，被国内的养殖业者逐渐认可并大面积种植。鉴于此，国家于1992年提出“粮经饲”三元种植结构的概念，并逐步将传统的“粮＋经”二元结构调整为“以稳定粮食作物播种面积，扩大经济作物和饲料作物的比重”的“粮＋经＋饲”三元结构。至2005年，我国已经初步形成了粮食作物、经济作物、饲料作物的三元结构新格局。

2008 年以来，在国内相继发生的“三聚氰胺”、“瘦肉精”、“苏丹红”等食品安全事件，使人民大众普遍意识到食品安全的极端重要性，国内优质牧草的栽培和种植开始成为人们关注的新焦点。特别是“三聚氰胺事件”的发生，极大冲击了我国乳业的发展。在对乳业整顿和规范过程中，业界普遍认为，在产业快速发展中，一味地强调畜牧业设施现代化，一味地要求产品质量和安全性达到标准，却对投入物是否达到质量安全标准不作过问，最终很难保证产品的质量安全性。特别是奶业，缺乏优质高蛋白牧草，是“三聚氰胺事件”发生的一个重要诱因。在这一深刻教训的影响下，有关部门已经认识到牧草生产的重要性，并将牧草产业确定为我国第二批 40 个农业产业技术体系之一，于 2009 年 2 月正式启动，这为国内牧草产业的发展提供了良好的技术平台。经牧草产业技术体系的全体成员摸底调查和深入研讨，在全国确定了“两带一区”的牧草生产核心区域，并针对不同区域的具体特点确定重点技术难题进行集中攻克，以支撑这些区域牧草产业的快速发展。但由于长期受传统农耕文化的影响，国内发展牧草产业的许多基础条件还不具备，良好氛围还没有形成。而市场上对优质牧草的需求大增，使得对国外苜蓿等优质干草的进口量剧增。如何适应市场对优质牧草的强劲需求，在不影响国内粮食安全的前提下，推进国内优质牧草产业的快速发展，是摆在决策者面前的紧迫任务。

二、我国农业种植业结构转化的历程

(一)“以粮为纲”的种植结构向“粮＋经”二元种植结构的转变

改革开放以前，“以粮为纲”的种植结构基本上一统天下。在长期计划经济政策的束缚下，农村一贯强调“以粮为纲”，发展经济作物等的“多种经营”一直被不同程度地限制着。新中国成立初期，粮食作物播种面积基本维持在占农作物总播种面积的 90%左右，是典型的以种粮为主的单一种植结构；从 20 世纪 60 年代后期开始，粮食作物的播种面积逐年下降，经济作物播种面积有所增加。“文革”十年中农作物种植结构不合理的状况又出现了严重倒退，那时除蚕桑和茶叶面积的增加幅度大于粮食

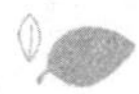

外，大多数重要经济作物的发展速度都比粮食低，如此单一的种植结构严重影响了农村经济的快速发展，难以支撑城乡居民生活水平的稳步提高。到1978年，全国粮食作物和经济作物（包括其他作物）的播种面积比重分别为80.3%和19.7%，粮食作物独大的农业种植结构没有得到根本改观。

在十一届三中全会以后的农村改革进程中，经济作物的发展逐步受到重视，“粮＋经”二元结构发展迅速。1979年10月28日《中共中央关于加快农业发展若干问题的决定》明确指出，“要有计划地逐步改变我国目前农业的结构和人们的食物构成，把只重视粮食种植业、忽视经济作物种植业和林业、牧业、副业、渔业的状况改变过来”[①]。“粮＋经”二元种植结构的思想也逐渐被社会接受。经过此后近十年的调整，到1988年，我国粮食和经济作物（包括其他作物）种植面积比已达到76∶24，与十年前相比，种植业的结构发生了显著变化。与此同时，我国的养殖业也快速发展，对饲料的需求不断增加，专业的饲料生产企业快速增加。以粮食为主，经济作物为辅，粮饲不分的“粮＋经”二元种植业结构[②]，导致人畜争粮问题突出，不符合农业可持续发展的要求，新型种植模式呼之欲出。

（二）“粮＋经”二元种植结构向“粮＋经＋饲”三元结构的更迭

进入20世纪90年代后，国内农产品的供给由长期短缺转向总量基本平衡、丰年有余的格局；农业发展的目标由解决温饱转向实现小康；人们在关注农产品产量提高的同时，对花色品种和质量安全有了新的要求，农业结构调整发展到新的历史阶段。针对当时农业生产的特点和发展趋势，1992年国务院颁布了《我国中长期食物发展战略与对策》[③]，作出关于发展高产、优质、高效农业的决定，明确提出“要将传统的粮食和经济作物的二元结构，逐步转变为粮食作物、经济作物和饲料作物的三元结构”。1993年2月国务院第220次总理办公会议审议通过的《90年代中国食物

① 1979年9月28日党的十一届四中全会通过《中共中央关于加快农业发展若干问题的决定》，中国网。

② 一般把粮食作物与经济作物相结合的传统种植结构称作二元种植结构，把粮食、经济作物和饲料作物相结合的种植结构称作三元结构。

③ 国务院．我国中长期食物发展战略与对策．1992.

结构改革与发展纲要》[①] 重申了这个观点，并提出对饲料作物生产要制定相对稳定和高效的扶持政策。

尽管三元种植结构在20世纪90年代初就被学界和政界先后提出，但除个别地方外，全国总体来看迟迟不能落实到生产实践中去，主要是由于粮食安全受到冲击和对饲草料作物的综合效益没有得到深刻认识。直到“九五”期间，三元种植模式才在较大范围内推开，并在“十五”期间达到了发展高潮。2000年，国家提出实施西部大开发战略，同时明确提出西部地区以种草种树、发展持续农业为主的战略方针。随着这些政策的不断落实，饲草料的种植快速增加，并在2000—2003年间形成全国范围内发展牧草种植的小高潮。从不同地区的三元结构实施情况看，浙江省率先实施了“粮＋经＋饲”三元种植模式，以保证全国最为突出的“人多地少、人增地减”矛盾的地区对粮、肉、蛋、奶的基本需求[②]。1994年后，浙江省临安县、湖州市菱湖区、遂昌县、荷州市等地就因地制宜进行了三元种植结构的调整。从1999年起，山东省就在全省实施“跨世纪农田种草工程”，以期建成新型的“粮食作物、经济作物和饲草饲料作物”科学配置的三元种植结构，截止到2002年末三种作物种植面积比达到60∶23∶17[③]。江苏省在南方水网农区大力推广“稻—草—禽（渔）”生态农业模式，根据冬春光照偏少，种植以收获籽粒为主的农作物不易取得高产，而恰恰适宜种植牧草，以发展养殖业的特点[④]，将饲料作物纳入主要种植模式中。90年代以来，黄淮海豫北地区大面积推广“小麦—玉米（青饲）—花生”和“玉米—大豆—红薯（饲料）”等“粮—经—饲”模式，并取得了显著的经济、社会和生态效益[⑤]。黑龙江省从2001年开始实施“三元结构”种植示范基地建设项目，依托其资源及传统技术优势，按粮、经、饲4∶4∶2的比例在示范区

---

① 国务院．90年代中国食物结构改革与发展纲要．1993.

② 吴国庆．浙江省粮经饲种植业三元结构布局及可行性分析［J］．耕种与栽培，1997（1-2）：20-23.

③ 孙福来，谷奉天．论山东农田种草改制种植业的科学性与可行性．中国草地，2000（4）：68-72.

④ 黄开红，朱普平．稻、草、禽（渔）—水乡生态农业发展之评述．江苏农业学报，2000，16（1）：57-60.

⑤ 刑廷铣．农牧结合种植模式及其发展战略．农业现代化研究，1999（1）：46-49.

调整农业结构，2003 年该比例进一步调整为 2∶5∶3，在一些典型示范地区实现了二元结构向三元结构的跨越[①]。

三、“粮十经十饲”三元结构的实施现状及存在的问题

（一）“粮＋经＋饲”三元结构的实施现状

改革开放三十多年来，我国农作物播种面积总体呈波动性增长态势，但 2006 年以来，农作物播种面积呈现稳定上升态势，播种面积从 152 149 千公顷上升到 2010 年的 160 675 千公顷，增加了 5.6%（图 1）。

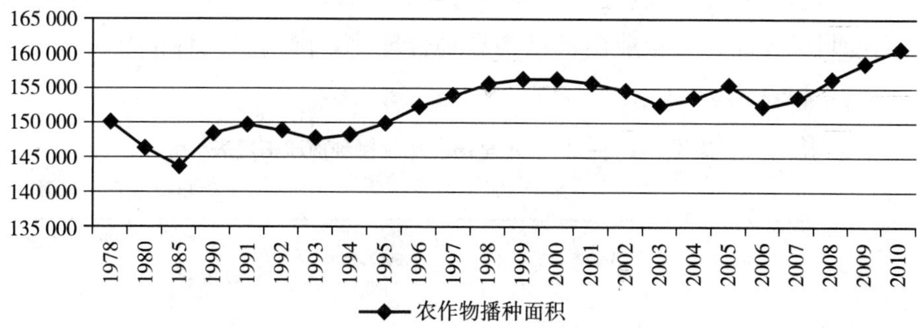

图 1　1978 年以来我国农作物种植面积变化趋势图（单位：千公顷）

从种植业内部结构来看，经历了一个从简单到复杂，从传统到现代，从一般到竞争的优化升级过程。1980—2010 年间，我国粮食种植面积的绝对值和相对值都在调低，粮食种植面积从 1980 年的 97 147 千公顷降低到 2010 年的 77 376 千公顷（表 1），降低了 24.7%，而粮食总产量从 32 055.5万吨提高到 54 647.7 万吨，提高了 70.5%，这从一个侧面说明我国粮食单产水平大幅提高。经济作物种植面积增幅明显，尤其是粮经二元经济结构实施之后，经济作物种植面积从 18 112 千公顷增加到 41 121 千公顷，增加了 127%，其中油料播种面积增加了 75.2%，油料总产出增加了 3.20 倍；糖料播种面积增加了 107%，总产量增加了 3.1 倍；蔬菜种

① 邢玉升，吕旭明．三元种植结构与农业可持续发展——以黑龙江省安达市为例．就是学刊，2006，33（6）：56－60.

植面积从3 163千公顷激增到19 000千公顷，增加了5.0倍；水果播种面积从1 783千公顷激增到11 544千公顷，增加了5.5倍，总产出增加了30.51倍；饲料作物播种面积大幅上涨，其中占饲料作物种植面积90%～95%的为玉米种植，面积从20 087千公顷上升到32 500千公顷，增长了61.8%。其他饲料作物包括青饲料、饲草等的种植，多年来青饲料种植面积基本维持在总农作物种植面积的1.5%左右，波动幅度较小。考虑到玉米在1995年以前用作粮食的比例较高，1995年后用作饲料的比例较高，这里对1995年及以后的粮食和饲料进行修正①，粮、经、饲种植面积比约由1980年的80.1∶17.4∶2.5调整到1995年的58.2∶25.4∶16.4（表2）。到2010年，该比例进一步调整为48.2∶30.4∶21.4，饲料作物的种植比重明显提高，种植业内部结构更趋合理化，国内三元种植结构基本形成（表1和表2）。

表1　1980—2010年全国农作物播种面积情况表

单位：千公顷、%

项目	1980	1990	1995	2000	2005	2010	1995年比1980年增减	2010年比1980年增减
农作物总面积	146 380	148 362	149 879	156 300	155 488	160 675	2.39	5.35
粮食作物1①	117 234	113 466	110 060	108 463	104 278	109 876	−6.12	−4.41
粮食作物2	97 147	92 065	87 284	85 406	77 920	77 376	−25.55	−24.73
经济作物②	25 470	32 833	37 994	45 696	47 833	48 916	49.17	39.18
饲料作物1③	3 675	2 152	1 825	2 142	3 376	1 882	−50.35	−0.48
饲料作物2	23 763	23 465	24 601	25 198	29 735	34 382	3.53	7.39

注：①根据农作物种植结构调整和玉米在用途上的转变，粮食作物1中包括玉米的种植面积，粮食作物2是剔除了玉米后的面积。

②文中的经济作物为广义经济作物，是具有某种特定经济用途的农作物，具体包括纤维作物（棉花、麻类、蚕桑）、油料作物（花生、油菜、芝麻、大豆、向日葵等）、糖料作物（甜菜、甘蔗）、饮料作物（茶叶、咖啡、可可）、嗜好作物（烟叶）、药用作物（人参、贝母等）、热带作物（橡胶、椰子、油棕、剑麻），还包括蔬菜、瓜果和花卉等园艺作物，除青饲料外的其他作物。

③饲料作物1仅包括其他作物中的青饲料，饲料作物2包括玉米和青饲料。

资料来源于历年《中国统计年鉴》和《中国农业年鉴》。

---

① 为了研究方便，从1995年后将粮食作物中的玉米剔除出去归入饲料作物中。按国家统计数据显示，当前我国玉米产量的90%左右都用作饲料。

表 2　1980—2010 年我国粮、经、饲种植面积分配比例

年份	1980	1990	1995	2000	2005	2010
调整前①	80.1∶17.4∶2.5	76.5∶22.1∶1.4	73.4∶25.4∶1.2	69.4∶29.2∶1.4	67.1∶30.8∶2.2	68.4∶30.4∶1.2
调整后	66.4∶17.4∶16.2	62.1∶22.1∶15.8	58.2∶25.4∶16.4	55∶29∶16	50∶31∶19	48.2∶30.4∶21.4

注：根据历年《中国统计年鉴》相关数据整理所得。

①调整前指玉米归入粮食作物面积中；调整后指玉米归入饲料作物面积中。

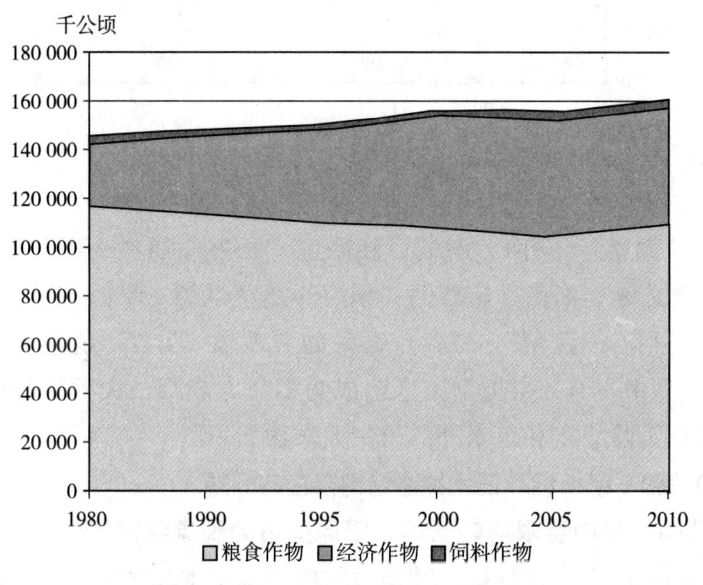

图 2　历年调整前全国粮经饲种植趋势

种植业结构调整中不同区域各具特色。2010 年按各省市区种植面积占前三位的作物组合，大致可分为如下类型：北方吉林和黑龙江的"玉米—大豆—稻谷"类型，辽宁的"玉米—蔬菜瓜类—稻谷"类型，内蒙古的"玉米—大豆—油料"类型，山西、甘肃、宁夏的"小麦—玉米—大豆、薯类或苜蓿"类型，新疆的"棉花—瓜果蔬菜—小麦"类型，陕西的"玉米—小麦—果园"类型，山东、河南和河北的"小麦—玉米—蔬菜瓜类"类型等。南方江苏、四川的"稻谷—小麦—蔬菜瓜类"，安徽的"小

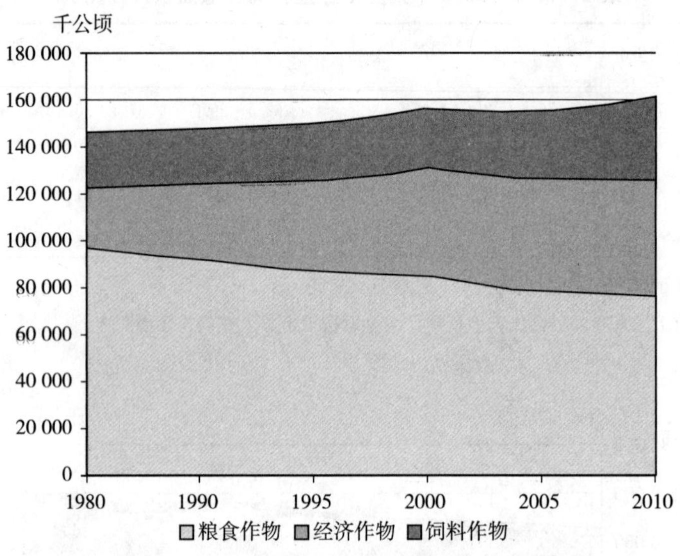

图 3　历年调整后全国粮经饲种植趋势

麦—稻谷—大豆”，湖南、湖北、江西的“稻谷—油料—蔬菜瓜类”，浙江、福建、广东、海南、广西的“稻谷—蔬菜瓜类—果园或糖料”，重庆的“薯类—稻谷—蔬菜”，贵州、云南的“玉米—稻谷—蔬菜”等。在上述13个类型中，有6个类型玉米已成为第一大或第二大种植品种，宁夏的苜蓿已成为除小麦和玉米外的第三大作物。

（二）“粮＋经＋饲”三元种植结构存在的问题

1. 结构调整中重眼前轻长远、跟风追市的现象经常发生

就不同地区而言，种植业结构调整应着眼于本地区的资源环境条件和市场需求情况，应统筹农牧、着眼农工，从该地区整个国民经济发展的角度来考虑。就全国而言，种植业结构的调整应基于不同地域、资源、市场等差异性，不同区域不可盲目照搬、机械式发展。但现实情况却不是这样。如内蒙古、新疆等广大西北少数民族地区，畜牧业是其传统的主导产业，也是保障当地城乡居民正常生活的基础产业，在种植业结构调整中就必须充分考虑这一点。但实际情况却是，种植业结构调整过程中随大流、盲目跟市场现象严重，产业发展和结构调整中未能适应本区域的基本需求，即肉类和奶类消费需求大的现状，其在实际发展过程中却过分强调林

果和设施农业，忽视了饲草料的发展。当前边疆少数民族地区出现的牛羊肉短缺现象在很大程度上就是由于这些地区的农区牛羊养殖减少所致。特别是在新疆的南疆地区，本来就人多地少，过分发展林果业，挤压了粮食种植和饲草料种植，导致牛羊饲草料缺乏。在当前牛羊肉价格飞涨的情况下，饲草价格也快速上涨，在新疆全疆的秸秆价格普遍达到 0.8 元/千克，在南疆大多数地区秸秆价格达到 2 元/千克以上，甚至出现将小麦籽粒夹入秸秆中出售的“怪”现象①。

2. 过度的区域化和专业化，导致土地生产能力下降

农业区域化、专业化生产是农业生产发展的必然趋势。但由于我国各地区耕地资源有限，过度的区域化和专业化生产使得农作物轮作倒茬难以实现，一块耕地上长期只种植一种作物，极易导致地力严重下降，病虫害增加。我国的东北地区如黑龙江和吉林，经过这几年的结构调整，大田作物基本上只有玉米和水稻，而这两种作物对耕地的要求又基本上具有专一性，很难互相轮作。东北黑土地区土壤肥力下降严重就是一个典型事例，相关研究发现（汪景宽等，2007），该地区土壤 pH、有机质和速效钾平均含量明显降低，速效磷平均含量有较大增加；20 世纪 80 年代该地区土壤肥力综合指数以一、二级为主（80%以上），但 21 世纪初土壤肥力质量几乎被二、三级地所占据（98%以上）②。而全面实施牧草与其他作物的合理轮作或间作，可有效培肥土壤，显著提升土地的产出能力。

3. 当前的三元结构难以适应畜牧业的转型和升级

当前，我国畜牧业正处在深刻的转型和升级阶段。畜牧业转型和升级的核心是由数量和规模的扩张转向畜禽个体生产能力的提高和产品质量与安全性的提升，最终使得综合效益显著提升。在转型升级过程中，良种培育与扩繁、养殖设施设备的改进以及疫病的有效防控等固然重要，但针对我国的实际，科学的饲料配方和畜禽营养改良才是提高畜禽个体生产能力、提升产品质量和安全性的重要保障。当前的生产实践中有许多畜禽日粮中添加牧草后显著提高生产水平、提升产品质量和安全性的典型案例。

---

① 笔者于 2012 年 7 月底和 9 月中旬两次赴新疆喀什和昌吉州对当地畜牧业生产情况进行调研。

② 汪景宽，李双异，张旭东等．20 年来东北典型黑土地区土壤肥力质量变化．中国生态农业学报，2007（1）：19－24.

如产奶牛日粮中添加一定量苜蓿，在产奶量提高、原奶质量提高和奶牛发病率下降等方面都产生显著作用①；母猪料中添加一定量苜蓿草粉，对增加产仔数、提高仔猪成活率等方面有显著效果②；此外，蛋鸡饲料、兔饲料以及其他特种动物养殖中添加一定量的苜蓿草粉都可产生较高的经济效益。可见，优质牧草对国内畜牧业的转型和升级将起到不可替代的作用。而当前的"粮＋经＋饲"三元结构没有突出草的地位，没有给种草留出足够土地，必然会严重影响着畜牧业的转型和升级。

4. 国内牧草种植面积较大，但品质较低

近年来我国牧草种植面积在逐年扩大，种植种类不断增加，但生态草面积大，供牲畜饲用的牧草面积小；品质差的牧草面积大，紫花苜蓿等优质牧草面积小③。当前，我国紫花苜蓿种植面积小，且大部分苜蓿的质量水平仍处在二级或三级水平，质量稳定性差，常含有杂草或发生霉变，供给量不稳定，给大型奶牛场的使用带来极大不便，不利于我国奶业乃至现代畜牧业的健康发展。根据美国农业统计数据，2011 年全球苜蓿种植面积约为 3 300 万公顷，美国、俄罗斯和阿根廷等国的种植面积大致为世界苜蓿种植总面积的 70％，其中尤以美国种植面积最大，约占总面积的 1/3。在美国种植业中，苜蓿已成为仅次于小麦、玉米和大豆的第四大作物，苜蓿干草的年产值超过 80 亿美元，而与之相关的产业总产值则超过 1 000 亿美元。2010 年美国用于生产干草的各类牧草总种植面积为5 897.3万英亩（约折合 3.54 亿亩），其中苜蓿干草收获面积为 1 995.6 万英亩（约折合 1.21 亿亩）。常年如此大面积的牧草种植面积既稳定地保障着国内现代畜牧业的健康发展，也大量出口国外，获得可观收益。

---

① 笔者近年来对内蒙古、宁夏、山东和河北的调研和对奶业技术专家的咨询结果。

② 王彦华，苜蓿皂苷和草粉对断奶仔猪和育肥猪生产性能的影响及机理研究［D］．河南农业大学硕士学位论文，2007.

③ 2009 年，我国牧草种植面积达 24 297 万亩，其中优质牧草紫花苜蓿只有 5 499 万亩，大多数为沙打旺、柠条等生态用草，见《中国草业统计》2009 年。

四、三元向四元结构调整迫在眉睫

经过自“九五”时期以来的结构调整，我国以玉米为主导的饲料作物种植面积快速扩大，2010年玉米种植面积已达32 500千公顷，比1995年增加了42.7%，占农作物播种面积20.2%；而同期的水稻和小麦种植面积分别下降了2.8%和16.0%。代表牧草的紫花苜蓿和青饲、青贮玉米面积2009年只有5 087.8千公顷，只占农作物播种面积的3.2%，在农作物中的地位微不足道。这与牧草在畜牧业发展中的极端重要性格格不入，必须将牧草种植从饲料种植中独立出来，单独考察其在农业结构调整中的变化趋势，即尽快将三元结构转化为四元结构，只有这样才能有效推进农业生产和畜牧业发展具有重要意义。

（一）实施四元结构是畜牧业转型和升级的基础条件

牧草是草食性畜禽的主食，而精料其实只是其日粮的补充，所以业界将精料也称为精料补充料。我国长期对草食性畜禽实施粗放式养殖，大多采取“秸秆+精料”的饲喂模式，导致草食性畜牧业长期生产效率低下，畜禽生长发育较差，发病率较高，畜产品质量和安全性不高，在国际市场的竞争力较弱。近年来国外大量奶粉的进口、大量高档牛肉的走私进口都很大程度上与国内相关产品的质量和安全性不高有关，而这些又与优质牧草的饲喂紧密相连。最典型的是奶牛，单产5吨以上原奶的奶牛日粮中添加3千克干苜蓿，可减少1.5千克的精料，日增产鲜奶1.5千克，原奶质量提高一个等级，奶牛发病率大幅下降，1头奶牛的综合效益可提高2 000元以上。牧草也是食粮性畜禽提高生产效率、提升产品质量与安全性的重要条件。相关饲料配方对比试验表明，在母猪日粮中添加一定苜蓿草粉，对母猪繁殖性能和饲粮消化率产生重要影响，当能繁母猪日粮中配备20%的苜蓿草粉时，产活仔数提高了22.2%（$p<0.05$）；断奶仔猪的成活率也以配备20%的苜蓿草粉为最高①。在当前我国生猪生产受制于产仔

① 王彦华．苜蓿皂苷和草粉对断奶仔猪和育肥猪生产性能的影响及机理研究［D］．河南农业大学硕士学位论文，2007.

数少和仔猪成活率不高的大背景下，牧草生产无疑对生猪生产水平的提高具有重要作用。

（二）实施四元结构是农业生态系统良性循环的重要条件

研究表明（毛吉贤等，2009），套种牧草能提高土壤有机质、碱解氮和速效磷的含量[①]。而紫花苜蓿等豆科牧草更具有根瘤固氮作用，据测算，连续生长三年紫花苜蓿的土壤，每公顷产根系 9 吨左右，每亩地根瘤菌固氮 9～15 千克，且一半分布在 0～30 厘米的耕作层，使有机质提高 0.1%～0.3%。同时，还可以增加团粒结构，改良土壤，提高后茬产量。肥沃土壤栽培紫花苜蓿，其后茬作物可增产 30%～50%，贫瘠的土壤可增产 2～3 倍。当前我国的中低产田约占 2/3 左右，大多土壤板结、贫瘠，再加上规模化、专业化种植和区域化布局的全面推进以及耕地总量的限制，导致作物轮作倒茬困难，使土壤生态环境严重恶化。适度发展粮草轮作将对土壤改良和农业生态系统良性循环起到极大促进作用。

（三）牧草是草原地区牧民增收依靠的几乎唯一资源

我国广大牧区，草食性畜牧业仍然是牧民收入的主要来源，在部分地区更是唯一来源。当前，我国的天然草地已有 90%出现不同程度的退化、沙化，且每年仍以 200 万公顷的速度扩张。随着国家实施草原生态保护和草畜平衡措施的全面推进，天然草场已经难以承载不断扩大的畜产品需求，必须因地制宜[②]发展人工种草，依靠大面积高产量的人工种草来弥补牧区饲草的不足。这不仅关系到牧区牧民的增收，更关系到牧民基本肉食消费的保障。

（四）农业结构的适度再调整可为发展草业提供适量耕地

当前，我国种植业三元结构早已实现，饲料产量已占全国粮食产量一半左右。将种植小麦、玉米等粮食作物（精料）的耕地一部分用于种植苜蓿等优质牧草，既影响不了粮食安全，又能提高养殖效益。据测算，单位面积紫花苜蓿与小麦相比，前者蛋白质约为后者的 7 倍，干物质约为 4.7 倍；苜蓿蛋白中含有 20 种以上的氨基酸，比玉米高 4～5 倍。且用“秸秆

---

① 毛吉贤，石书兵，马林，等．免耕春小麦套种牧草土壤养分动态研究［J］．草业科学，2009（2）：86－90.

② 根据不同牧区的自然特点和地理位置，或在牧区发展人工草地，或在相邻的半牧区、农区发展人工草地。在推进牧区发展和资源配置中，应将牧区、半牧区和农区统筹考虑，不能再实施人为分割。

＋苜蓿＋适量精料”比“秸秆＋精料”饲喂模式对草食家畜的消化效率更高，代谢类疾病等的发病率更低，所以相应畜产品的产出效率也更高，效益更好。对于奶牛业来讲，在奶牛日粮中添加 3 千克干苜蓿可以节省 1.5 千克精饲料，则 1 亩苜蓿干草代替的精饲料量完全可抵 1 亩粮食作物的产量，可适当替代一部分饲料玉米的种植。此外，种植牧草是最不易改变耕地用途的农业生产方式，当粮食供给充足时，通过粮草轮作，可以培肥土壤，还可以生产出优质牧草；粮食供给不足时，可以改作粮田，随时转化为粮食的现实生产能力。

五、构建“粮＋经＋饲＋草”四元结构的思路与方向

实施四元结构种植，首先必须充分利用现有牧草地，通过不断提升牧草生产的技术水平和装备基础，从提升单产和改善草质上下功夫，不断提高牧草的有效产量。再者，适度调整现有种植业结构，根据不同地区的实际情况，从饲料作物（玉米）的面积中“占”一点，从经济作物面积中“让”一点，或从粮食作物面积中“挤”一点，充分利用一定数量的耕地，大力发展高产优质牧草基地，保障市场对优质牧草的快速需求，减轻对国际市场的过分依赖。

（一）从饲料作物面积中占一点

根据本研究的调整，饲料作物中玉米占绝大多数。按照我国奶牛日粮的现状，以及在其日粮中添加 3 千克苜蓿，相应减少精料的方案，每种植 1 亩苜蓿基本可节省种植 1 亩玉米。这样，保障 750 万头产奶牛日粮中 3 千克干苜蓿，基本需要占用耕地 50 万公顷，大致可以节省 50 万公顷玉米（饲料）地。既然奶牛饲喂一定量苜蓿可减少精料（玉米）的饲用量并产生更大的效益，就应从饲料（玉米）地中占用一部分用于种植苜蓿。

（二）从经济作物面积中让一点

在新疆、内蒙古等少数民族地区，根据当地对草食性畜产品消费量大的特点，以及保障当地居民对肉食和奶食基本消费的极端重要性，可考虑对这些地区的经济作物（如瓜果等）面积适度调减，既保障了这些地区经

济作物的稳定收益[①]，又增加了牧草的种植进而保障了肉食和奶食的供应。既然保障肉食和奶食供应在这些地区极端重要，就应将经济作物用地让出来用于种植牧草。

（三）从粮食作物面积中挤一点

针对部分地区用小麦作饲料的现实情况，可在北方的小麦产区，适当挤出一部分种植面积用于种植苜蓿，在这些地区，同等条件下种植 1 亩苜蓿的饲用价值可相当于种植 2～4 亩小麦的饲用价值[②]，所以将那些用于饲喂畜禽的小麦所占土地用于种植苜蓿，产生的经济价值和节粮效果将非常明显。既然一些地区存在用小麦或稻谷（粮食）饲喂牲畜（特别是草食家畜）并产生不经济的情况，就应将种植这些粮食作物的耕地挤出一部分用于种植牧草。

（四）充分利用边际土地种植牧草

我国牧草种植传统的固有阵地——大量的边际土地一定不能放弃。我国在南方有大量的冬闲田，在北方有大量的荒地，在西北地区有大量的退耕还林（草）地，在几大流域有大量的盐碱地、滩涂等，这些都是我国传统的牧草种植固有阵地，这些地区种植的牧草大多是一家一户种草养畜、即割即喂、草畜一体化的最紧密模式，尽管形成的商品草较少，却是保障国内牧草供应的主要地区之一，应继续充分利用这些地区生产牧草。

（五）提升原有饲草地的生产水平

要向大力提升单产要产量、要效益。我国的牧草种植，从面积保有量看已经占有很大的比例，但产量不高，形成的商品量更低，只有几十万吨。今后一定要培育和扩繁适应不同地区气候特点的优良品种、加强田间管理、提升技术水平和改善生产装备上下功夫，不断提高生产水平。

（六）合理进行区域布局

新增苜蓿播种面积应主要布局在北方地区，占用一部分原来的玉米种植面积和春小麦面积，如黑龙江西南部、吉林西部、辽宁西部、内蒙古中

---

① 目前这些地区瓜果等因面积的盲目扩张而导致收益很不稳定，如新疆的红枣、核桃等经常出现因收益不稳定而导致种植—砍伐—种植的局面。

② 小麦秸秆对牲畜只起到“吃饱”的作用，基本没有营养价值，而苜蓿的整个地上生物量都具有很高的营养价值。

西部、甘肃、宁夏、新疆、陕西部分地区以及河北、山东和山西的部分地区；新增青贮玉米、高丹草等的面积也应与奶牛养殖区域相协调，主要布局在北方和中原地区；充分利用南方冬闲田大力发展以黑麦草为主导的南方牧草，以满足一家一户种草养畜的需求；在内蒙古、新疆等少数民族地区，适当调减一部分经济作物占地，充分利用农牧交错带的资源发展人工种草，以满足养牛和养羊的需求。

六、构建“粮＋经＋饲＋草”四元结构的建议

（一）转变观念是构建四元结构的前提条件

一是应转变种草即挤占农田从而影响粮食安全的观念。实践已经多次证明，草食性畜禽必须以优质牧草为主食（补充适量精料），才能提高消化效率，提高产出和产品质量，降低发病率，从而直接或间接显著地减少粮食消耗，提升综合效益；食粮性畜禽日粮中如添加适量优质牧草（粉或颗粒），同样可以减少对精料的依赖，提高产出和产品质量，降低发病率，提升综合效益。种植业结构的适度再调整，不仅不会影响粮食安全，反而会进一步促进粮食安全，并显著提升畜牧业的生产能力和综合效益。

二是应转变种草效益好即农民就会自动种植的观念。当前，在我国种植苜蓿效益很好，但一家一户的农民也很难种植并得到效益。因为牧草产业比其他种植业的发展难度更大，在一个区域内必须形成一定的“气候”或“氛围”才能顺利发展。一家一户的粮食种植，完全的人工种、收、贮都可以比较容易地获得收成；而种植牧草就不行，牧草到了收获季节必须及时收获，并适时晾晒和打捆，同时还要占用很大的仓储空间贮存，并等待收草企业收购后才能最终获得效益，期间的任何一个环节脱节就易导致牧草种植一无所获。所以，即使市场上苜蓿效益很好，也不会引致大量农户及时种植苜蓿，也不一定就会保证这些农户顺利获得应有效益。必须要将“草”看做作物，必须像种植粮食那样种植牧草。种植牧草必须有一定的技术基础，必须有一定的种植规模，必须有为牧草生产提供的“耕、种、收”等全程的机械化服务，必须有收购牧草的企业或营销组织，即必须形成一定的氛围。

（二）给予草业发展宽松的政策环境

我国的牧草种植尽管也有多年历史，但作为牧草产业发展则刚刚起步，主管部门将牧草作为一个产业对待也只是近年来的事。任何一个产业在发展的初期，必须要有相应的优惠政策来扶持和保驾护航，才能促进该产业尽快成长壮大，牧草产业更是如此。尽管牧草产业效益较高，但产业发展的基础薄弱，各环节都很不配套，特别是龙头企业实力很弱，技术水平落后，设施设备严重缺乏，这样很难保障产业整体效益的充分发挥。今后在制定相关政策时必须考虑以下几个方面：

一是要对牧草产业重新定位。在制定相关农业规划或法规等宏观政策时，必须突出优质牧草在缓减粮食安全问题，提高肉、蛋、奶品质，改善国民生活水准中的重要性，并将草原生态保护与牧草产业发展、畜牧产业发展、设施农业发展和粮食产业发展等统筹安排。要在整个农业生产和农村牧区经济发展中将牧草产业放在显著位置突出出来。

二是尽早出台种草与种粮享受同样的优惠政策。尽管从 2012 年起，国家启动实施了“振兴奶业苜蓿发展行动”，中央财政每年安排 5.25 亿元，在奶牛主产省和苜蓿主产省，开展奶牛优质苜蓿标准化高产创建。但是扶植力度非常有限，建议尽快出台全部牧草良种补贴政策、种植牧草直补政策和牧草种植、收储、加工机械补贴政策等，尽快实现种植牧草与种植粮食作物享受同样的优惠政策。

三是急需出台扶持牧草专业合作组织发展的政策。由于牧草种植从播种、管理、刈割等全过程的技术水平、机械化程度要求都很高，且需要大面积的连片土地，急需财政扶持牧草专业合作组织，通过政策引导农民加入牧草专业合作社，通过土地入股或签订土地租赁合同，由合作社开展优质牧草高产示范片区种植。农民在得到土地租赁费的同时还可以选择留在本地工作，或者外出打工。合作社则可推广优质牧草良种，同时对牧草播种、田间管理、收割、贮存等全过程进行技术培训与服务，实现牧草的规模化、机械化生产。

参考文献

吴国庆 . 1997. 浙江省粮经饲种植业三元结构布局及可行性分析［J］. 耕种与栽培（1-

2)：20－23.

孙福来，谷奉天．2000. 论山东农田种草改制种植业的科学性与可行性［J］．中国草地（4)：68－72.

黄开红，朱普平．2000. 稻、草、禽（渔）——水乡生态农业发展之评述［J］．江苏农业学报，16（1)：57－60.

刑廷铣．1999. 农牧结合种植模式及其发展战略［J］．农业现代化研究（1)：46－49.

邢玉升，吕旭明．2006. 三元种植结构与农业可持续发展——以黑龙江省安达市为例[J]．就是学刊，33（6)：56－60.

梁书民．2006. 中国农业种植结构及演化的空间分布和原因分析［J］．中国农业资源与区划（4)：29－34.

王明利．2010. 积极推动畜牧产业发展是全面提升我国奶产业的重要举措［M］．北京：中国农业出版社．

寇波云，杜周和，胡祚忠．2004. 种草养畜促进农业产业结构调整［J］．学术年会，585－588.

全国畜牧总站．草原基础数据册（2001—2008）．

关于苜蓿产业发展对粮食安全影响的政治经济学思考*

王明利　杨　春　胡向东　石自忠

摘要："三聚氰胺事件"后，国内对于优质奶产品的需求骤升，苜蓿作为"牧草之王"，苜蓿产业作为"牛奶生产的第一车间"，愈加受到人们的关注。同时，也又一次引发人们对国内牧草产业如何发展的思考。本文基于国家粮食安全的视角下，在探讨粮食安全和食物安全的实质内涵以及奶产业素质提升的必要条件基础上，重点实证分析了苜蓿产业发展对粮食安全的影响，并就未来如何发展苜蓿产业提出了自己的看法和见解，以期为我国苜蓿产业和奶业的发展提供一点参考。

中国的土地资源稀缺，粮食安全问题不仅是国民经济中"牵一发而动全身"的关键经济问题，更是事关社会稳定的重要政治问题。苜蓿是牧草之王，不仅产量高，而且草质好，具有很高的营养价值。苜蓿草蛋白含量很高，综合营养价值显著高于玉米和小麦等粮食作物，是奶牛健康，进而持续提供优质、高产、安全原料奶的基础。没有苜蓿产业的发展壮大，发展奶牛健康高效养殖便无从谈起。而发展苜蓿产业必然要占用一部分耕地，影响到粮食生产。本文的研究就是基于这样一个"两难选择"的基本前提下进行的，即本文的基本观点就是从经济视角分析苜蓿产业发展中，自始至终都充分考虑了粮食安全这样一个重大的政治问题，所以借用了

---

* 本报告是作者近年来对牧草产业的深入调研基础上，在第四届中国苜蓿发展大会上所作报告后进一步拓展完成的。报告的完成得益于牧草产业技术体系的相关岗位专家和试验站站长的大力配合和支持，特表感谢！

"政治经济学"这样一个概念。

一、必须树立正确的粮食安全观

（一）粮食安全与食物安全

在国际上，只有"食物安全"的概念，没有"粮食安全"。1974 年 11 月，联合国粮农组织于第一次世界粮食首脑会议上首次提出"食物安全（Food Security）"的问题，即"保证任何人在任何时候，都能得到为了生存和健康所需要的足够食物"。随着近年来国内食品安全方面诸多问题的出现，学术界呼吁用"食物安全"取代目前的"粮食安全"的提法。原因在于，在过去生产结构单一的时候提粮食安全有意义，目前农业生产结构日趋多元化，再单一探讨粮食安全意义不大，应更多地注重居民的营养安全和食物安全。客观现实也已一再证实，猪肉生产和价格的剧烈波动，同样牵动着 CPI 的剧烈波动，牵动着整个社会经济的发展神经。因此，粮食安全的范围应该扩展为食物安全，其中包括肉、蛋、奶产品的安全，以及为生产充足和优质安全的肉蛋奶所必须的饲草料的安全，以充分满足居民日常摄取的蛋白质营养。

（二）粮食综合生产能力与粮食现实生产水平

粮食综合生产能力是由各生产要素综合投入所形成，某一地区在一定时期内可以稳定地达到一定产量和质量的粮食产出能力。粮食综合生产能力由耕地、资本、劳力、科技、环境等要素的投入能力和各要素间的匹配与融合能力所决定，由正常年份稳定的产量所体现。上述五种要素投入到粮食生产中的数量和质量以及各要素之间的匹配与融合程度，直接决定着粮食的产出能力。粮食综合生产能力一般应至少包括四方面内容：即耕地的保护能力、投入能力、科技服务能力和抗灾能力。可见，粮食综合生产能力的影响因素是多方面的，其中可转化为耕地的数量和耕地的质量是影响粮食综合生产能力的至关重要因素。在我国，当由于供求关系或国家政策而导致粮食的比较效益高时，至少棉花用地、油料用地、蔬菜园艺用地、林果用地、牧草用地可以及时转化为粮食用地。另一方面，我国的中低产田数量基本占到耕地总量的 2/3 以上，通过合理的耕作制度（其中合理的粮经草三元结构就是国内外长期证明十分有效的耕作制度），完全可以将大量中低产田改造为良田，提高粮食综合生产能力的效果可观。所以，我们在关注粮食安全时，不仅要关注粮食的现实生产水平，更应关注粮食的综合生产能力；不仅关注目前生产能力，更应关注长远生产能力；不仅关注现实生产能力，更应关注潜在生产能力，一定要通盘考虑、全面把握，不能仅仅停留在简单的、傻瓜式、单一目标管理上。

二、苜蓿产业发展是提升我国奶业整体素质的必要条件

（一）我国奶产业的整体素质迫切需要提升

奶业是我国农业发展进入新阶段后增长最快、对农业产业结构调整作用最大、最富有朝气的重要产业之一，也是推动第一、二、三产业协调发展，改善居民膳食结构的重要战略性产业①。自 20 世纪 90 年代以来，我国奶业实现了超常规发展，从 1990 年到“三聚氰胺事件”之前的 2007 年，牛奶产量年均以 13.4%的速度在递增。但长期以来牛奶单产增长缓慢、原料奶的质量安全水平不高等一直制约着奶产业整体素质的全面提升。目前，我国农户养殖奶牛良种化程度较低、饲养管理粗放，导致养殖效率较低、原料奶质量和安全性较差。目前产奶牛平均单产水平仅为 5 000千克左右，奶牛全群平均产奶水平仅为 3 000 多千克，部分奶牛单产甚至仅有 1 000 千克左右。而欧美等发达国家奶牛单产水平普遍超过7 000 千克。究其原因，除奶牛品种参差不齐外，更重要的是，奶牛养殖长期沿用传统落后的“秸秆+精料”的饲喂模式，奶牛养殖过分依赖精料而忽视了优质牧草，导致奶牛常发生各种代谢类疾病，既影响奶产量的提高，又严重影响着牛奶质量和安全性的全面提升，特别是近年来一系列质量安全事件，严重冲击国内奶业的持续健康发展，严重影响着我国奶产业整体素质的全面提升。

（二）苜蓿是牧草之王，更是奶产业全面提升的关键环节

奶牛的自然生理特点和奶业发达国家的经验都表明，优质奶牛必须配

---

① 王明利．推动苜蓿产业发展全面提升我国奶业［J］．农业经济问题，2010（5）．

备优质的牧草，才能生产出高产、优质和安全的原料奶。而我国长期受传统农耕文化的影响，农民一直没有种草的习惯，“种草养畜”并没有被农民普遍接受和认可。而草食家畜，特别是奶牛，对优质牧草、青贮饲料和精料的搭配要求比较苛刻。国内外的经验都表明，奶牛日粮中若没有足够的优质牧草，就不可能生产出优质、高产的牛奶。苜蓿是牧草之王，不仅产量高，而且草质好，具有很高的营养价值，是保障奶牛健康，进而持续提供优质、高产和安全原料奶的基础（表 1）。没有牧草产业的发展壮大，特别是苜蓿产业的发展壮大，发展奶牛健康高效养殖便无从谈起。而当前我国奶牛生产中优质牧草特别是豆科牧草的使用量很低，只有极少数为大企业提供高档原料奶的高产奶牛①，其日粮中才添加 3 千克左右的苜蓿，大多数奶牛日粮中连基本的全株青贮饲料也很难保证，苜蓿更是少之又少，或更本就没有。奶牛的常规饲料主要是劣质秸秆类粗饲料和三大料（玉米、麸皮、饼粕）的简单混合，饲料营养搭配不当，特别是矿物质、微量元素和维生素严重缺乏，导致饲料转化率低，产奶量、乳脂率低，奶牛发病率高②，从而直接影响着我国奶牛单产水平的提高和牛奶质量安全水平的根本提升。所以，大力发展苜蓿产业，对于全面提升我国奶产业的整体素质至关重要。

表 1　奶牛日粮添加苜蓿后产生的效果

奶牛日粮改进方案	效果系数	直接效果	备　注
单产 5 吨以上的产奶牛日粮添加 3 千克干苜蓿	日粮中添加 3 千克干苜蓿	−2 737.50	干苜蓿价格 2.50 元/千克
	日可减少 1.5 千克精料的饲喂	1 314.00	精料价格 2.40 元/千克
	日可增产鲜奶 1.5 千克	1 485.00	鲜奶价格 3.30 元/千克
	鲜奶价格每千克提高 0.4～0.6 元	2 500.00	0.5 元/千克，单产 5 吨
	发病率降低减少医药费 1 000 元	1 000.00	
合计		3 561.50	

注：主要技术经济参数根据作者调研和向奶牛技术专家咨询后得到。

① 这里指一个泌乳期产奶 8t 以上的奶牛。

② 根据笔者近几年对内蒙古、河北、山东等牛奶主产区的调研中当地奶业技术专家和奶农的反映所知。

三、苜蓿的适度发展有利于保障我国的粮食安全

首先，奶牛饲料中添加苜蓿可减少粮食（或精料）的用量。根据养牛技术专家的研究结果，在当前国内奶牛普遍的饲喂模式下，在中高产奶牛日粮中添加 3 千克干苜蓿可替代 1.5 千克精料。在中等农田中①，每亩可产 700～1 000 千克干苜蓿，可替代 350～500 千克的精料，这样便可以减少相当于 1 亩地的粮食种植（见表 2）。所以苜蓿的适度种植可以替代一部分饲料玉米的种植，基本可以不用多占用农田。

表 2　奶牛饲喂苜蓿后对粮食安全的影响测算

农事活动	总规模	效果系数	节粮效果
中等农田种植苜蓿	966.18 万亩	单产 700～1 000 千克干苜蓿	
中等农田种植玉米	−966.18 万亩	单产 350～500 千克籽粒	
单产 5 吨以上的产奶牛 日粮添加 3 千克干苜蓿	750 万头	日可减少 1.5 千克精料的饲喂	410.63 万吨
		日可增产鲜奶 1.5 千克	205.31 万吨
合　计			615.94 万吨

注：主要技术经济参数根据作者调研及向奶牛技术专家咨询后得到。

其次，饲喂苜蓿可提高奶牛单产，从而减少养牛头数，减少对粮食的消耗。研究表明，奶牛日粮中添加 3 千克苜蓿，对于每头泌乳期产奶 5 000千克的奶牛来说，每日可增产鲜奶 1.5 千克，这样 10 头饲喂苜蓿的奶牛产奶量，相当于不饲喂苜蓿条件下 11 头奶牛的产奶量。若全国 750 多万头的产奶牛都饲喂苜蓿，产等量的牛奶便可少养 75 万头奶牛；若按每头日供精料 7.5 千克计算，则每年可减少 202.5 万吨的粮食消耗。由此可见，使用苜蓿饲喂奶牛，不仅可以提高奶牛的单位产奶量，而且可以减少奶牛饲养量，节约成本。发达国家奶业走过的道路我们必须得走，美国从 1985—2010 年，奶牛存栏头数从 1 098.1 万头下降到 911.7 万头，奶牛单产从 5.91 吨增加到 9.26 吨，牛奶产量却由 6 492.7 万吨增加到

① 具备灌水条件，在与种植粮食同等的施肥和灌水条件。

8 753.98万吨。

第三，种植苜蓿可以将中低产田改造为良田，更高效地生产粮食。我国耕地分高、中、低产田，分别有 3 490.67 万公顷、3 951.61 万公顷和 2 982.27万公顷，其中中、低产田分别占 37.9%和 28.6%。苜蓿草根系发达而耐旱，根瘤具有强劲的固氮能力，可以疏松土壤，有效提高土壤有机质和矿物质含量。据研究统计，如果通过种植苜蓿把中低产田改造为良田后，粮食亩产便可得以提高。保守估计，低产田亩均可增产 20 千克粮食，中产田可增产 10 千克粮食，这样通过种植苜蓿改良农田，约可提高粮食产量 1 487.4 万吨。

表 3　2008 年全国高、中、低产田面积及比例变化情况

种类	面积（万公顷）	比例（%）
高产田	3 490.67	33.48
中产田	3 951.61	37.91
低产田	2 982.27	28.61

资料来源：石全红等，中国中低产田时空分布特征及增产潜力分析，中国农学通报，2010，26(19)：369-373。

第四，种植苜蓿可使用生产粮食余下的边际土地。对于大量不适合粮食生产的边际土地，如大量的盐碱地、退耕还林（草）地、撂荒地等。特别是西北黄土高原区的极干旱地，十年十旱，种粮食基本绝产，而苜蓿仍能获得收成。不仅如此，在大量水资源不足地区，种植苜蓿还可以与粮食错峰灌溉，不会影响粮食生产的正常用水。生产粮食没有经济效益，但是种植苜蓿要求的土地不如种粮那么严格，所以苜蓿生产还有一定的经济效益。

最后，种植苜蓿草是最不容易改变耕地用途的农业生产方式。草田轮作是一种比较完美、经济的耕作制度，牧草生产在其中可很好地扮演粮食生产的“调节器”。在粮食供应充足时，农田种植苜蓿既可以很好培肥土壤，同时也可以生产出优质牧草以供养殖；在粮食供应偏紧时，苜蓿等草田便可立即改作粮食种植，为粮食增产奠定良好基础。只要耕地的用途不发生改变，牧草地就能很好地发挥其粮食生产能力的现实作用。

四、破除传统观念，重视扶持苜蓿产业的发展

（一）当前各地发展的苜蓿产业比较效益较高

根据我们对河北、山东、内蒙古、宁夏等地的调研和监测，初步结果表明种植苜蓿的效益很好，特别是规模化种植效益更高。首先，苜蓿产业的效益需要延伸计算，不仅仅局限于牧草产业这个单一领域，还要将草畜结合共同产生的效益计算进去。国外经验表明，单纯种草不养畜或养畜不种草，效益都不高，只有将草畜结合，综合效益才能得以充分显现。如奶牛日粮中添加一定量的苜蓿，使得奶牛精料用量的减少、奶产量提高、牛奶质量和安全性提高以及奶牛发病率的下降，所产生的一系列效益应归功于苜蓿产业（见表2）。其次，苜蓿是多年生作物，一年种植，多年受益，所以计算苜蓿种植的效益时不应局限于第一年，应该综合衡量、延伸计算全部收获年份的整体成本效益，然后再向每个年份进行分摊。第三，苜蓿产业的最终效益要靠发展精品畜牧业来体现。当前，尽管从美国进口的苜蓿每吨到岸价达到 3 000 多元，但仍然有许多大型奶牛养殖场争相进口，一个重要原因就是生产质优价高的高端原料奶所需。

（二）苜蓿产业的发展需要具备更高的基础条件

苜蓿产业与其他牧草产业的发展一样，比其他种植业的发展难度更大，在一个区域内必须形成一定的“气候”或“氛围”才能比较顺利发展。一家一户的粮食种植，完全的人工种、收、贮都可以比较容易地获得收成；而种植牧草就不行，牧草到了收获季节必须及时收获，并适时晾晒和打捆，同时还要占用很大的仓储空间贮存，并等待收草企业收购后才能最终获得效益，期间的任何一个环节脱节就易导致牧草种植一无所获。所以，即使市场上苜蓿效益很好，也不会引致大量农户及时种植苜蓿，也不一定就会保证这些农户顺利获得应有效益。种植牧草必须有一定的技术基础和种植规模，有为牧草生产提供的“耕、种、收”等全程的机械化服务，有收购牧草的企业或营销组织，只有这些条件都具备了，才能使种植的牧草真正实现其应有价值。

（三）当前苜蓿产业的发展需要相应的政策扶持

尽管苜蓿在我国也有几千年的栽培历史，但作为一个产业发展也仅是起始于本世纪初的事情。当时在国内退耕还林草政策和国际市场对苜蓿需求旺盛的大背景下，在北方地区发展起大量的苜蓿种植基地和草产品加工企业，但当时并没有培育起稳定的国内需求市场，在国际市场动荡的过程中受到了很大的打击。新一轮的苜蓿产业发展潮流始于2008年的“三聚氰胺事件”，这一轮发展是国内强劲需求的拉动所导致的，建立在国内对优质安全畜产品的强劲需求之上，市场需求是稳定的，苜蓿产业的发展也就有了稳定的基础。但毕竟苜蓿产业的发展处于初级阶段，产业链条很不完善，产业各环节的技术条件薄弱，基础设施条件严重落后，特别是农民对苜蓿产业的认识还很肤浅，且粮食补贴政策在某种程度上挤压了牧草业的发展，因此，尽快出台种植牧草与种粮同样的优惠政策是必要的。牧草良种补贴、种植牧草直补和牧草种植、收储、加工机械补贴等政策的颁布将有利于推动处于幼稚阶段的牧草业的快速发展。此外，还要扶持牧草专业合作组织的快速发展，加大技术支持和推广力度。

（四）苜蓿产业的长期发展必须依靠市场拉动

每一个产业的持续健康发展，必须有其相应的成熟、完善的市场来支撑，牧草产业更是如此。牧草产业要想得到持续健康发展，必须通过生产环节、流通环节，最终流向奶业等养殖产业，同时还要有高度发展的消费市场来拉动和引导。所以，牧草产业只是一个中间产业，提供的产品也仅是中间产品，必须通过养殖产业的“消费”和转化才能产生最终产品。因此，发展牧草产业，必须实施紧密的草畜结合，充分依靠优质、绿色、无公害等特色畜产品品牌的创建来拉动对牧草的强劲需求。当前国内对高价苜蓿的强劲需求就是奶企生产高端奶产品和创建优质品牌所导致的，只要养殖户有持续强劲的需求，种植牧草的经济效益就会得以体现，从而进一步刺激更多资源进入牧草行业。

参考文献

王明利．2006．我国粮食综合生产能力评价方法研究．博士后基金报告．

王明利．2010．积极推动苜蓿产业发展是全面提升我国奶产业的重要举措．研究简报．

王明利．等，2010. 中国牧草产业经济 2010. 中国农业出版社．

石全红．等，2010. 中国中低产田时空分布特征及增产潜力分析．中国农学通报，26（19）：369－373.

国务院．国家粮食安全中长期规划纲要（2008—2020）．新华社．http：//www.gov.cn/jrzg/2008－11/13/content_1148414.htm.

草畜一体化发展模式的思考

盛亦工　王明利

摘要： 本文主要是根据近年来我国一些典型地区发展畜牧产业和牧草产生过程中，涌现出的草畜一体化情况进行调研的基础上，就其模式类型，现状及存在问题进行探讨，并提出进一步发展草畜一体化的建议。本文指出，实施草畜一体化对于促进种、养产业发展，加长农业产业链，增加其附加值及提高农民收入、发展绿色或有机农业均具有重要意义。草畜一体化模式根据经营主体不同，可分为草畜一体化农户和草畜一体化农业企业和草畜一体化联合体；按草畜联结的关系分，有紧密型一体化和松散型一体化。草畜一体化有利于稳定牧草的种植，为发展牧草产业带来新的机遇。应从加强政策支持、完善融资环境推动实施畜产品战略、促进草业科技进步以及建设牧草产业信息化平台等方面，全方位推动草畜一体化的快速发展，为我国畜牧业转型和升级奠定基础。

近年来，随着乳品企业对原料奶质量要求的不断提高，养殖业对优质牧草的需求不断增加。与此同时，国际市场苜蓿价格持续走高，国内养殖业为降低成本，开始把对牧草需求的眼光逐步转向国内，这为国内牧草产业快速发展提供了难得的机遇。一些地方的企业或农户尝试走牧草生产与养殖业联合，发展草畜一体化的路子，让牧草的供应和需求直接对接，已经取得了初步的效果。针对这种情况，牧草产业经济研究团队成员于 2011 年和 2012 年先后对山东、河北、宁夏和贵州等地进行了实地调查，与当地农户和企业就目前各地草畜一体化的模式类型，现状及存在问题进行探讨，并形成了本研究报告。

一、草畜一体化是种、养产业发展的重要模式

本报告所指“草畜一体化”是指从畜牧业对牧草的需求出发，把牧草种植与畜禽养殖紧密联系起来的一体化种养模式。

（一）草畜一体化实施的基本动因

草畜一体化属于纵向一体化的范畴，对牧草产业来说，为后向一体化；对食草畜牧业则为前向一体化，不管是从牧草向后延伸到养畜，还是养畜向前延伸到种草，其实施都有一定动因。

对牧草产业来说，其之所以需要向养畜延伸，最根本的动因就是为了解决市场和运输问题。多年来，我国牧草市场一直不稳定，成为制约牧草产业持续发展的一个主要因素。有时牧草企业或种植户由于找不到合适的买家，不得不被迫压价出售牧草，严重挫伤了其生产积极性。据研究团队近年来的调查，我国北方地区在21世纪初受国际市场需求的拉动，牧草发展曾经经历过一段黄金时期，但随着国际需求的消退，牧草销售市场就变得很不稳定，导致一些种植户毁掉牧草改种其他作物，牧草种植面积大幅萎缩。如山东东营在苜蓿种植鼎盛时期曾经达到20多万亩，目前只有3万亩左右；河北沧州在2002—2003年最多达到110万亩，目前只有50多万亩。尽管近年来随着国内市场对畜产品质量要求的不断提高，拉动对优质牧草需求的快速增加，但牧草种植户仍然对市场情况忐忑不安。此外，由于牧草产品自身特点，贮存和运输成本很高，也是导致牧草市场波动的一个很重要原因。因此，牧草产业向畜牧领域延伸，实施草畜一体化，将牧草生产与畜禽养殖直接对接，可使牧草销售有一个畅通的渠道，大大降低市场的不确定性。对草食畜牧业来说，其向牧草生产延伸的目的是为了保证有充足的优质饲草供应，以提高畜产品质量和降低饲料成本。近年来，居民对畜产品的质量和安全性要求不断提高，而要保证畜产品质量和安全性，就必须以充足、稳定、便捷运输的优质牧草来源为基础和前提。近几年国外进口的优质牧草价格不断走高，据对养殖户的调查，2009年进口苜蓿每吨一般只有2 300元左右，但到了2011年，就猛涨到3 300元。但国内近年来的牧草供应很不稳定，所以建立低成本、稳定的牧草种

植基地就成为一些大型牧场的首选。另外，对一些大型牧场来说，拥有牧草种植基地，还可以提升本企业区别于其他企业的差异化竞争能力，提高其品牌价值及其附加值。所以说，草食畜牧业通过向牧草延伸可以保证优质牧草的供应，从而提高畜产品质量和降低饲料成本，保持其核心竞争力。

（二）发展草畜一体化的重要意义

实施草畜一体化对于促进种、养产业协调发展，延长产业链条，增加草、畜产品附加值及提高农民收入、发展循环农业均具有重要意义。

首先，草畜一体化打通了种养之间的产业链条，解决了长期困扰种、养两产业封闭发展、各自为政的难题。从过去的实践看，种、养两产业各自仅就“种”谈“种”，或就“养”说“养”，忽视了自己真正的市场或原料供应基地。通过实施草畜一体化，把牧草种植与奶牛养殖小区、标准化奶牛场、家庭牧场建设结合起来，形成了联结优质牧草基地建设和乳品企业奶源基地建设的产业链条，长期困扰牧草种植户的市场问题最终得以解决，畜牧业也得到低成本、稳定和优质的饲草供应，为二者协调发展奠定了基础。

其次，草畜一体化通过加长农业产业链，增加了农产品的附加值，提高农民收入。草畜一体化的实施，使草业和草食畜牧业联结成紧密的经济体，将其外部市场活动内部化，使其在两产业相互之间的协调、信息的获得、交易成本的节约和稳定关系的建立等方面均具有一定的经济性。种植户通过与养畜的联合，增加了其产品的附加值，稳定了产品消费渠道；而养殖户通过与种草的联合，降低了饲料成本，提升了产品价值，两产业之间交换成本降低，将增值收益留在了农业内部。

第三，草畜一体化对于发展绿色农产品和循环农业具有重要意义。草畜一体化是发展绿色畜产品和提升畜产品质量安全的基础。草食家畜以草为主食，优质饲草是保障其生产优质安全畜产品的重要基础；除草食家畜外的其他畜禽养殖，在日粮中添加适量牧草（以草粉或草颗粒的形式），同样可起到提高生产水平、改善畜产品品质的良好效果。草畜一体化是建立绿色生态产业生物链的基本模式。草畜一体化运用循环经济理论和农业生态原理，通过种植高产优质牧草，用其饲喂生产出优质畜产品；同时将粪肥直接再用于优质牧草的种植，生产出绿色生态牧草，形成草畜产业的良性生态循环。

二、当前我国草畜一体化模式的主要类型

草畜一体化模式作为各种具体生产要素的组合方式，由于其组成要素的多样性和复杂性，各地农业资源、生产力水平、经济结构等状况的千差万别，其具体的模式类型有所不同。根据对全国部分地区的调查，可从不同的角度，将草畜一体化模式分为以下类型。

（一）根据经营主体不同，分为草畜一体化农户、草畜一体化企业和草畜一体化联合体

1. 草畜一体化农户

主要是指以家庭为单位，既种草又养畜的农户。草畜一体化农户不管是种草还是养畜，规模都不大。大多是是利用自家的边角地、林下地、农闲田等闲置地种植牧草，供自家养畜。多数草畜一体化农户的牧草种植达不到规模化水平，多则 5～6 亩，少则只有几分地。他们对牧草的管理比较随意，一般是播种后不施肥也不打药，牧草一般是鲜饲，收割也不使用机械。这些农户种植牧草的成本很低，基本是靠天吃饭，牧草的产量和质量均不稳定，生产牧草的目的是自给自足。农户实施草畜一体化，其优点是可以充分利用空闲资源，降低农户的经营成本，提高畜产品的产量和质量，是以农户为单位发展生态农业、有机农业的组成部分。贵州省独山县打羊乡的种草养奶牛户，每户种草少则十几亩，多则上百亩，种植模式多是“多年生黑麦草＋白三叶＋高羊茅”的混播，同时还采取玉米或水稻与一年生黑麦草的轮作，饲喂方式为放牧或鲜割鲜喂，养殖奶牛少的有 2～3 头，多的有十几头甚至几十头，单头产奶牛在一个泌乳期平均产奶 4.5 吨左右，奶价 3.00 元/千克，交售给当地奶产品加工厂；山东东营的草畜一体化农户牧草种植品种大部分是苜蓿，此外，也有墨西哥玉米、冬牧 70 等品种。从养殖品种看，草畜一体化农户分布较广，除养奶牛的外，也有养鱼、养兔、羊、肉牛、鸡、蚂蚱以及一些珍稀动物等不同类型。

2. 草畜一体化企业

主要是有法人资格的经济实体，既种草又养畜，并且不管是种草还是养畜，都能达到规模化经营标准。这些企业大多原先拥有较多的土地资源使用权，但考虑到单纯种植牧草，增值低且市场不稳定，为了增加牧草的附加值，他们向养殖业延伸，其目的是通过养畜，加长产业链，解决牧草的市场问题，提高产品的附加值。这类企业的养殖品种主要是奶牛，牧草种植品种以苜蓿为主，也配有全株玉米及少量的其他牧草品种。草畜一体化农业企业与草畜一体化农户相比，除规模较大外，还有以下突出特点：一是他们的土地一般都是租种的，地租是影响其牧草成本的较大因素；二是他们能够把牧草作为一种作物来对待，配有专门人员负责施肥、打药、除草等工作，对牧草的田间管理要远远强于草畜一体化农户；三是收割都使用机械，故对机械的要求较高。宁夏茂盛草业公司最初是单一种植和加工苜蓿草的草业企业，最近几年认识到草畜一体化的重要性后，也开始养殖奶牛，并着力创建原料奶的知名品牌，奶牛场设计存栏 1 万头，目前已存栏奶牛 300 多头；山东大地集团、凤翔集团以及河北衡水奥元牧业赛科星有限公司等都是比较典型的较大规模的草畜一体化农业企业，并在奶业发展方面走出了独特的发展道路。

3. 草畜一体化联合体

由大型养殖场作为龙头，通过向农民提供牧草种子，或对农民提出技术要求（如施肥、浇水、收割的时间），收购农民的草产品等方式鼓励和推动农户种植牧草的“公司＋农户”的产业化经营模式。这些大型养殖场之所以采用这种模式，主要是为了生产有机或绿色畜产品，为了提高畜产品产量、质量和牲畜的健康，需要在饲料中添加优质牧草。但从外地购进牧草，成本高且供应不稳定，而自己种又苦于没有地。为保证牧草的稳定供应，采用了带动周边农户种植牧草的方式，以保证牧草的基本供应和降低饲料的成本变动风险。草畜一体化联合体养殖品种大多以奶牛为主，也有兔、肉牛等。其带动农户发展的饲料基地，种植品种有苜蓿、全株玉米或黑麦草等。在山东，像金铭集团、银香集团、佳宝乳业等都带动了许多周边农户，形成了比较典型的草畜一体化联合体。

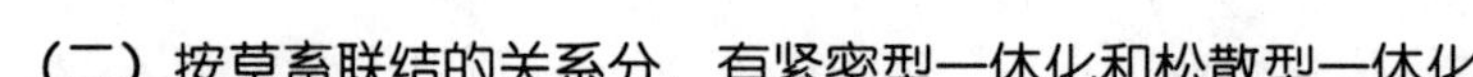

（二）按草畜联结的关系分，有紧密型一体化和松散型一体化

1. 紧密型一体化

紧密型一体化，指草畜产业之间联结关系紧密，双方同处在一个经济实体（或集团）内或用合同契约形式将双方关系固定下来的草畜一体化形式。如草畜一体化农户、草畜一体化农业企业和建立在合同关系基础上的草畜一体化联合体。

草畜一体化农户种草完全是为了自家养畜，种草和养畜之间一般也不分工，产出的牧草不对外销售，仅供自养牲畜的饲喂，草畜生产紧密相关，基本不受牧草的市场供求和价格变动影响，是否种草也完全以是否养畜为准。贵州独山县的种草养奶牛户、云南龙陵县利用冬闲田种黑麦草养肉牛（黄牛）的农户等都是属于这种类型。

相对来说，草畜一体化农业企业的草畜联结关系尽管紧密，但因其一般按专业化分工将种草和养畜分属于不同的分公司，相互之间也要进行经济核算，故牧草的市场供求和价格变动对其相互之间的关系有一定影响。不过由于其属于同一集团，相互之间的关系比较好协调。当牧草价格走高时，养殖部门通过内部价格得到优质牧草，尽管种植部门不如对外销售划算，但因为养殖部门得到低成本的牧草，利润仍然留在集团内部；而牧草价格走低时，种植部门也不用担心市场。由于这种形式的草畜联结关系比较稳定，所以种植品种以苜蓿等优质牧草为主。

草畜一体化联合体中，作为龙头的大型养殖场，如果与种植户签订合同，用契约约束双方行为，也属于紧密型一体化。在这种情况下，牧草的市场供求和价格变动尽管对合同期内相互之间的关系有一定影响，但由于有合同约束，一般受益方的利益可以保证。但是合同期满后，受损一方一般不会续订合同，则相互关系可能解体。如泰安的亚奥特乳业，曾经与周边的农户签订合同，种植黑麦草。后来市场情况发生变化，按照合同的收购价格，农户很满意，但企业感到较为吃力，尽管仍旧按合同收购了牧草，但合同期满后，未能再续签合同，双方合作关系终止。笔者对双方调查时，一些农户很欣喜的谈起当时的情景，希望这种关系能够继续；但企业回忆此事时就感到很失落，表示以后不打算再考虑这种操作了。

2. 松散型一体化

松散型一体化指草畜产业不仅分属不同的经济实体，而且相互之间也未形成固定双方关系的契约合同，仅是通过过去的交易关系、合作意向和口头承诺形成的草畜一体化形式。草畜一体化联合体中，作为龙头的大型养殖场，如果不与种植户签订合同，就属于松散型一体化。

从调查了解的情况看，一些大型养殖场认为签订契约就约束了自己的行为，所以一般不愿意用合同契约形式与种植场户结成紧密型的利益共同体，他们认为不签订合同在收购数量和质量上更加容易灵活掌握。这些企业一般是在播种季节表明一种收购意向，让企业或农户根据其意向生产，如果农户需要，他们也向其提供种子和技术指导等帮助，在收获季节农户可以选择卖还是不卖给他们，企业如果要收购农户的产品，一般是以比市场高一点价格保证其收购。种植户则根据前一年的市场信号和养殖企业的收购意向安排种植品种。

养殖场之所以采用这种方式，主要是由于当地有大量农作物秸秆的存在，以及奶产品在区域范围内没有形成优质优价机制。采取这种方式，当奶价较低而优质牧草价格过高时，他们可减少牧草的进货数量而以秸秆替代，降低成本以规避风险。他们不愿意用一纸合同将自己约束起来，而是根据乳品企业收奶的价格激励措施灵活调整其购进优质牧草的数量，企业在收不收和收购数量上不受约束。由于没有合同约束，草畜双方关系极不稳定，当牧草价格和需求发生变化时，其早先的口头承诺往往落空。正因为草畜联结关系不稳定，使得这种松散型一体化的种植户很少种植苜蓿等优质牧草，而选择有更广阔市场的全株青贮玉米。他们认为，一旦养殖企业不收这些饲料作物，苜蓿等牧草没有地方销售，而种植全株玉米，还可以当粮食销售。这也是松散型一体化种植品种大多是全株玉米的原因之一。

（三）按自然地理条件分，有可分为平原草畜一体化和山区草畜一体化

1. 平原草畜一体化

其最大的特点是土地成方连片，便于大规模种植和开展机械化作业，是规模化农业的一种模式。平原草畜一体化通过规模化经营可以大大提高农业的生产效率和产品的商品化程度，而且由于生产条件较好，其种植品

种和养殖品种均不受约束。对种植品种来说，可以种植苜蓿，也可以是黑麦草、全株玉米等；对养殖品种讲，可以养奶牛、肉牛、羊、兔等。平原草畜一体化的主要影响因素是与其他农产品的比较经济效益，在土地条件较好，人多地少的地区一般不具备优势；但在土地条件较差，人少地多的地区还是效益较高的一种农业生产模式。如在山东东营，由于当地人少地多，土地盐碱化程度较高，种粮或其他经济作物的效益不明显，草畜一体化项目开展的就比较顺利。

2. 山区草畜一体化

其最大的特点是没有成方连片的土地，不具备规模化种植和机械化作业的条件。由于山区生产条件较差，其种植品种和养殖品种均要受到一定约束。山区饲草资源比较丰富，大多是林下天然草场，人工种草目前还不多见。目前养殖品种以不啃食树皮的畜禽为主，散养居多，规模化程度低。但是从资源的合理利用看，今后山区草畜一体化也有其广阔的发展前景。

三、草畜一体化的实施为牧草产业带来难得的机遇

首先，草畜一体化的实施解决了制约牧草产业发展的最大难题，即市场问题。我国牧草产业的兴起，最初缘于国际市场需求的拉动，但随着国际市场需求的消退，牧草产业发展遭遇到卖难的发展瓶颈，导致牧草的生产大面积萎缩。尽管近年来随着国内对提高畜产品质量和安全性呼声的提高，畜牧业加大了优质牧草的消费，但国内草畜之间的稳定供求关系未能同步建立起来。结果导致出现一种怪像，一方面畜牧业花高价从国外大量进口牧草；另一方面，国内的牧草产业却因为产品销售不畅，逐年减少种植面积。造成这种怪像的原因之一是我国现阶段牧草的生产与商品化的要求尚有一定差距，比如草捆质量标准难以控制，供需双方信息沟通不畅，相互缺乏信任等。草畜一体化的实施，将牧草供需双方直接联结起来，使市场问题对其发展的制约大大降低。

其次，草畜一体化有利于稳定牧草产业的发展，防止大起大落。草畜一体化。另外，草畜一体化（特别是紧密型一体化）同时投资在种草和养

畜两方面，退出成本过大，所以其稳定性要强于单纯种草或养畜的农户或企业。草畜一体化经济体本身有养畜这一块，内部就存在牧草的需求方，即使牧草的市场情况变差，他们也要用牧草，所以一般不会因为牧草价格走低就放弃牧草种植。而单纯种植牧草的农户，一旦遇上牧草销售困难，下一个生产季节往往就退出牧草种植，而改种其他市场情况更好的作物。畜产品的价格变动一般也会间接影响牧草种植，如果畜产品价格走低，一些养畜户也可能考虑退出，这就可能导致牧草的需求减少，对牧草种植形成冲击。而草畜一体化（特别是紧密型的草畜一体化）通过种草养畜提升了其综合效益，提高了其核心竞争力，抗风险能力比较强，稳定性也比较好。当市场发生变化时，对他们来说，风险往往与机遇同在。如大地集团在2011年苜蓿价格一路走高的情况下，种植的苜蓿大大降低了其养殖成本，取得了相对于同类企业的竞争优势。

第三，草畜一体化大大加强了牧草产业对边际土地的利用，扩大了牧草产业发展的空间。一体化内部既有种草，也有养畜，在大多数情况下，都可以实现“即割即喂”。这样，许多冬闲田、退耕还林田等边际土地都可以用以种草，特别是一家一户的小规模种植牧草成为可能，不受制于牧草耕种、收获、贮存等机械化配套条件。当前，在南方的湖北、贵州、云南等地，老百姓利用冬闲田种植黑麦草，少则1～2亩，多则3～5亩，同时还小规模养牛或养羊（一般为山羊），即割即喂，既解决了冬季青草的短缺，也实现了土地的充分利用。在西北广大退耕还林地中，老百姓大多在林间套种苜蓿，充分利用林间空地发展牧草种植，解决当地牧草的短缺问题，在宁夏、甘肃和陕西等黄土高原区十多年来一直保留着的大片苜蓿田，就是利用退耕还林地发展起来的。

四、推进草畜一体化发展的对策建议

如前所述，单纯种草收益低、风险大，而种草联结养畜，延长其产业链，将草通过畜转化成肉奶产品的草畜一体化模式开拓了牧草产业的发展空间，解决了牧草产业发展面临的最大问题，即市场问题，也为探索牧草产业发展道路拓展了空间。它要求牧草产业要放开视野，不能仅仅局限于牧草本身谈发展，而应与食草畜牧产业紧密结合起来，通过支持草食性畜产品质量上档次、创品牌来拉动牧草产业的快速发展。对此，特提出建议如下：

（一）加强政策引导，促进草畜一体化持续健康发展

如前所述，草畜一体化项目，对于促进种、养产业发展，加长农业产业链，增加其附加值及提高农民收入、发展有机农业均具有重要意义。但草畜一体化产业链较长，先期资金投入较大，建设周期较长，面临的风险也较大，政策上应予以引导和支持。从目前调查的情况看，草畜一体化项目中，养畜方面政策、资金的支持比较到位，如奶牛小区建设补贴，良种、防疫、沼气补贴等，但种草这一块却难以获得如种粮、植树那样的政策支持，使得种草要比种粮等面临的风险更大。如牧草在雨季收获时，很容易遇到草产品收割后发生霉变等风险，导致商品产量大幅降低，给种草户造成较大损失，如果是种粮，遇灾后一般都能得到有关部门的各种救助，但是种草却没有。如果种植牧草能得到像种植粮食一样的补贴，收获牧草的农机能够得到像收获粮食机械一样的补贴，就可在一定程度上降低草畜一体化的风险，增强其种草养畜的信心。

（二）完善融资体制，满足草畜一体化实施过程中的资金需求

草畜一体化项目的产业链较长，资金的先期投入比较大，尤其是草畜一体化企业，在建设初期，既要整地、种草、购置机械设备，又要建设圈舍、购买种畜，没有一定的资金支持是难以撬动的。如山东东营大地乳业自 2009 年 11 月成立，从整地、种草到引进青年奶牛，至 2011 年夏季已累计投入 2 亿多元，种植苜蓿及其他牧草共 3 000 多亩，引进奶牛 2 000 余头。尽管项目进展比较顺利，但由于其奶牛还没有开始产奶，项目还没有见到收益，如果没有集团的资金支持，该项目难以支撑。

从笔者对一些草畜一体化项目的调查看，目前草畜一体化项目的资金来源，一是国家财政的项目资金，二是企业和农户自有资金，金融部门的信贷资金支持较少。而目前财政资金是僧多粥少，支持的范围有限，主要应立足于通过项目资金拉动，同时撬动企业和农户的自筹资金；自有资金除一些有实力的大型企业外，一般中小规模的农户很难拿出太多的资金。因此，要促进草畜一体化的发展，金融部门的信贷资金支持是必不可少

的。今后可考虑专门针对草畜一体化项目设立有关财政贴息的项目贷款，既可以扩大草畜一体化的筹资渠道，又能够降低其贷款成本，在更大范围内解决草畜一体化项目的资金需求。

（三）实施品牌战略，突出草畜一体化在品牌上的优势

应当看到，草畜一体化的实施，仅是在一定程度上解决了牧草产业市场不稳定的问题，但是如果养畜业出现大的波动，牧草的市场仍然可能出现问题。这是因为，草畜一体化企业和农户是否种草一般是以是否养畜为准，当畜产品市场需求旺盛，价格一路走高时，他们种草养畜的积极性就高；而当畜产品市场需求萎缩，价格一路走低时，他们种草养畜的积极性受挫，一般是处理掉牲畜，毁掉牧草地，改种其他作物。如笔者对山东聊城一些养兔户的调查，2010 年底以前，獭兔的收购价格一路走高，最高达到每斤 18 元，他们中不少户种植苜蓿养兔；但 2011 年以来獭兔价格一路下滑到每斤 7 元，兔子不养了，苜蓿地也就改种其他作物了。这说明，对草畜一体化经济体来说，如果养畜不稳定，种草也不可能长期稳定。因此，要想从根本上解决牧草市场不稳定的问题，应引导草畜一体化企业和农户树立品牌意识，创出饲喂优质牧草的畜产品品牌，使其能在日趋激烈的市场竞争中稳定发展。

创建畜产品优质品牌，主要可从以下几方面着手：一是引导草畜一体化企业和农户树立品牌战略意识。要利用各种会议、培训等多种形式向草畜一体化企业和农户宣传品牌价值观念，引导其树立品牌意识。要让他们深刻认识，品牌是企业的财富，实施品牌战略，可以稳定和扩大企业的市场份额，提升核心竞争力，有利于其生存与发展。二是配合畜牧业开展饲喂不同饲料的对比实验，通过实验数据说明“苜蓿＋青贮玉米”的饲喂方式对提高畜产品质量的作用，从而为草畜一体化企业或农户推出品牌提供基本数据支撑。三是设立支持创品牌的项目资金，支持草畜一体化企业在创设品牌过程中宣传、推广品牌的资金需求。四是开展饲喂优质牧草的畜产品质量认证，为饲喂优质牧草的畜产品提供进入市场的通行证，帮助草畜一体化企业和农户确立竞争优势。

（四）加强牧草基础和应用研究，为草畜一体化的实施提供技术支持

目前草业在我国还属于新兴产业，在牧草种植方面还存在一些技术难

题没有解决，这直接影响了种草的收益。据对一些种植苜蓿的草畜一体化农户和企业的调查，他们对牧草生产所顾虑的，一是机械问题，目前国外的机械性能好，但是价格比较贵，农户一般承受不了；国产机械价格较低，但是性能与国外机械差距较大；另外，价钱较低用于小面积收获的机械也没有太适合的；二是对新种植户第一年的除杂草问题，和对老种植户第二年后的虫害问题，解决不好可能都是造成减产的重要因素；三是收获时遇雨造成丰产不丰收的问题，如苜蓿在华北的一些地方收第二、三茬时正值雨季，如果遇上连阴天，苜蓿容易发霉，造成损失。

针对上述情况，应加强牧草基础和应用研究及科技服务，为草畜一体化的实施提供技术支持。为此应着重抓好以下几个环节：一是要在国产机械提高质量、降低成本以及可以全天候作业等方面加大研究力度，为种草户提供物美价廉、更加实用的机械。二是研究适合我国不同地区具体情况的牧草种植管理技术，如播种、除草、施肥、浇水、收割等环节的操作要点及注意事项，为种草户解决牧草田间管理中出现的一些技术问题。三是研究牧草收获、储存方面的技术，尤其是雨季收获和储存的技术，包括苜蓿青贮技术研究及推广，尽可能的减少因收获、储存不当造成的损失。四是应有针对性的做好牧草的生长特性、种植技术、田间管理技术、收获技术、加工转化利用技术等方面的宣传培训，在种植的几个关键时期，应组织技术人员深入一线，加强对生产者的技术指导服务工作，帮助其解决生产中存在的实际困难。

（五）建设牧草信息化服务平台，打通从种到收等各环节的信息服务渠道

针对目前农户对牧草种植、管理、销售等方面技术和信息的需求，除了依靠当地农技人员外，还应利用现代网络技术，通过建设牧草信息化服务平台，为种植户提供及时、有效的远程信息服务。牧草信息化服务平台，其主要作用是运用信息化手段对牧草的生产、市场、科技、管理等展开信息服务。近年来，我国从农业部到各地方政府主管农业的部门在农业信息化建设方面做了大量工作，农业信息服务较以前有了较大的发展。但是，牧草种植户最为关心的有关牧草种植技术、牧草农资供应、草产品市场行情及供求等信息目前分散在不同的网络和平台上，查找、使用均不方便。为此，牧草信息化服务平台，应在目前各已建成的信息系统基础上，

将业已形成的大量分散异构的信息系统进行整合，将有关牧草信息的“数据孤岛”联通起来，为种植户提供更方便、快捷的信息服务。

参考文献

王明利．2010. 积极推动苜蓿产业发展是全面提升我国奶产业的重要举措［C］//中国牧草产业经济．北京：中国农业出版社：20－26.

盛亦工．2010. 山东省牧草产业发展调研报告［C］//中国牧草产业经济．北京：中国农业出版社：197－234.

吴兴，马桂花等．2010. 论草畜一体化项目的实施．现代农业科技（09）：364－367.

刘臣．2008. “草畜乳”一体化推进富锦市奶业发展．中国乳业（09）．

当前我国草产品市场形势分析

杨　春　王明利

摘要：当前，我国草产品生产体系已初步形成，加工企业逐步发展，并注重生产技术提升，牧草生产经营模式呈多元化，草畜结合逐步发展。草产品贸易方面，进口苜蓿干草的省区主要集中在大型乳企分布较多的上海、北京、天津等，出口省区主要是内蒙古、山东等；草产品出口贸易国主要集中在日、韩、东南亚等，进口集中在美国、加拿大等国，草产品贸易逐步由顺差转变为逆差。近期来看，我国草食畜牧业的稳步发展；以及居民对绿色安全畜产品消费偏好的增加，将拉动国内草产品发展，草产品主要需求方——大型乳企的草产品依赖于国内和国外两个市场，苜蓿干草进口来源国呈多元化，主要来源国格局基本保持稳定，苜蓿草进口量继续保持增长，但最终必须依赖国内解决苜蓿草供应。今后，应加强政府宏观政策支持，提高牧草生产技术水平，完善草产品市场体系建设，推行草产品生产与畜牧业发展相结合的有效模式。

随着社会对生态保护建设的日益重视，以及畜牧业的不断发展，我国草产品的市场体系逐步发展完善，并有力促进了畜牧业稳步发展。新时期，伴随草食畜牧业的稳步发展，国家对草业和草原牧区发展的重视、草原生态补奖机制的建立、草原生态保护体系的建设等，将使得草产品市场发展面临新的机遇。

一、草产品生产发展情况

（一）牧草种植基本情况

1. 牧草种植面积保持增长

在地方政府部门逐步重视牧草发展及推行相关政策扶持下，部分区域牧草种植面积保持增长。《黑龙江省苜蓿产业“十二五”发展规划》，明确了2011—2015年发展苜蓿草生产田1 000万亩，其中2011年为50万亩。目前，新疆全区已逐步认识到饲草对牛羊养殖发展的重要性，自治区统一下发文件要求各地州编制草业发展5年规划，并选择3个地州现行启动草业发展试点。2011年8月，现代牧业计划布局安徽五河县，投资24亿元建设10万亩苜蓿草场（秋实草业公司）、4万头养殖规模的蚌埠牧场以及日产600吨液态奶的加工厂，发展“种养加”一体化项目。山东滨州开展“立草为业、建设畜牧滨州、草业滨州”的规划，截至2011年末，全市草地保留面积268.5万亩，可利用面积约214.5万亩。

2. 牧草生产布局在“两区一带”格局的基础上，进一步向草食畜牧产业带集中

我国牧草生产布局在逐步形成苜蓿产业带、羊草产业区和南方牧草产业区的“两区一带”格局的基础上，进一步向草食畜牧产业带集中。从国外草食畜牧业发展经验借鉴来看，草畜结合是草业和畜牧业发展的共赢模式，并且饲草的就地转化是最佳途径。近年来，在草食畜牧业发展较快的区域逐步重视作为养畜重要原料的饲草产业的发展，2011年农业部编制了《全国节粮型畜牧业发展规划（2011—2020年）》，对草食畜牧业发展以及饲草发展均做了详细规划。之前提到注重饲草种植发展的新疆、黑龙江，均是草食畜牧业发展的主要省区，另外内蒙古锡盟东乌旗开展了牧区节水灌溉饲草地建设项目。为有效解决畜牧业发展的饲草有效供给，内蒙阿鲁科尔沁旗计划优质牧草示范基地建设以每年不低于20万亩的速度集中连片推进，到“十二五”期末，种植面积达到100万亩。河北衡水武强县在引进蒙牛集团衡水高端奶项目的同时，为企业配套了10 000亩优质

牧草基地。

（二）草产品生产主要特点

1. 草产品生产体系初步形成

随着近年来我国牧草业的逐步发展，目前已初步形成了牧草种子繁育、牧草种植、产品加工、贮运销售等相对完整的产业链条。在国家种子基地建设项目的带动下，青海、新疆、甘肃、黑龙江等地建立了牧草种子繁育基地。一些地区通过成立牧草收购加工储藏经销公司，实现了种草户、经销公司、养殖户间的有效链接，协调了种草户与养殖户的供需要求，调节了牧草供给的季节和地域余缺。

2. 加工企业逐步发展，并注重生产技术提升

在国内牧草需求强势拉动下，草产品加工企业逐步发展；受国内外市场竞争激烈的影响，企业更加注重生产技术提升。目前，全国牧草生产加工企业约有 450 个，一些草产品企业正在由以前的只关注草产品的干物质含量向国际市场上较为关注的相对饲用价值转变。同时，对牧草的收割方面，也能进一步做到提前第一茬苜蓿的收割时间，以保证更好的草产品品质。据对甘肃杨柳青牧草饲料开发有限公司相关负责人的访谈，以前该公司的草产品主要销往外地，目前本地的奶牛养殖场也逐步开始购买苜蓿草，牧草市场需求旺盛推动了草产品企业的发展。经过 10 年发展已成为全国大型草业公司之一的宁夏农垦茂盛草业公司，该公司生产的优质干草高密草捆质量基本与美国进口优质干草品质相差无几。

3. 牧草生产经营模式多样，草畜结合逐步紧密

伴随我国牧草产业的逐步发展，其经营模式呈多元化。一些养殖场通过实行“订单模式”，实现草畜的有效结合。河北枣强茂源奶牛养殖场，目前存栏奶牛 500 头左右，在解决饲草问题时，采取养殖场与农户签订种植面积协议收购高丹草的“订单模式”。目前，已与农户签订协议 270 亩，农户种植高丹草积极性较高，因为种植高丹草比别的农作物省事，另外如果与养殖厂签订协议，则由养殖厂统一负责收割。随着草原生态保护补奖机制工作的开展，草原畜牧业的转型发展迫在眉睫，新疆昌吉探索出了草畜联营合作社发展模式，以“三权”（牧区草场管护使用权、牲畜生产经

营权、设施使用权）作为资本入股，实行“四统一”的运营模式，实现牧区草畜的有效结合。

二、草产品贸易情况与特点

（一）草产品贸易量

1. 苜蓿干草

（1）出口量在1997年以来波动下滑，出口价格保持增长。我国苜蓿干草出口量，在1992—1997年呈增加态势，由1992年的8.76万吨增加到1997年的18.54万吨，1998年以来波动下滑，至2011年下降到0.44万吨。苜蓿干草出口价格保持增长，2008年为最高价，达181.28美元/吨。1992—2011年，苜蓿干草出口年平均价格为132.84美元/吨，远低于进口价格（279.78美元/吨）（图1）。2011年，我国苜蓿干草出口金额为67.34万美元，出口数量为0.44万吨，出口价格为152.84美元/吨，分别比上年减少了55.31%、50.03%、10.56%（表1）。

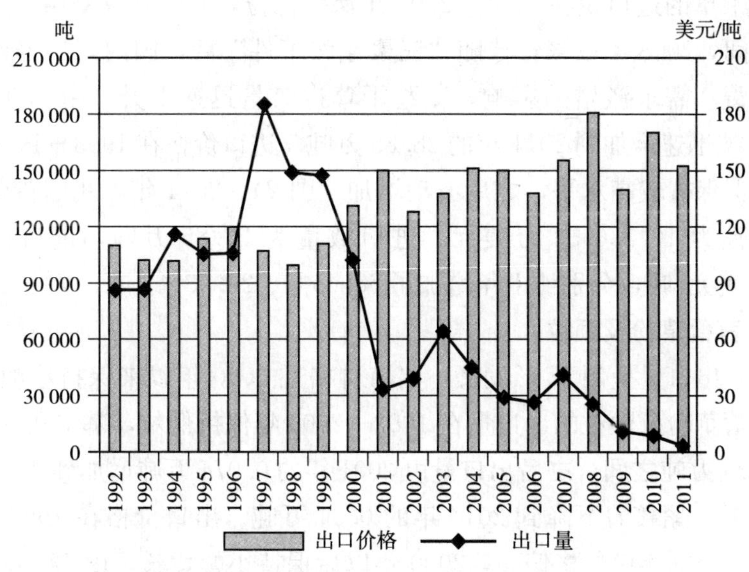

图1　我国苜蓿干草出口情况

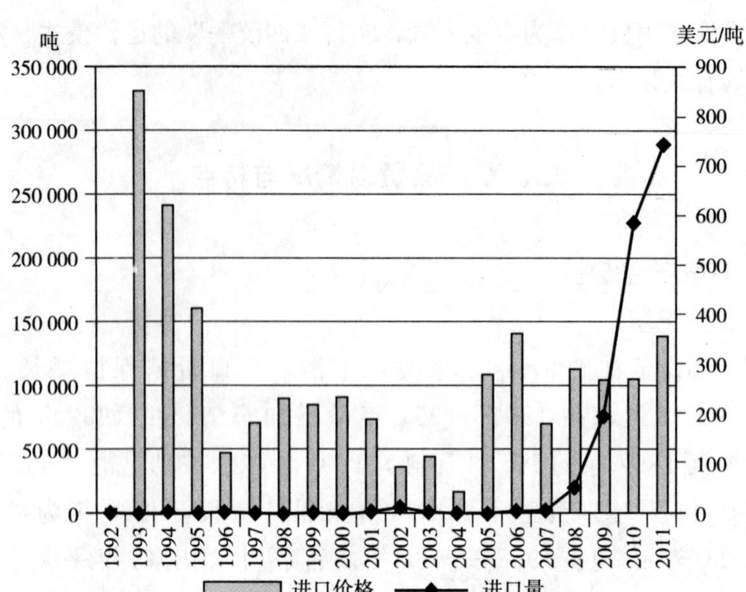

图 2　我国苜蓿干草进口情况

资料来源：《中国海关统计年鉴》、海关信息网

（2）进口量在 2008 年以来迅速上升，进口价格先降后波动增加。我国苜蓿干草的进口量在 1992—2007 年保持低位，基本在 0.001 万～0.47 万吨之间，2008 年以来，伴随“三聚氰胺事件”后，国内奶牛养殖业对优质苜蓿草需求激增的影响，苜蓿干草进口量迅速上升，由 2008 年的 1.96 万吨迅速增加到 2011 年的 28.85 万吨。进口价格在 1993—1996 年持续下降但保持较高水平，之后波动增加（图 2）。2011 年，我国苜蓿干草进口金额为 10 356.38 万美元，进口数量为 28.85 万吨，进口价格为 359.01 美元/吨，分别比上年增加了 68.46%、26.98%、32.67%（表 1）。

2. 苜蓿草粉及颗粒

（1）出口量呈倒 U 形发展，出口价格在 2000 年以来保持小幅增长。我国苜蓿草粉及颗粒的出口量在 1992—2000 年保持低位，基本在 0.012 3 万～0.25 万吨之间，之后出口量由 2001 年的 0.074 万吨增加到 2006 年的 2.63 万吨，紧接着下降到 2010 年的 0.94 万吨。出口价格在 1992—1999 年期间，个别年份价格偏高，2000 年以后保持小幅增长，由 77.89 美元/吨增加到 2011 年的 217.46 美元/吨（图 3）。2011 年，我国苜蓿草粉及颗

粒出口金额为227.57万美元，出口数量为1.05万吨，出口价格为217.46美元/吨，分别比上年增加了17.42%、11.79%、5.03%（表1）。

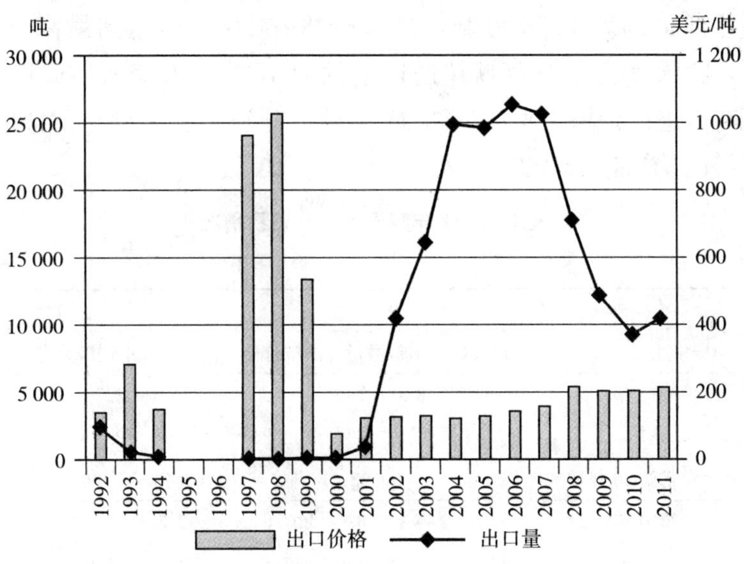

图3　我国苜蓿草粉及颗粒出口情况

资料来源：《中国海关统计年鉴》、海关信息网（部分年份资料不详）

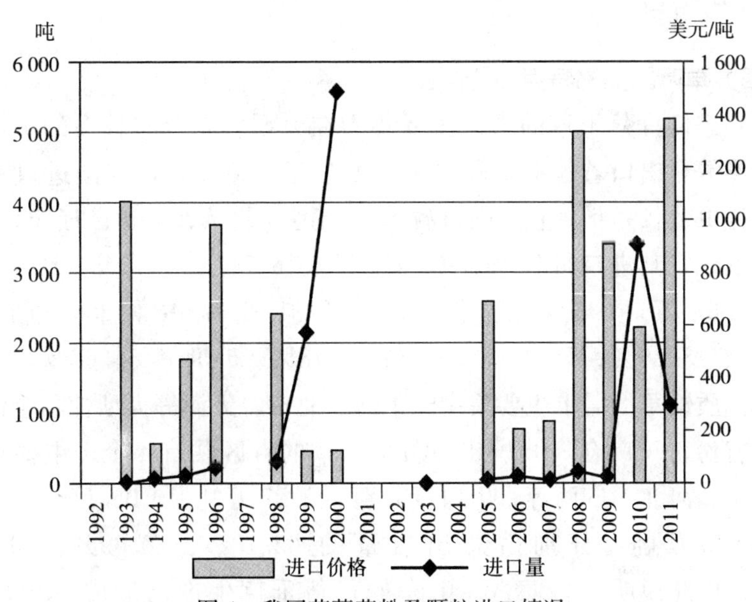

图4　我国苜蓿草粉及颗粒进口情况

资料来源：《中国海关统计年鉴》、海关信息网（部分年份资料不详）

(2) 进口波动很大，近年来稳定在较低水平。我国苜蓿草粉及颗粒在1992年、1997年、2001—2002年、2004年基本没有进口。进口量在2000年达到最高为0.56万吨，进口价格在2011年达到最高（图4)。2011年，我国苜蓿草粉及颗粒进口金额为153.55万美元，进口数量为0.11万吨，进口价格为1 384.23美元/吨，分别比上年减少24.26%、减少67.62%、增加133.92%（表1)。

表1　2011年我国草产品贸易情况

单位：万美元、吨、美元/吨、%

项目		出口			进口		
		出口金额	出口数量	出口价格	进口金额	进口数量	进口价格
苜蓿干草	2010年	150.67	8 817.18	170.88	6 147.69	227 175.30	270.61
	2011年	67.34	4 405.79	152.84	10 356.38	288 468.57	359.01
	2011年比2010年增减	−55.31	−50.03	−10.56	68.46	26.98	32.67
苜蓿草粉及颗粒	2010年	193.81	9 360.82	207.04	202.74	3 426.11	591.75
	2011年	227.57	10 464.69	217.46	153.55	1 109.28	1 384.23
	2011年比2010年增减	17.42	11.79	5.03	−24.26	−67.62	133.92

资料来源：海关信息网。

（二）草产品贸易特点

(1) 进口苜蓿干草的省区主要集中在大型乳企分布较多的上海、北京、天津等，出口省区主要是内蒙、山东等。2011年，我国进口苜蓿干草的省区共有19个，主要进口省区有上海、北京、天津、辽宁、广东、安徽、山东，其进口量分别为10.47万吨、6.71万吨、2.57万吨、2.09万吨、1.67万吨、1.46万吨、1.35万吨，分别占累计总进口量的36.28%、23.26%、8.90%、7.23%、5.78%、5.04%、4.68%。由此也表明，优质饲草的需求主要集中于上海、北京、天津等大型乳品企业分布较多的省份。2011年，我国出口苜蓿干草的省区共有4个，主要是内蒙古、山东、河北、广西等，出口量分别为0.27万吨、0.09万吨、0.71万吨、0.005万吨，分别占总出口量的62.18%、20.09%、16.36%、1.18%。由此说明，内蒙古、山东的苜蓿干草生产已形成一定规模和产业。

（2）草产品出口目的地主要集中在日、韩、东南亚等，进口来源国集中在美国、澳大利亚和加拿大等。草产品的出口贸易国主要集中在邻近的日本、韩国、东南亚等，草产品进口贸易国主要集中在草业较为发达的美国、加拿大等。1992—2011年，我国草产品对日本、韩国、朝鲜、马来西亚的累计出口量分别为71.82万吨、52.26万吨、9.20万吨、3.51万吨，分别占累计总出口量的44.78%、32.58%、5.74%和2.19%；从美国、加拿大和蒙古累计进口草产品分别为60.04万吨、0.74万吨和0.68万吨，分别占累计总进口量的93.14%、1.15%和1.05%。

（3）草产品贸易由顺差转变为逆差。1992—2008年，我国草产品出口均大于进口，出口与进口之差基本在2.50万吨（2008年）～18.423万吨（1997年）之间。2009年、2010年、2011年，草产品进口大于出口，出口与进口之差分别为5.34万吨、21.2万吨、2.75万吨，由此看出，近几年来出口与进口差额在逐步拉大。我国草产品贸易格局逐步由以出口为主转向以进口为主，对国外市场的依赖在逐步增加。

三、市场形势分析

（一）草食畜牧业稳步发展，居民对绿色安全畜产品消费偏好的增加，将拉动国内牧草产业发展

《全国节粮型畜牧业发展规划（2011—2020年）》中，提出未来我国节粮型畜牧业发展目标，草食牲畜牛、羊、兔、鹅等均保持稳步发展，到2015年，奶类、牛肉、羊肉产量分别达5 000万吨、700万吨、440万吨，分别比2010年增加了33.40%、7.20%、10.28%（表2）。草食畜牧业的稳步发展，尤其是奶业的发展，使得未来国内草产品市场需求保持增长。受畜产品质量安全问题频发的影响，居民对绿色安全畜产品消费偏好在逐步增加，草食畜牧业发展前景更加广阔，对牧草的需求也将快速增长。同时，伴随居民生活水平的不断提高，膳食结构中动物性蛋白摄入量明显增加，畜牧业发展对蛋白质饲料的需求将越来越大，苜蓿草作为优质的蛋白质饲料，将成为最具发展前景的饲料产品。总体而言，牧草的市场前景更加广阔，将拉动国内草产品的生产发展。

表 2　我国节粮型畜牧业发展规划

单位：万吨、%

项　目	奶类	牛肉	羊肉	兔肉	羊毛	羊绒	鹅肉
2010 年	3 748	653	399	69	43	1.85	241
2015 年	5 000	700	440	90	43	1.95	260
2015 年比 2010 年增幅	33.40	7.20	10.28	30.43	0.00	5.41	7.88
2020 年	6 400	740	470	100	44	2.00	270
2020 年比 2010 年增幅	70.76	13.32	17.79	44.93	2.33	8.11	12.03

资料来源：农业部《全国节粮型畜牧业发展规划（2011—2020 年）》。

（二）草产品主要需求方——大型乳企的草产品来源依赖于国内和国外两个市场

从目前国内草产品市场来看，形成的草产品主要是苜蓿干草和苜蓿颗粒，草产品的需求方有乳品企业（场、站）、肉牛和羊养殖企业（场、户）、兔等特种养殖场（户），其中，乳品企业（场、站）尤其是大型乳企是草产品市场的主要需求方。那么，作为草产品的主要需求方乳品企业来看，一方面，在面临饲料成本上升以及优质饲草需求增加的双重压力下，开始发展自己的牧草种植加工基地；另一方面，受市场供给不足以及产品质量难以满足较高需求的影响，短期还要依赖于国外牧草进口。其他草食牲畜如牛、羊、兔等，一方面，依赖于国内牧草企业，另一方面，通过草场自种自用等。

（三）苜蓿干草进口来源国呈多元化，主要来源国格局基本保持稳定

一直以来，我国苜蓿干草的主要进口来源国为美国、澳大利亚，苜蓿草粉和颗粒的进口来源国主要有美国、加拿大。目前，加拿大是全球主要的苜蓿产品出口国，同时加拿大苜蓿干草于 2011 年 3 月获得中国的市场准入。虽然在 2011 年我国全年并未从加拿大进口苜蓿干草，2012 年 1～9 月，我国进口加拿大苜蓿干草 0.053 万吨，进口价格 421.26 美元/吨（进口价格高于美国，同期进口美国苜蓿干草价格为 400.57 美元/吨）。未来，随着我国苜蓿草强劲的市场需求，牧草干草进口来源国将呈多元化，但是由于进口加拿大苜蓿干草价格高于美国，进口苜蓿干草主要来源国格局基

本保持稳定。

（四）苜蓿草进口量继续保持增长，但最终必须主要依赖国内解决供应

首先，多年的世界贸易历史决定苜蓿草出口的规模不会太大；其次，世界范围内土地资源的约束性，决定了能提供苜蓿出口的只有少数几个国家；第三，苜蓿草是资源类初级产品，各国普遍不愿意直接输出；第四，我国的养殖规模庞大，巨大的牧草需求不可能完全依赖国际市场。另外，2011 年，美国遭遇的严重干旱不仅导致粮食减产，还引发了饲料价格飙升。美国农业部的最新数据显示，持续的干旱严重影响了牧草的生长，导致饲料价格迅速上涨。很多农场主因为无法支付高额的饲养费用，被迫缩减自家牧场的牛存栏量。美国国内牛的存栏量已经降到了 9 780 万头，为近 40 年来的最低。

四、当前面临的突出问题

（一）牧草生产水平总体依然低下

一是生产技术水平低下。牧草和草种的种植技术、田间栽培管理技术水平仍比较低，草产品和草种子单产低下。目前，苜蓿干草单产一般在 500～650 千克/亩，黑麦草鲜草单产 6 000 千克/亩，羊草干草单产 110～146 千克/亩，老芒麦干草单产 510～612 千克/亩；苜蓿种子单产 23.33 千克/亩，多花黑麦草种子单产 100 千克/亩，羊草种子单产 20 千克/亩，老芒麦种子单产 100 千克/亩。二是草产品加工仍以初级产品草捆为主，产品结构较为单一，并且加工的草捆产品质量与国外有一定的差距。

（二）草产品供给不足，区域性矛盾仍突出

当前，草产品供给不足，区域性矛盾突出的问题依然明显。一方面，国内饲草供给不足，草产品价格持续攀升，据相关资料，鄂尔多斯草捆价格达 1 900～2 000 元/吨，甘肃一些草产品企业的草捆出场价格基本在 1 500～1 600 元/吨。据对新疆喀什地区塔县的调研，当地以养殖牦牛为主，草料缺口达 100 万吨，饲草主要从伊犁等地调运，苜蓿草市场价格最高已涨至 6 元/千克。另一方面，存在部分区域饲草销路不畅的问题，据对陕西咸阳了解，在退耕还林政策下种植在山坡的苜蓿草，一方面，面临当地

禁牧政策情况下养畜下降形成饲草需求减少，饲草价格低下，另一方面，用工费用和运输较高，有些山坡的苜蓿草基本无人收割。据对新疆阜康县天池源缔草畜有限公司的调研，一直以来，该公司饲草销路不畅，价格低下，而临近该公司的昌吉市个别牛羊养殖场却从较远的伊犁长途调运苜蓿草。

（三）草产品加工企业发展仍面临一些制约因素

当前，国内的草产品加工企业在发展过程中，主要面临以下制约因素。一是资金短缺。企业在运营中，由于缺乏金融扶持，面临资金不足、周转难的问题；如在收草的时候，企业要向供草户结现金，大量收购牧草导致的资金周转难成为很突出的问题。二是加工机械不能满足生产发展需求。由于国产的适合不同条件的牧草生产加工机械技术还不是很完善，影响企业规模化发展；另外，如果购买国外的机械设备，费用会很高，并且难以得到机械购置补贴，同时二次维修的问题也难以及时解决。三是专业技术人才缺乏，影响企业技术能力提升。

（四）草产品市场化体系建设不完善

当前，我国的牧草生产与畜牧业发展存在相互间连结机制不完善的问题。生产牧草产品的企业没有养殖牲畜，而养殖牲畜的养殖场（户）没有种植牧草；牧草生产和奶牛养殖有效结合的成功运行模式相对较少，草产品生产企业对养殖场（户）牧草产品的具体需求方向不明，从而使得草产品生产与畜牧业发展相互脱离，不利于草畜结合的有效发展。

五、相关对策建议

（一）加强政府宏观政策支持

政府对草产品企业的发展给予支持，包括财政金融政策扶持、国外机械购置补贴政策扶持、技术研发资金支持、开展草业专业技术人才培养扶持以及草业发展风险基金等，同时政府在政策制定上要充分考虑牧草生产与畜牧业发展的相互连接机制，形成政策合力；实现草产品生产的专业化、产业化、市场化发展，推动草畜结合的健康发展。

（二）提高牧草生产技术水平

一是要加强优良牧草种子的繁殖。逐步完善现有草种基地建设，规范牧草种子生产技术规程，针对市场供求偏紧的草种，进一步扩大其繁殖基地。二是提高人工饲草地种植标准化水平。着力研究制订针对不同牧草品种种植的标准化生产规程，实现牧草的生产规范、管理科学、产品合格。三是提升草产品加工技术水平。研发牧草收获、加工机械，并完善牧草生产机械化装备，推行科学、标准化生产加工技术。逐步提升牧草生产总体技术水平，实现牧草专业化、产业化发展。

（三）推进草产品市场体系建设

一是大力培育草产品市场主体。扶持已有一定发展基础的草产品龙头企业，充分发挥其辐射带动作用；组建草业专业合作组织，实行“公司＋农户”等模式，实现种草户与大市场的联结。二是加强草产品市场信息网络建设。在积极利用报刊、广播等媒体发布草产品市场信息的同时，建立国内草产品市场网站，联结国内的牧草供给方和需求方，实现信息及时、准确的公布与获得。三是健全草产品储备体系。鼓励草产品加工企业等参与草产品储备体系建设。四是完善市场监管机制。规范草产品市场建设相关法律法规，加强对草产品及草种子不法经营活动的惩处力度。

（四）强化推行草畜结合的多样化模式

一是以国家“十二五”发展规划为契机，对牧草生产和畜牧业发展进行科学合理的规划，要充分考虑牧草与畜牧业的区域结合。二是积极建立全国的草产业企业与奶业等畜牧企业的有效对接机制。三是构建牧草产、加、销一条龙产业化格局，逐步建立健全科技服务、供销流通服务和信息服务体系。

参考文献

农业部．全国节粮型畜牧业发展规划（2011—2020年）．

历年《中国海关统计年鉴》．

海关信息网．http：//www.haiguan.info/.

山东滨州立草为业发展奶牛等节粮畜牧业．荷斯坦网，2012-04-23.

宁夏苜蓿草系列产品堪比美国货．中国畜牧兽医报。2011-04-07.

内蒙古锡盟东乌旗牧区节水灌溉饲草地建设项目进展顺利．锡林郭勒盟农牧业信息中心，2012-09-05.

安徽五河县通过土地流转、招大引强，建起全球面积最大的紫花苜蓿草场以及世界单体规模最大的奶牛养殖基地——种牧草养奶牛现代农业有奔头．中国畜牧业信息网，2012-09-10.

内蒙古阿鲁科尔沁旗全力打造百万亩优质牧草（紫花苜蓿）示范基地．中国草原网，2012-01-06.

我国牧草种子产业发展现状及趋势分析

刘亚钊　王明利

摘要： 本文首先从生产趋势、地域分布、品种构成及国际贸易等角度阐述了我国牧草种子产业的发展现状，在此基础上指出牧草种子市场需求波动大、非专业化生产占主流及牧草种子审定管理不到位是当前我国牧草种子产业发展中存在的主要问题，为此，需要通过加大政府宏观调控力度、突破技术瓶颈及建立健全相关法律法规等措施确保我国牧草种子产业可持续发展。

一、引　言

牧草种子是草地建设、饲料生产、生态建设及城乡绿化重要的生产资料，是合理利用天然草地、改良退化草地、培植人工草地重要的物质基础。因此，充足的优质草种子是生态环境治理的前提，是农业可持续发展的重要保障。新世纪以来，随着我国生态环境建设、农牧业产业结构调整以及城乡绿化和环境整治工作的不断深入，各地对优良草品种和优质牧草种子的需求急剧增加，我国草业得到了快速的发展，迎来了前所未有的发展机遇。但是，随着我国草业产业化进程的快速推进，我国牧草种子生产体系中存在的一些问题日益突显，成为制约我国草产业发展的瓶颈。尤其是近年来社会对草品种的数量和质量需求越来越高，而且趋于多样化、区域化、系列化和规范化，加快牧草种子业发展已势在必行，我们必须对我国牧草种子的现状进行深入的剖析。

二、我国牧草种子产业发展现状

（一）我国牧草种子生产规模小，产量不稳定

从发展趋势来看，2000年以来，我国牧草种子的生产量不稳定，整体变动趋势不明朗。我国草种生产主要来自于栽培草地的收获和天然草场采种，其中收自栽培草地的种子历年占草种总收获量的90%左右。2004年草种生产田保留面积创历史最高，达409.44万亩，产量达到15.46万吨的高峰，但随后呈波动式下降趋势，近两年下降趋势显著，2010年，草种生产田保留面积仅276万亩，远远低于畜牧业较发达的国家。2002年美国农业普查数据显示，美国现有各类牧草种子田面积57万公顷，年生产各类牧草种子45.7万吨（张智山，2008）。

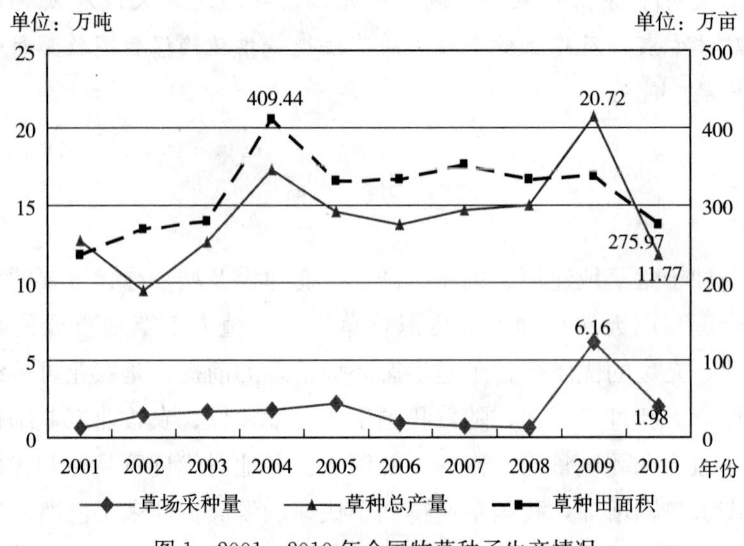

图1　2001—2010年全国牧草种子生产情况

资料来源：《中国草业统计》

此外，从草场采种量来看，其产量也极不稳定。内蒙古、陕西、四川及新疆是主要的草场采种地区（见表1），其中内蒙古的草场采种量最大，目前其年采种量约占总产量的75%，但其产量极不稳定（见图2），年产量最低仅0.29万吨，最高可达3.23万吨。

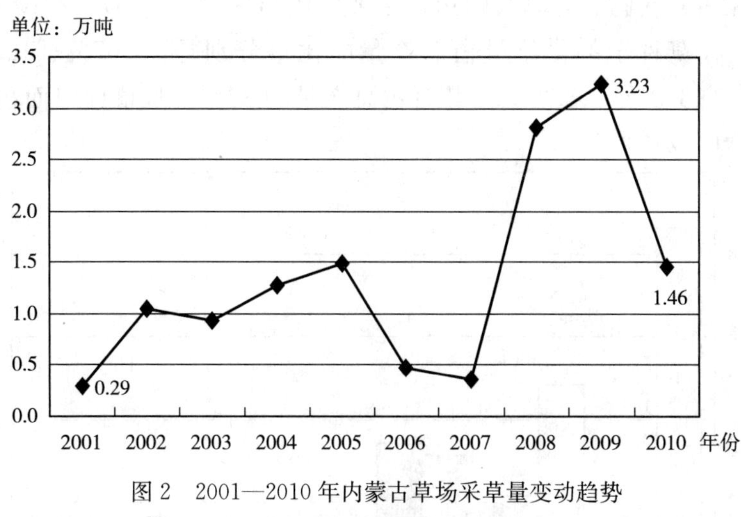

图 2　2001—2010 年内蒙古草场采草量变动趋势

资料来源：《中国草业统计》

表 1　2009—2010 年我国草场采种地域分布情况

单位：吨、%

2009 年			2010 年		
地区	草场采种量	所占比例	地区	草场采种量	所占比例
内蒙古	32 346	52.54	内蒙古	14 627	73.77
青海省	20 366	33.08	陕西省	1 510	7.62
四川省	2 750	4.47	四川省	957	4.83
新疆	2 440	3.96	新疆	730	3.68
陕西省	2 070	3.36	河北省	610	3.08
江西省	493	0.80	甘肃省	503	2.53
黑龙江省	315	0.51	吉林省	331	1.67
吉林省	263	0.43	江西省	263	1.32
湖北省	209	0.34	海南省	99	0.50
辽宁省	152	0.25	湖北省	80	0.40
其他地区	160	0.26	其他地区	117	0.59

资料来源：《中国草业统计》

（二）我国草种主产区的草种田保留面积在减少

从 2010 年的统计资料来看，我国有 25 个省区生产牧草种子，其中甘肃、内蒙古、新疆、青海及四川是主要的供给区（见图 3）。2010 年，这 5 个地区牧草种子的供给量占总产量的比重分别是 29.07%、18.46%、13.88%、13.21%、8.35%，累计占总产量的 83%。从草种田面积来看，

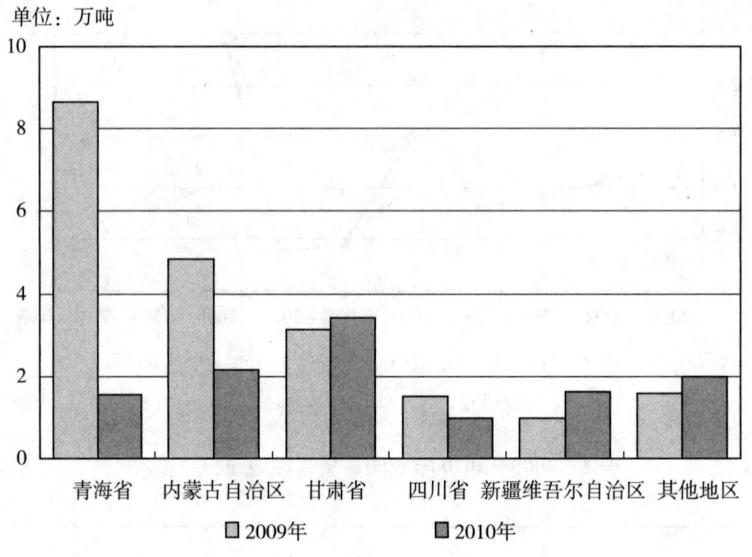

图 3　2009—2010 年牧草种子生产分布

资料来源：《中国草业统计》

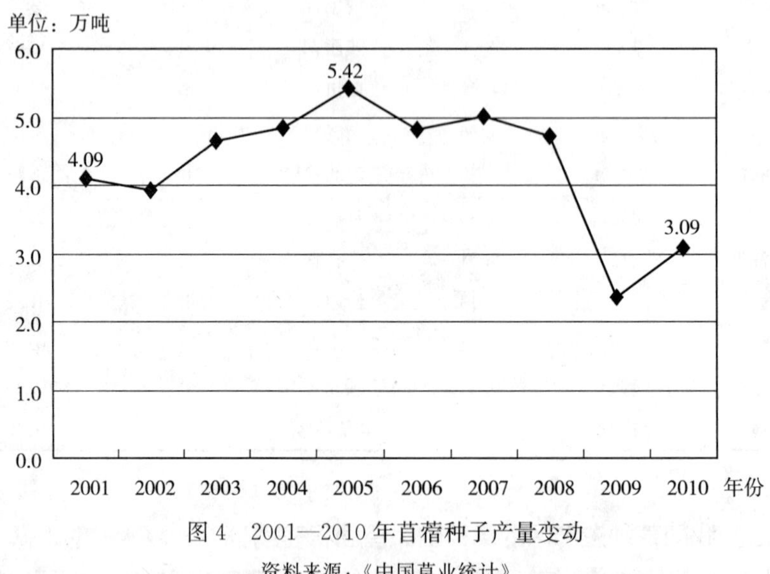

图 4　2001—2010 年苜蓿种子产量变动

资料来源：《中国草业统计》

生产主要集中在我国西北地区，生产能力超过10万亩以上的有8个省区，但其种田保留面积呈下降趋势（见表2）。2010年，除黑龙江外，我国大部分省区草种生产田保留面积均在减少，其中，内蒙古、吉林及青海较为突出，2010年吉林草种田面积已不足10万亩。

表2　2009—2010年我国草种田面积地域分布情况

单位：万亩、%

2009年			2010年		
地区	面积	所占比例	地区	面积	所占比例
甘肃	129.70	38.46	甘肃省	126.90	45.99
内蒙古	69.87	20.72	内蒙古	36.67	13.29
青海	32.97	9.78	四川省	22.03	7.98
吉林	27.91	8.28	青海省	17.60	6.38
四川	26.75	7.93	黑龙江省	12.05	4.37
陕西	12.50	3.71	陕西省	12.00	4.35
新疆	11.58	3.43	新疆	11.85	4.29
黑龙江	5.30	1.57	吉林省	8.76	3.17
其他地区	20.66	6.13	其他地区	28.07	10.17

资料来源：《中国草业统计》

（三）紫花苜蓿、燕麦、柠条及红豆草是我国的主要草种

我国生产的牧草种子有37个品种（2010年）。从总产量来看，年产量较高的主要是紫花苜蓿、燕麦、柠条及红豆草，年产量上万吨。从种子田面积来看，紫花苜蓿、披碱草、燕麦、沙打旺、柠条及红豆草的种植面积居前几位，尤其是紫花苜蓿，是我国历年牧草种子田保留面最大的品种，约占总种植面积的50%。但是，近年来紫花苜蓿种子产量呈下降趋势，2005年产量曾高达5.42万吨，2010年降至3.09万吨。

表 3　2009—2010 年我国主要牧草种子生产情况

单位：吨

2009 年			2010 年		
品名	类型	产量	品名	类型	产量
燕麦	一年生	94 407	紫花苜蓿	多年生	30 855
紫花苜蓿	多年生	23 720	燕麦	一年生	15 888
沙蒿	多年生	15 328	柠条	多年生	11 439
柠条	多年生	14 854	红豆草	多年生	11 396
红豆草	多年生	8 011	青饲、青贮玉米	一年生	5 482
苏丹草	一年生	5 216	苏丹草	一年生	4 851
黑麦草	一年生	3 897	箭筈豌豆	一年生	4 174
箭筈豌豆	一年生	3 761	披碱草	多年生	3 885
羊柴	多年生	3 418	沙打旺	多年生	3 504
小黑麦	一年生	3 300	紫云英（非绿肥）	一年生	3 250
沙打旺	多年生	3 134	多花黑麦草	一年生	2 865
青莜麦	一年生	3 000	毛苕子（非绿肥）	一年生	2 244

资料来源：《中国草业统计》

表 4　2009—2010 年我国主要牧草种子种植面积

单位：万亩、%

2009 年			2010 年		
品名	面积	所占比例	品名	面积	所占比例
紫花苜蓿	147.85	43.84	紫花苜蓿	152.73	55.34
燕麦	39.79	11.80	披碱草	13.27	4.81
羊草	23.27	6.90	燕麦	12.01	4.35
柠条	17.76	5.27	沙打旺	10.38	3.76
沙打旺	14.99	4.44	柠条	8.12	2.94
红豆草	12.1	3.59	红豆草	6.88	2.49
冰草	5.53	1.64	紫云英（非绿肥）	6.85	2.48
披碱草	5.2	1.54	毛苕子（非绿肥）	4.95	1.79
三叶草	4.58	1.36	箭筈豌豆	3.71	1.34
一年生黑麦草	3.87	1.15	多花黑麦草	3.63	1.32
其他	62.31	18.48	其他	53.44	19.36

资料来源：《中国草业统计》

（四）草种子贸易情况

1. 美洲和欧洲是世界草种子贸易的主体

在国际市场上，西班牙、美国、墨西哥、德国、意大利及法国是主要的草种进口国，美国、丹麦、加拿大、德国及荷兰是主要的草种出口国。1988年以来，国际市场上草种子贸易量呈波动式上升趋势（见图5）。1988年世界牧草种子贸易量为20.64万吨，2007年达到最高，贸易量为64.60万吨，2009年①贸易量降为53.16万吨。国际草种子市场上，贸易主体主要集中在欧洲和美洲，其中，进口草种子的国家近140个，西班牙、美国、墨西哥、德国、意大利及法国是主要的进口国，2009年西班牙的进口量最多，约占世界总进口量的11%；出口草种子的国家近70个，美国、丹麦、加拿大、德国及荷兰是主要的出口国，2009年美国的出口量最多，约占世界总出口量的29%。

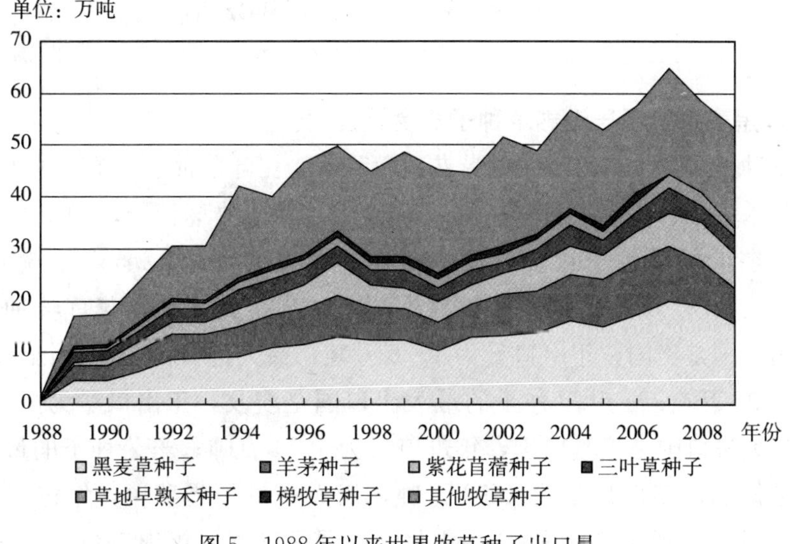

图5　1988年以来世界牧草种了出口量

资料来源：Comtrade数据库

① 由于部分国家提交的数据滞后，导致2010年的数据统计不全，因此，本文仅提供2009年数据。

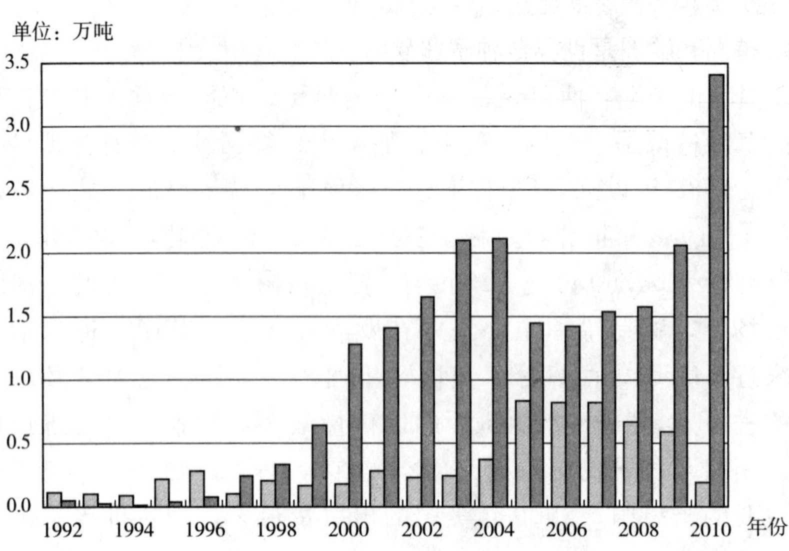

图 6　我国草种子贸易量变化趋势

资料来源：中国海关统计

2. 黑麦草种子居世界草种子贸易量首位

草种子市场上的品种包括紫花苜蓿种子、三叶草种子、羊茅种子、草地早熟禾种子、黑麦草种子、梯牧草种子及其他牧草种子，2009 年各类草种子在世界草种子总贸易量中所占的比重分别是 12.56%、6.40%、12.82%、2.87%、29.41%、0.01%、35.93%。其中，紫花苜蓿种子的最大出口国是美国，年出口量为 1.26 万吨，最大进口国也是美国，进口量为 0.95 万吨；三叶草种子的最大出口国是埃及，年出口量为 1.09 万吨，最大进口国是巴基斯坦，年进口量为 1.74 万吨；羊茅种子的最大出口国是德国，年出口量为 1.92 万吨，最大进口国是美国，年进口量为 1.13 万吨；草地早熟禾种子的最大出口国是美国，年出口量为 0.74 万吨，最大进口国是加拿大，年进口量为 0.34 万吨；黑麦草种子的最大出口国是美国，年出口量 3.14 万吨，最大进口国是德国，年进口量为 1.51 万吨，其他牧草种子的最大出口国是美国，年出口量为 7.76 万吨，最大进口国是西班牙，年进口量为 6.01 万吨。

3. 我国草种子贸易规模小，整体呈净进口状态

20 世纪 90 年代以来，中国草种子出口量呈先升后降趋势，进口量呈波动上升态势，整体呈净进口状态，且近年来贸易逆差呈扩大趋势。2009 年我国草种子进口总量为 2.07 万吨，占世界总进口量的 5.19%，出口总量为 0.58 万吨，占世界总出口量的 1.10%。我国进口的草种子主要是黑麦草、羊茅、草地早熟禾及三叶草种子。2010 年 4 类草种子的进口量占牧草种子进口总量的 98.4%，其中黑麦草占 43.2%，主要来自美国；羊茅占 37.3%，主要来自美国；草地早熟禾占 12.1%，主要来自美国；三叶草占 5.8%，主要来自丹麦。我国出口的草种子主要是紫花苜蓿及其他牧草种子，其他 5 类牧草种子只在个别的年份里有零星的出口。2010 年紫花苜蓿种子占总出口的 52.7%，主要销往日本；其他草种子占总出口的 46.5%，主要销往韩国。

三、我国牧草种子产业当前存在的问题及原因分析

（一）牧草种子市场需求很不稳定

牧草种子生产业是牧草产品的关联产业，受制于牧草产品市场的供求状况，现阶段我国牧草种子主要用于生态建设和畜牧业发展（城市绿化美化主要是草坪草种，90% 以上依赖进口），二者对牧草产品需求的不稳定，直接推动了牧草种子市场的剧烈波动。第一，生态建设对牧草种子的需求是一种政府行为，很大程度上具有不稳定性、不持续性。20 世纪 90 年代中期，伴随着我国生态保护事业的兴起，国家实施退耕还林还草、防沙治沙工程及西部大开发战略，致使国内牧草种子急需，进口量大幅度增加，但生态建设对牧草种子的需求是一种政府行为，并非是一个完全的、追求利润最大化的理性需求群体，其受国家政策、政府财政状况及政府监管等因素影响很大，很大程度上具有不稳定性、不持续性。如宁夏生态草，农户种植紫花苜蓿，草种、肥料等生产资料均由政府提供，并非农户根据成本收益自愿种植，“技术水平落后、田间管理不当，产品销路不畅”导致当地牧草种植收益低下，在政府监管不力的地方甚至有部分农户毁草种粮，政府补贴停止之日，往往成为牧草消失之时。第二，天然草场产草

量的不稳定导致对牧草种子需求存在较大的波动性。当前我国畜牧业发展用草主要来源于天然草场和人工草地，近年来我国草产品生产有了一定的发展，在山东、河北、山西、内蒙古、辽宁、吉林、甘肃等省区均形成了一定规模的干草和草粉的生产基地，在很大程度上缓解了这些地区家畜冬季饲草不足的矛盾，但现阶段天然草场仍是我国畜牧业发展所需饲草的重要组成部分。因此，当市场上对牧草的需求不变时，天然草场的产草量在很大程度上直接影响着畜牧业对人工草的需求量，而天然草场的产草量受自然气候条件的影响较强，即存在较强的不可控因素，当政府对牧草市场不采取储备措施调节市场上牧草产品的供给时，草产品市场将会产生剧烈的波动，进而导致对牧草种子的派生需求产生剧烈的波动。第三，以粮为纲的思想致使牧草种植具有较强的间歇性。由于长期以来，“重农轻牧”的传统农业形成了以粮食作物和经济作物为主的“二元结构”，我国往往将不能用于粮食作物生产的低产田、劣质田、盐碱田用来种植牧草，很少用肥力较高的农田进行牧草生产，种植豆科牧草的低产田一但肥力提高，即换种粮食作物。第四，畜产品市场混乱加剧草产品市场的波动。部分畜产品企业随着政府对产品质量监管松紧的变化，调整对牧草产品的需求，当监管较紧阶段，增加牧草在饲草中的比重，以保证畜产品质量达标，当监管较松时，则采取不正当手段参与市场竞争，致使草产品无人问津或有价无市。

（二）非专业化生产占主流，草种子产量、质量均受制约

牧草种子市场需求的不稳定必然使供给者面临较高的市场风险，因此，当前我国牧草种子供给市场呈非专业化占主流的生产格局。据统计，目前供给主体主要包括科研院所基地项目、草种子公司及采摘种子的农户，其中，基地项目的政策性生产占10%，草种子公司生产占20%，农户生产占70%，而占较大比重的农户生产大部分属于非专业化生产，这在一定程度上制约了我国牧草种子的产量和质量。这是因为：第一，农户生产的牧草种子主要来自于留种牧草种子田，即用于刈割或放牧的人工草地或天然草地，而且是根据市场状况、当年的气候特点等留种收获的牧草种子，这种牧草种子只是牧草生产的副产品，因为牧草的育种目标是营养枝丰富的牧草产量，而非种子产量。由于提高牧草生殖枝的数量与育种目

标相反，绝大多数牧草没有生产种子的优势，必须通过特殊的有利于牧草生殖生长的管理技术，改善牧草种子产量组成要素，才能提高牧草种子产量。因此，用牧草生产田的管理措施对牧草种子生产田进行管理必然会制约牧草种子的产量和质量。第二，草种子生产要有相当规模和较为严格的过程管理，这与其他作物种子生产存在较大差异，以当前因我国土地所有制形式而形成的千家万户零散种植的模式，难以实现产业化生产所要求的制种规模，制约了牧草种子生产的专业化。第三，优质牧草种子需要通过成套加工设备和辅助设备进行烘干、清选、分级、包衣处理、干燥和剂量包装，目的是提高发芽率、提高净度、保持较好的活力，因此机械是种子加工的前提条件。但零散农户选择机械化生产过程中面临机械设备价格昂贵难以负担、小规模生产致使设备闲置利用率低、国外先进设备不适合小规模生产而改良设备损失率高等问题。机械化生产是实现牧草种子商品化、标准化的重要手段，竞争开放的牧草种子市场对种子质量、科技含量的要求不断提高，牧草种子加工设备不完善必然会制约我国牧草种子产业化进程。

（三）牧草种子审定管理不到位，阻碍牧草育种市场化进程

市场走向规范、成熟需要通过健全的体制和完善的法制建立一个有序竞争的平台，以保证消费者的利益和生产者的利润。草地畜牧业发达的国家为保证牧草种子市场健康、稳定的发展往往要建立严格的种子审定制度。如美国在40年代建立了种子审定制度，将种子分为育种家种子→基础种子→登记种子→审定种子四级，种子审定机构执行官方种子审定机构协会的标准，对以种子生产为目的的牧草种子田、设备和操作过程进行一系列的审查、检查和监督来实现所生产的牧草品种的种子基因的真实性。严格的法规和标准形成了很多以生产牧草和草坪草种子为主的草种公司，为了适应市场需求，这些公司自己进行育种，品种更新速度非常快，用户能够购买到适合自己的品种，同时不断培育的新品种也会给草种公司带来巨额利润。我国牧草种子育种专家从20世纪70年代就开展了牧草的育种和推广工作，通过野生牧草的驯化、栽培选育、国外育种及杂交育种等多种途径，已筛选培育出适合我国牧草种植区域自然条件的优良牧草品种。然而，由于我国牧草繁育体系尚不健全、法制不完善，我国牧草育种现阶

段仍为国家单一投入，因经费少和品种推广存在问题，育种者的利益常常得不到补偿，新品种诞生的速度非常缓慢，草籽品种混杂，存在严重的质量问题，降低了对国外大型草种公司在我国建立草种繁殖田的吸引力，市场主体的多元化难以实现，严重阻碍我国牧草种子市场的发育进程。

四、建　议

（一）加大政府宏观调控力度，平衡牧草种子市场供求关系

以牧草的营养体为食物的草食动物在能量的转化效率、物质生产效益和健康安全的绿色食品生产方面均占优势，畜牧业发达国家的经验告诉我们，大力发展草业，实现种植业“三元结构”，对改善生态环境、提高农业效益乃至整个国民经济的可持续发展具有重要的战略意义。但我国牧草种子产业收益的不稳定，导致其一直得不到公司、企业及农业生产者等市场主体的重视。因此，国家有必要加大投入力度，引导并促进我国牧草种子市场化，具体可以包括以下措施：第一，建立牧草产品或牧草种子储备库，通过吞吐机制，调节市场上牧草产品或牧草种子的供求关系，平抑牧草产品或牧草种子价格，降低生产者的市场风险，保证其获得合理收入；第二，建立牧草种子购销信息平台及技术服务机构，通过库存、单产以及对下一年需求的预测等指标为生产者提供科学、合理的生产计划，通过技术服务机构对生产者进行宣传、培训和技术指导；第三，建立畜产品的优质优价机制，推进草畜结合的生产模式。牧草产业的发展离不开畜牧业的带动，只有通过畜的转化才能产生更大的效益，推进草畜结合才能确保畜牧业对牧草产业的稳定需求；第四，制定优惠的产业政策，扶持龙头企业，引导社会各界的闲散资金流入牧草种子产业。我国牧草种子产业刚刚进入发展初期，属幼稚产业，经济效益不明显，仅依靠农业领域资金很难将其做大做强。

（二）突破技术瓶颈，推进牧草种子专业化进程

以牧草生产的副产品的形式生产牧草种子对其质量和数量均有很大的影响，只有专业化生产才能够提高种子质量和种子生产的科技含量，才能提高牧草种子的商品化程度和规模效益。因此，严格按照牧草种子生产技

术规程进行管理，实现牧草种子生产专业化，是实现牧草种子国产化的根本途径。当前可以从以下几方面促进其专业化：第一，加大对品种选育与技术研发工作的重视。由于我国牧草种子生产起步晚，对牧草种子生产过程中的田间管理、加工及机械化等关键技术的研究、总结较少，且鉴于育种与技术研发属投入大、收益低且投资回收期较长的基础性工作，政府必须加大科研经费以吸引和促进公司和个人投资牧草种子的研发，从而加快良种更新。第二，做好牧草种子基地的区域规划，牧草种子生产的地区适应性与牧草不同，气候条件是决定种子生产基地建设成败的首要条件，因此要根据牧草生长发育特点和结实特性对气候条件的要求，因地制宜地建设牧草种子生产基地。第三，建立牧草种子合作社以实现规模化生产，千家万户零散的种植模式使许多耕种机械都不能使用，靠人工作业不仅不能及时收获以提高生产效率，而且也增加了生产成本；因此，通过建立牧草种子合作社，由合作社有组织有计划地把种植户联系起来，采取统种、统管、统收、统售，进行连片规模化生产管理，方便机械化作业，保证技术到位，形成市场，以利于牧草种子的销售，进而提高生产水平和综合效益。

（三）建立健全相关法律法规，确保我国牧草种子产业可持续发展

由于我国的牧草种子生产比较落后，在繁育、生产、流通等领域的监管、监督等管理措施不到位，我国的牧草种子质量仍存在着较大的问题，这严重制约了我国牧草种业的健康发展。因此建立健全相关法律法规迫在眉睫，这主要包括：第一，建立规范的种子审定制度。如美国，由种子审定机构执行官方种子审定机构协会的标准，对以种子生产为目的的牧草种子田、设备和操作过程进行一系列的审查、检查和监督，来实现所生产的牧草品种种子基因的真实性，最终以标签的方式表示种子的基因可靠性。第二，实行牧草种子生产认证制度，实现牧草种子生产标准化，建立良种评价与种植利用等方面的标准化体系，并通过对田间检查、收获加工监督、质量检验以及贴签等环节制定规程实施牧草种子生产认证制度，以保证产品的质量、产品的信誉、产品的规范化；并在此基础上，不断充实牧草种子检验队伍，装备先进的检验仪器和加工设施，以确保各项制度的有效性。第三，加大牧草种子市场的监管力度；为规范市场行为，保护育种

者、种子生产者和种子消费者的利益，避免牧草种子交易中以次充好的现象，杜绝伪劣牧草种子在市场上的流通，政府应将牧草种子交易纳入法制化轨道，通过检验检疫使这些法律法规得以实施，并增强执法监管力度，限制无照经营，依法严肃处理违反有关法律法规的经营者，从而推进牧草种子市场繁荣和健康发展。

参考文献

王敬东，郝林峰．2001. 关于发展牧草种子生产的几点建议，中国草地（3）：71－73.

韩建国．1999. 美国的牧草种子生产．世界农业（4）：43－45.

李青丰，肖彩虹．2001. 论我国牧草种子业生产体系中的一些问题．干旱区资源与环境（12）：71－74.

徐胜，张新全，等．2001. 我国草种业发展现状与对策．四川草原（4）：4－10.

云锦凤．2008. 我国草品种育种的发展方略．草地学报（5）：211－214.

孙启忠，宁布，等．2003. 抓住机遇推进苜蓿产业化进程．中国农业科技导报（1）：67－70.

孙启忠，等．1999. 赤峰地区苜蓿、沙打旺种子产业化存在问题与对策．种子，（5）：54－55.

我国不同区域牧草供需平衡测算及解决路径研究

李佳晓　王明利

摘要：针对当前我国牧草供给严重短缺和牧草供需“家底不清”的现实情况，本研究通过实地调研与走访不同区域相关技术专家的方式，确定不同区域各种类型草场的产草量情况和各种家畜的日消费草量情况，进而区分牧区、半牧区和农区，分别测算不同区域的牧草供需情况，特别是在供不应求时，进一步测算缺口的大小，并针对性地提出解决途径。

牧草是主要畜禽生产的重要生产资料，更是我国畜牧业转型和升级的重要物质保障。受长期农耕文化和传统观念的影响，我国的牧草生产一直没有受到重视，每年我国牧草到底能生产多少，能否满足不同畜禽养殖的需求，特别是不同区域牧草生产水平如何，各区域的牧草供求是否平衡及缺口多大，如何来满足日益增长的强劲需求，这些问题一直摆在草业科学工作者的面前，多年没有准确定论。本研究通过实地调研和咨询不同区域的相关技术专家与实际生产者，试图尽可能准确地测算出不同区域的牧草供求状况，并针对不同区域提出解决缺口的有效对策。

一、不同区域牧草供需平衡测算的理论及方法

（一）关于牧草产量数据的获得问题

年度间牧草产量变化较大，本研究需要用到连续几年的统计数据，但实际中该数据难以获取。目前 GPS 系统虽已普遍用于估测大面积草原的产草量，但由于应用时间较短，能获取的数据有限；再者，监测系统仍存

在很多技术性难题，得到的数据往往与草原的实际情况相差较远。因此，本研究拟用不同区域草地面积乘以相应的草地单产，求和汇总推算得到各年牧草产量。另外，单位面积产草量即草地单产会因气候等因素影响而在年度间呈现较大差异，这就给牧草产量的确定带来了困难，本研究拟采用草地单产的平均值或经验数据。

（二）关于草食家畜数量的折算问题

在实际估算草食家畜需草量时，首先要将草食家畜头（只）数折算成羊单位，目前有三种折算法，一种是将年底牲畜存栏头数直接折算为羊单位；第二种是用牧业年度存栏数即每年 6 月底的存栏量进行折算；第三种是用年底存栏头数加当年出栏头数即饲养量换算为羊单位。这三种算法的结果相差很大，本研究认为第一种忽略了出栏量，估算出的需草量将偏小，第二种用到的 6 月末的存栏数只是一个阶段性的统计数，不能代表总饲养量，因此，第三种算法更合理，其他算法都有所遗漏。

（三）关于家畜日食草量的确定问题

首先是牧草的质量问题，由于不同地区、不同地块甚至是不同品种的牧草质量差异较大，家畜获取同样的营养所需的牧草量自然不同。另外，随着各地积极推行集中育肥和舍饲半舍饲的饲养方式，牧区及半牧区家畜饲料补充的来源和方式越来越多样化，使得统计变得比较困难。牧区、半牧区及农区饲料来源有所差异，牧区主要是牧草，而半牧区及农区除了饲草资源外还有农作物秸秆、青贮饲料等，这就造成了草食家畜日采食量的不同，牧草在家畜饲料中无论是数量还是质量上都占有优势，秸秆等只能起到补饲作用，因此，本研究将分别分析牧区、半牧区及农区草食家畜在不同食草比例下的牧草需求量。

（四）牧草供需测算方法

1. 牧草供给测算方法

牧草的主要利用方式是加工为干草产品，青贮和青刈占比很小，因此分析时将干草产量视为牧草供给量。由于目前可获取的统计资料中缺乏系统的牧草产量数据，但有各地草地面积数据，因此，本文将草地单产与草地面积的乘积作为干草产量，从而估算出牧区牧草供给量。具体计算公式如下：

$$S_p = \sum_{i=1}^{n} y_i \cdot A_{pi}$$

式中：S_p 为草地产草量；

y_i 为各地区单位面积草地产草量；

A_{pi} 为 各地区可利用草地面积。

由于不同区域的草地单产差别较大，为了提高供给量测算的准确度，将不同省区的不同旗县按照草地单产高低划分为高、中、低产区，结合各地调研情况及专家意见给各旗县不同产区设定不同的单产水平①，然后用各旗县的草地面积分别乘以相应的单产数据，即得各旗县的干草产量，加总即得干草总产量。

2. 牧草需求测算方法

测算牧草需求量的主要思路是，将 2007—2009 年草食家畜年饲养量分别乘以相应的折合系数，换算成羊单位，再乘以一只羊的年采食量，得到不同家畜的年采食量，求和可得各年采食总量，再乘以牧草饲喂比例即得牧草需求量。

牧区牧草需求量计算公式：

$$D_p = I \cdot d \cdot Q_p \cdot E_{unit} \cdot E_g$$

式中：D_p 为牧草需求量；

I 为 1 个羊单位的日采食标准干草量；

d 为研究范围内的天数；

Q_p 为牧区草食家畜饲养量；

E_{unit} 为草食家畜对羊单位的折算系数；

E_g 为家畜采食量中牧草饲喂所占比重。

草地区域内现存饲养的草食家畜包括成年畜和幼畜，二者的食草量差别较大，成年畜的食草量大约是幼畜的 1～2 倍，为了提高需草量测算的准确性，研究中先将成年畜和幼畜区分开，再分别折算为标准家畜即羊单位。按照中华人民共和国农业行业标准 NY - T 635 - 2002 天然草地合理载畜量的计算规定，I 取 1.8 千克。d 在研究中取 365，即分析一整年的需

① 本文给出的草地单产数据均已考虑草地利用率因素，即认为草地单产是可供采食利用的单产量。

草量。Q_p 为牧区草食家畜年底存栏量与出栏量之和，草食家畜种类包括牛、羊、马、驴、骡、兔，但由于目前可获取的资料中缺乏牧区兔饲养量的数据，因此分析牧区牧草需求量时仅考虑前五个畜种，兔数量较少再加上食草量较小，故而忽略兔这一畜种不会对测算结果产生太大影响。草食家畜对羊单位的折算系数即 E_{unit} 的取值见表 2。E_g 为家畜牧草需求能够得到满足的比例，根据实际情况取值，若取值 100%，则表示草食家畜的标准日食草量全部由牧草来满足。

二、我国牧区牧草供需测算

（一）我国牧区牧草供给量测算

牧区共包括 9 个省（自治区）121 个旗县，首先将内蒙古自治区位于牧区的所有旗县划分为牧草高产区（包括新巴尔虎右旗、新巴尔虎左旗、陈巴尔虎旗等 8 个旗县）、中产区（包括扎鲁特旗、巴林左旗、巴林右旗等 14 个旗县）和低产区（包括四子王旗、达茂旗、鄂托克旗等 11 个旗县），设定其单产分别为 1.2 吨/公顷、0.75 吨/公顷和 0.3 吨/公顷。新疆自治区也划分为牧草高产区（包括阿勒泰市、布尔津县、哈巴河县等 7 个旗县）、中产区（包括吉木乃县、青河县、福海县等 9 个旗县）和低产区（包括乌恰县、塔什库尔干县、和静县等 6 个旗县），设定其单产分别为 1.2 吨/公顷、0.9 吨/公顷和 0.6 吨/公顷。青海省划分为牧草高产区（包括玛多县、久治县、甘德县等 9 县 1 市）、中产区（包括班玛县、玛沁县、玉树县等 14 个县）和低产区（包括泽库县和德令哈市），设定其单产分别为 1.2 吨/公顷、0.9 吨/公顷和 0.6 吨/公顷。甘肃省划分为高产区（包括夏河县、天祝县和肃南县）和低产区（包括玛曲县、碌曲县等 4 县 1 市），设定其单产分别为 1.2 吨/公顷、0.6 吨/公顷。四川省各县的草地单产均设定为 1.5 吨/公顷，西藏自治区各县草地单产均设定为 0.9 吨/公顷，黑龙江省和吉林省牧区县的草地单产均设定为 1.2 吨/公顷，宁夏位于牧区的盐池县的草地单产设定为 0.3 吨/公顷。

将 2007—2009 年牧区各省（自治区）的各旗县草地面积分别乘以相应的草地单产数据，即得各旗县的干草产量，加总得到牧区干草总产量，

即牧区牧草供给量。

由图 1 可知，近 3 年牧区年均干草产量为 1.5 亿吨，其中 85%以上的牧草产自天然草地，人工草地所占比重较小。

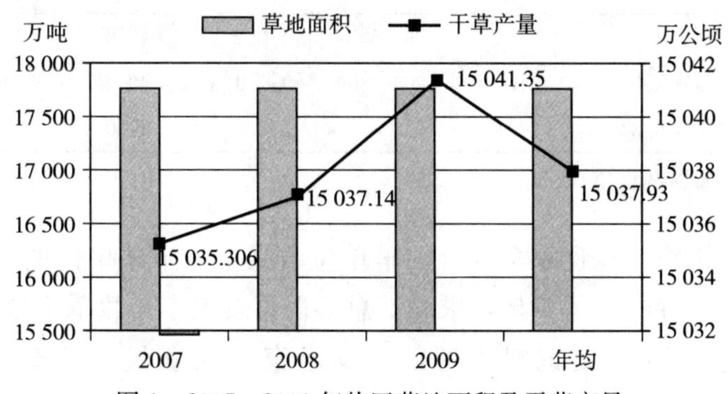

图 1　2007—2009 年牧区草地面积及干草产量

（二）我国牧区牧草需求量测算

首先，根据畜群结构的经验数据即认为某一畜群中幼畜占牲畜年底存栏总量的 30%，分别计算牧区各草食家畜幼畜和成年畜的饲养量，如表 1。

表 1　2007—2009 年牧区草食家畜饲养量

单位：万头（匹、只）

年份	牛		羊		马		驴		骡	
	幼畜	成年畜	幼畜	成年畜	幼畜	成年畜	幼畜	成年畜	幼畜	成年畜
2007	411.7	1 511.7	2 073.5	8 920.1	45.2	137.3	9.2	33.0	2.9	8.6
2008	412.6	1 608.3	990.7	8 627.5	46.0	138.3	8.9	32.4	2.8	8.4
2009	390.5	1 422.9	927.0	8 045.8	45.1	133.4	8.6	32.3	2.7	8.1

数据来源：根据《中国畜牧业年鉴》和经验数据整理计算而来。

其次，用牧区草食家畜幼畜和成年畜的饲养量分别乘以相应的折算系数（表 2），即得到羊单位数。

表 2　草食家畜折合羊单位的换算系数

草食家畜种类	牛		羊		马		驴		骡		兔
	仔畜	成年畜	仔畜	成年畜	仔畜	成年畜	仔畜	成年畜	仔畜	成年畜	
羊单位折算系数	2.5	5.0	0.7	1.0	2.5	5.0	2.0	4.0	2.5	5.0	0.14

数据来源：中华人民共和国农业行业标准 NY－T 635－2002 天然草地合理载畜量的计算。

表 3　2007—2009 年牧区草食家畜折合羊单位数

单位：万个

年份	牛	羊	马	驴	骡	合计
2007	8 587.9	10 371.6	799.5	150.1	49.9	19 959.0
2008	9 073.0	9 321.0	806.4	147.3	49.0	19 396.8
2009	8 090.8	8 192.1	779.8	146.5	47.0	17 256.2

数据来源：根据表 1、2 计算而来。

最后，用牧区草食家畜折合的羊单位数乘以 1 个羊单位的年采食量，即得到各个畜种的年需草量，求和汇总即得草食家畜年牧草采食总量；牧草是牧区家畜的主要饲料来源，故设定家畜采食量中牧草所占比重 100%，即牧草采食量等于牧草需求量。计算 2007—2009 年牧区在 100% 饲喂比例下的牧草需求量，如表 5，得出近 3 年牧区年均牧草需求量为 1.2 亿吨，其中牛、羊两个畜种年采食量之和占到总量的 90%以上。

表 4　2007—2009 年牧区草食家畜干草采食量

单位：万吨

年份	牛	羊	马	驴	骡	合计
2007	5 642.3	6 814.1	525.3	98.6	32.8	13 113.1
2008	5 961.0	6 123.9	529.8	96.8	32.2	12 743.7
2009	5 315.7	5 382.2	512.3	96.3	30.9	11 337.3

数据来源：根据表 3 计算而来。

表 5　2007—2009 年牧区在 100%饲喂比例下的牧草需求量

单位：万吨

年份	100%饲喂比例下
2007	13 113.1
2008	12 743.7
2009	11 337.3
年均	12 398.0

数据来源：根据表 4 计算而来。

（三）我国牧区牧草供需对比分析

将牧区牧草供给量与需求量作差，即得牧区牧草供需差值。计算公式如下：

$$G_p = S_p - D_p$$

式中：G_p 为牧区牧草供需差值；

S_p 为牧区牧草供给量；

D_p 为牧区牧草需求量。

若二者差值为零，即 G 等于零，表示牧草产量刚好等于牲畜对牧草的需求量；若差值为正，表明牧草供大于求，家畜需草能够得到满足且牧草有结余；差值为负，则表明牧草供不应求，家畜需草只能得到部分满足，这种情况下则需要其他饲料进行补充和替代。

由图 2 看出，2007—2009 年这三年牧草供需差值均为正值，即牧区牧草供给量大于 100%饲喂比例下的牧草需求量。各年牧草产量均为 1.5 亿吨左右，在 100%的饲喂比例下牧草略有结余，年均结余量约 0.26 亿吨。因此，从理论上讲，这三年牧区牧草产量能够保证家畜的全部饲喂需求。但事实上，在我国内蒙古、新疆、青海、西藏等牧区存在着家畜饲料不足的问题，主要原因在于这些地区畜牧业以游牧为主，牧民根据多年对当地地理条件、牧草生长情况等的了解，驱赶牲畜，逐水草而流动。牧区牧草供给量的测算结果中包含了以游牧畜牧业为主的这些地区的草地产草量，实际上这部分草并没有被家畜充分采食利用，因此就造成了理论上牧草供大于求、事实上牧草供给短缺的情况。

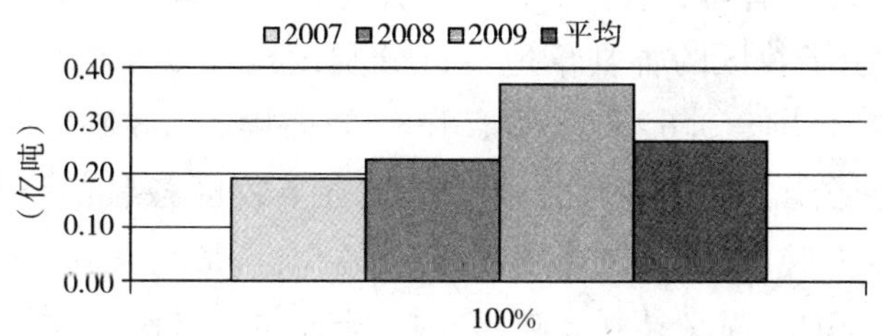

图 2　100%饲喂比例下牧区牧草供需差值

（四）小结

在阐述我国牧区牧草业和草食畜牧业发展状况的基础上，运用经济学供给和需求理论，对牧区牧草的供给量和需求量分别进行了测算。利用牧区 121 个旗县的可利用草地面积分别乘以相应的草地单产量，然后求和加总得到牧区产草总量；采用牧区草食家畜折合羊单位数乘以一个羊单位年食草量，得出牧区采食总量，并对二者进行了对比分析，得出结论：在 100％的饲喂比例下，牧草略有结余，年均结余量约 0.26 亿吨。

三、我国半牧区牧草供需量测算

（一）半牧区牧草供给量的计算

由于半牧区省（自治区）各旗县的草地单产差别较大，为了提高供给量测算的准确度，将位于半牧区的各旗县按照草地单产高低划分为高、中、低产区，结合各地调研情况及专家意见，确定各旗县不同产区的单产水平，然后用各旗县的草地面积乘以相应的单产数据，即得各旗县的干草产量，加总得到半牧区干草总产量，即半牧区牧草供给量。半牧区共包括 12 个省（自治区）143 个旗县，同样先将各省的半牧区旗县按单产水平进行分类。内蒙古自治区位于半牧区的所有旗县划分为牧草高产区（包括扎兰屯市、阿荣旗、莫力达瓦旗等 1 个市 4 个旗县）、中产区（包括扎赉特旗、开鲁县、奈曼旗等 5 个旗县））和低产区（包括敖汉旗、太仆寺旗、察右中旗等 1 个市 9 个旗县），设定其单产分别为 1.5 吨/公顷、0.9 吨/公顷和 0.6 吨/公顷。新疆自治区半牧区划分为北疆区域（包括 3 市 6 县）和南疆区域（包括 6 县），设定其单产分别为 1.2 吨/公顷和 0.75 吨/公顷。宁夏、西藏、青海、甘肃、四川、黑龙江、吉林、辽宁、山西这些省（自治区）位于半牧区的各县草地单产分别设定为 0.6 吨/公顷、0.9 吨/公顷、0.9 吨/公顷、0.6 吨/公顷、1.8 吨/公顷、1.8 吨/公顷、1.5 吨/公顷、1.2 吨/公顷和 0.6 吨/公顷。河北省半牧区各县的草地单产设定为：沽源县 0.6 吨/公顷，围场县 1.2 吨/公顷，张北县 0.6 吨/公顷，康保县 0.9 吨/公顷，尚义县 0.6 吨/公顷，丰宁县 1.2 吨/公顷。

将 2007—2009 年半牧区各省（自治区）的各旗县草地面积分别乘以相应的草地单产数据，即得各旗县的干草产量，加总得到半牧区干草总产量，即得半牧区牧草供给量。由图 3 可知，近 3 年半牧区年均干草供给量

为0.59亿吨，2008年牧草产量虽出现了小幅滑落，但仍保持在0.58亿吨以上。

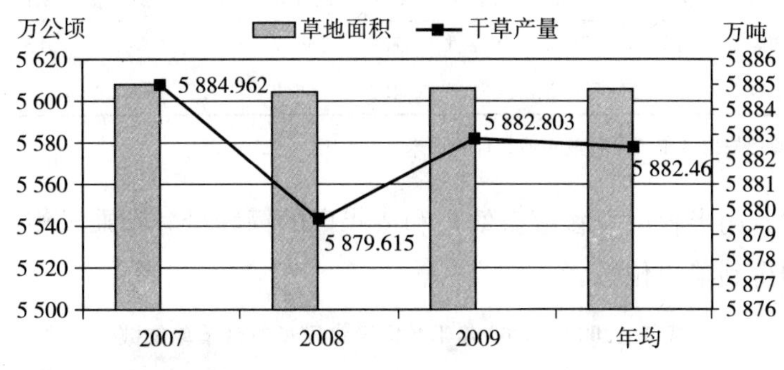

图3　2007—2009年半牧区草地面积及干草产量

（二）我国半牧区牧草需求量测算

测算半牧区牧草需求量的主要思路是，将2007—2009年半牧区草食家畜年饲养量分别乘以相应的折合系数，换算成羊单位，再乘以一只羊的年采食量，得到不同家畜的年采食量，求和可得各年采食总量。

将半牧区草食家畜分别按照成年畜和幼畜的不同折算系数转化为标准家畜，即羊单位。按照中华人民共和国农业行业标准NY－T 635－2002天然草地合理载畜量的计算规定，I取1.8千克，d在研究中取365，即分析一整年的需草量。Q为草食家畜年底存栏量与出栏量之和，草食家畜种类包括牛、羊、马、驴、骡、兔，但由于半牧区兔饲养量数据在实际中较难找到，因此分析半牧区牧草需求量时仅考虑前五个畜种。E_{unit}的取值见表2。E_g根据研究需要取值。

半牧区兔饲养量数据难以获取，测算牧草需求量时仅考虑牛、羊、马、驴、骡五个畜种。

首先计算半牧区草食家畜饲养量，如表6。

表6　2007—2009年半牧区草食家畜饲养量

单位：万头（匹、只）

年份	牛		羊		马		驴		骡	
	幼畜	成年畜	幼畜	成年畜	幼畜	成年畜	幼畜	成年畜	幼畜	成年畜
2007	340.0	1 357.4	1 158.2	7 510.1	49.5	148.1	43.7	150.6	12.7	38.0

（续）

年份	牛		羊		马		驴		骡	
	幼畜	成年畜	幼畜	成年畜	幼畜	成年畜	幼畜	成年畜	幼畜	成年畜
2008	254.0	1 120.5	778.3	6 652.1	47.9	140.7	42.7	147.9	12.6	37.2
2009	280.7	1 191.2	770.5	7 083.6	34.0	106.2	41.2	147.2	11.9	35.9

数据来源：根据《中国畜牧业年鉴》计算而来。

其次，用半牧区草食家畜幼畜和成年畜的饲养量分别乘以相应的折算系数，即得到羊单位数。

表 7　2007—2009 年半牧区草食家畜折合羊单位数

单位：万个

年份	牛	羊	马	驴	骡	合计
2007	7 637.1	8 320.8	864.2	689.7	221.7	17 733.5
2008	6 237.5	7 196.9	822.9	677.0	217.5	15 151.7
2009	6 657.7	6 830.6	616.1	671.1	209.3	14 984.8

数据来源：根据表 6、表 3 计算而来。

然后，用半牧区草食家畜折合羊单位数乘以 1 个羊单位的年采食量，即得到各个畜种的年采食量，求和汇总即得草食家畜年采食总量。

表 8　2007—2009 年半牧区草食家畜干草采食量

单位：万吨

年份	牛	羊	马	驴	骡	合计
2007	5 017.6	5 466.8	567.8	453.1	145.7	11 650.9
2008	4 098.0	4 728.4	540.6	444.8	142.9	9 954.7
2009	4 374.1	4 487.7	404.8	440.9	137.5	9 845.0

数据来源：根据表 7 计算而来。

随着舍饲半舍饲饲养方式的推行，家畜饲料的来源越来越多样化，故假定半牧区牧草饲喂比例分别为 100%、70%和 50%，用采食总量分别乘以这三个比例，求出 2007—2009 年半牧区牧草需求量。如表 9，2007—2009 年半牧区年需草量呈现小幅下降趋势，主要是牲畜饲养量减少所致，

在100％饲喂比例下年均需草量约1亿吨，牛羊需草量之和占比约90％。

表9　2007—2009年在不同比例下的半牧区牧草需求量

单位：万吨

年份	100％	70％	50％
2007	11 650.9	8 155.6	5 825.5
2008	9 954.7	6 968.3	4 977.4
2009	9 845.0	6 891.5	4 922.5
年均	10 483.5	7 338.5	5 241.8

数据来源：根据表8计算而来。

（三）我国半牧区牧草供需对比分析

由图4看出，在50％的饲喂比例下，2007—2009年这三年的供需差值为正，表明半牧区牧草供给量大于需求量，即这三年牧草产量可满足家畜50％饲喂需求，且略有结余不足0.2亿吨。在70％的饲喂比例下，牧草供不应求，年均缺口约0.15亿吨；在100％的饲喂比例下，牧草年均供需缺口高达0.46亿吨，占牧草总需求量的40％以上。

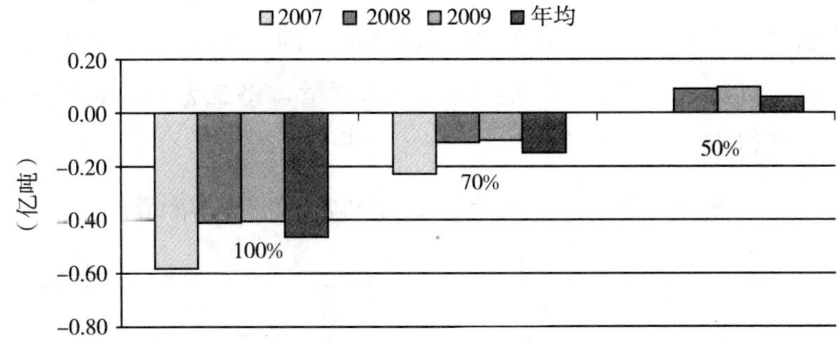

图4　不同饲喂比例下半牧区牧草供需差值

（四）小结

首先阐述了我国半牧区牧草业和草食畜牧业发展状况，然后运用经济学供给和需求理论，对半牧区牧草的供给量和需求量分别进行了测算。利用半牧区143个旗县的可利用草地面积分别乘以相应的草地单产量，然后求和加总得到半牧区产草总量；采用半牧区草食家畜折合羊单位数乘以一个羊单位年食草量，得出半牧区采食总量。最后，在 100%、70%、50% 这三个饲喂比例下分别估算了牧草余缺量，得出：在 100%的饲喂比例下，牧草年均供需缺口达 0.46 亿吨，家畜约 40%的牧草需求没有得到满足。

四、我国农区牧草供需量测算

（一）我国农区牧草供给量测算

我国近两年农区可利用草地总面积变化幅度较大，其中以人工草地为主，约占牧区草地总面积的 65%。由于农区各县草地面积数据难以获取，测算农区牧草供给量时，利用 2007—2009 年农区天然草地和人工草地面积，分别乘以相应的草地单产数据（单产数据结合调研情况和专家意见确定），加总得到农区干草总产量，即农区牧草供给量。

首先利用 2007—2009 年全国天然草地和人工草地的面积分别减去牧区及半牧区天然与人工草地面积，即得农区天然草地和人工草地面积，如表 10；其次，用农区天然草地和人工草地面积分别乘以相应的草地单产经验数据（即天然草地干草单产 0.75 吨/公顷、人工草地干草单产 4.5 吨/公顷），可得天然草地和人工草地的产草量，将二者加总得到农区干草总产量，即得农区牧草供给量。

表 10　2007—2009 年我国牧区、半牧区及农区草地面积

单位：万公顷

年份	天然草地				人工草地			
	全国	牧区	半牧区	农区	全国	牧区	半牧区	农区
2007	24 723.83	17 179.367	53 71.128	2 173.335	3 844.41	574.197	236.363	3 033.86
2008	23 741.73	17 203.477	5 372.911	1 165.342	3 316.38	556.199	231.043	2 529.14
2009	24 156.44	17 278.05	5 373.602	1 504.788	3 374.31	479.34	231.64	2 733.97

数据来源：《畜牧业统计年鉴》

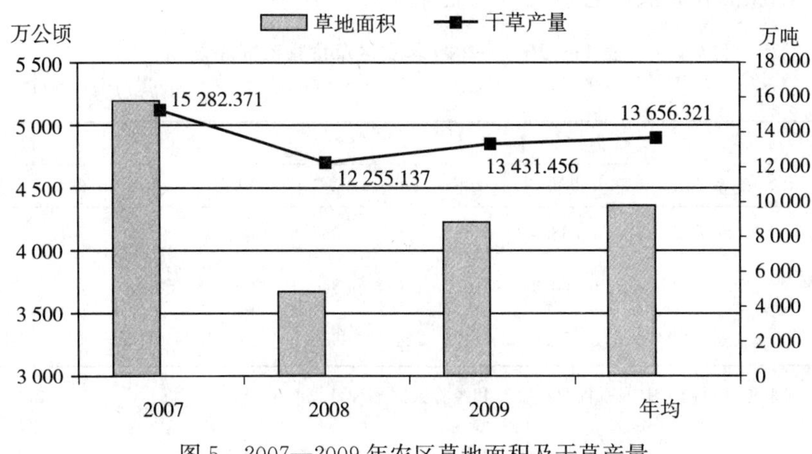

图 5　2007—2009 年农区草地面积及干草产量

由图 5 可知，2007—2009 年农区年均干草产量为 1.37 亿吨，其中人工草地产草量 1.25 亿吨，天然草地产草量 0.12 亿吨，农区 90%以上的牧草产自人工草地。

（二）我国农区牧草需求量测算

测算农区牧草需求量的主要思路是，将 2007—2009 年农区草食家畜年饲养量分别乘以相应的折合系数，换算成羊单位，再乘以一只羊的年采食量，得到不同家畜的年采食量，求和可得各年采食总量，再乘以饲喂比例，即得农区牧草需求量。将农区草食家畜分别按照成年畜和幼畜的不同折算系数转化为标准家畜，即羊单位。按照中华人民共和国农业行业标准 NY－T 635－2002 天然草地合理载畜量的计算规定，I 取 1.8 千克。d 在研究中取 365，即分析一整年的需草量。Q 为草食家畜年底存栏量与出栏量之和，草食家畜种类包括牛、羊、马、驴、骡、兔，但由于半牧区兔饲养量数据在实际中较难找到，因此分析农区牧草需求量时仅考虑前五个畜种。E_{unit} 的取值见表 2，E_g 根据实际需要取值。

测算农区牧草需求量时，同样忽略兔饲养量数据，仅考虑五个畜种。首先计算农区草食家畜饲养量；其次，用农区草食家畜幼畜和成年畜的饲养量分别乘以相应的折算系数，即得到羊单位数；然后，用农区草食家畜折合羊单位数乘以 1 个羊单位的年采食干草量，即得到各个畜种的年采食量，求和汇总即得农区草食家畜年采食总量。由表 13 可知，农区草食家畜年均标准干草采食总量约 6.1 亿吨。

表 11 2007—2009 年农区草食家畜饲养量

单位：万头（匹、只）

年份	牛		羊		马		驴		骡	
	幼畜	成年畜	幼畜	成年畜	幼畜	成年畜	幼畜	成年畜	幼畜	成年畜
2007	2 426.7	8 906.7	4 788.4	29 685.1	116.1	357.8	153.8	515.0	74.0	220.4
2008	2 506.2	9120.5	5 470.2	31 710.2	110.8	340.1	150.3	505.8	73.2	215.7
2009	2 546.8	9 496.6	5 674.0	32 684.2	124.5	380.5	144.8	502.3	69.2	208.3

数据来源：根据《中国畜牧业年鉴》和经验数据整理计算而来。

表 12 2007—2009 年农区草食家畜折合羊单位数

单位：万个

年份	牛	羊	马	驴	骡	合计
2007	50 600.3	33 037.0	2 079.2	2 367.5	1 287.1	89 371.0
2008	51 868.0	35 539.3	1 977.6	2 323.9	1 261.4	92 970.2
2009	53 850.0	36 656.0	2 213.8	2 298.5	1 214.5	96 232.7

表 13 2007—2009 年农区草食家畜干草采食量

单位：万吨

年份	牛	羊	马	驴	骡	合计
2007	33 244.4	21 705.3	1 366.0	1 555.5	845.6	58 716.7
2008	34 077.3	23 349.3	1 299.3	1 526.8	8 28.8	61 081.4
2009	35 379.5	24 083.0	1 454.4	1 510.1	797.9	63 224.9

牧草虽在家畜饲料中占有优势，但实际上家畜的牧草需求往往难以得到全部满足，尤其是在农区，秸秆起到了非常重要的补饲作用。因此，设定农区牧草饲喂比例为 70%、50%、30%，分别求出农区在这三个比例下的牧草需求量。主要受草食家畜饲养量逐年增加的影响，2007—2009 年间农区需草量亦呈现逐年上升态势，由表 14 得出，在 70%饲喂比例下，年均需草量约 4.27 亿吨。

表 14　2007—2009 年在不同比例下的农区牧草需求量

单位：万吨

年份	70%	50%	30%
2007	41 101.7	29 358.4	17 615.0
2008	42 757.0	30 540.7	18 324.4
2009	44 257.4	31 612.5	18 967.5
年均	42 705.4	30 503.9	18 302.3

（三）我国农区牧草供需对比分析

将不同比例下的牧草供给量与需求量作差，即得农区牧草供需缺口。

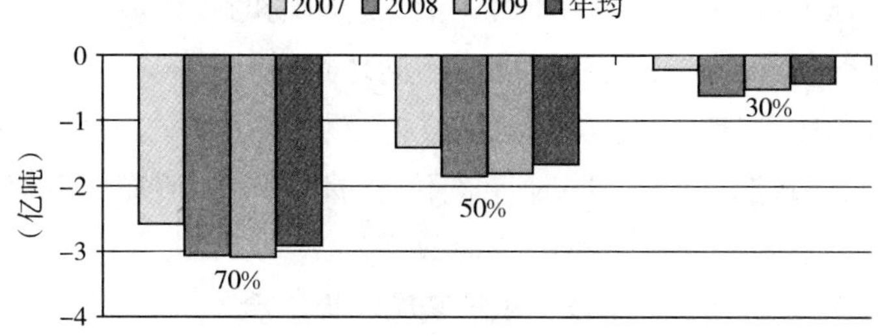

图 6　不同饲喂比例下农区牧草供需差值

由图 6 看出，在设定的三个饲喂比例下，2007—2009 年农区牧草供需差值均为负值，表明牧草供给量小于牧草需求量，农区牧草呈现供不应求的状态，在 70%的饲喂比例下，年均缺口达 2.9 亿吨；牧草年均供给量 1.37 亿吨，尚不足草食家畜采食量的 30%。

（四）小结

首先介绍了目前农区牧草业和草食畜牧业的发展状况，然后对农区牧草的供给量和需求量分别进行了测算。利用农区天然草地和人工草地面积分别乘以相应的草地单产经验数据，求和得到农区产草总量；采用农区草食家畜折合羊单位数乘以一个羊单位年食草量，得到农区牧草采食总量。最后，在 70%、50%、30%这三个饲喂比例下分别估算了牧草余缺量，均为负值，表明农区牧草呈现供不应求的状态，年均干草产量约 1.37 亿吨，在 70%的饲喂比例下，缺口达 2.9 亿吨。

五、不同区域牧草供求平衡解决路径

(一) 牧区因地制宜实行划区轮牧、季节性休牧和禁牧措施

因此，牧区牧草业发展的重点应该放在草原的合理开发与建设上，针对不同的草地类型及现状制定合理的牧草利用规划，加强对天然草地的保护开发和人工草地的建设。对于返青期、越冬前等严重影响牧草正常生长的关键时期，应加强禁牧、休牧制度落实，实行划区轮牧。在各类劣质草场，应采用施肥、松耙及补播等有效措施逐步将其改良成优质高产草地。在自然条件较好，特别是有水源的地区，增加人力、物力及资金投入建设人工草地，从而提高草地的生产力。根据各草场的具体情况，坚持以草定畜、草畜平衡的原则，因地制宜确定不同地块最佳的养畜和放牧方案。在水热条件好、距离定居点近的地区建立割草场及存储库，以便于牧民进行牧草的管理、收储和使用。同时，应不断加强牧草的流通体系建设，扩宽和理顺流通渠道，提高商品草的流通效率。

(二) 半牧区统筹农牧资源，积极实施农牧结合

鼓励人工种草、舍饲半舍饲和种草养畜相结合是半农半牧区实现草畜平衡的主要途径。首先，应加强对天然草地的管理和改造，恢复其生产能力。其次，建立大面积优质高产的人工草地。建议对区域进行合理规划，在撂荒地、低产贫瘠地进行退耕还草，建立一部分持久性人工草地，进行牧草和粮食作物轮换种植，以促进农业生态系统的良性循环。具体而言，可在农业比重较大的中南部地区，实行草田轮作，以草养地，在发展农业生产的同时增加牧草资源的供给；在长江以北地区建立人工饲料场和商品畜基地，实现畜牧业的集约经营，同时应注重畜禽良种繁育，节约利用牧草资源，提高畜产转化率。此外，针对半牧区农作物秸秆资源比较丰富的实际，推广各种先进适用技术，提高农作物秸秆的加工数量和质量，增强对草食家畜的补饲作用。

(三) 农区大力推行“四元结构”种植，适度发展高产优质牧草基地

针对农区牧草严重短缺和牧草在畜牧业发展中的突出作用，尽快推行种植业结构由“粮＋经＋饲”向“粮＋经＋饲＋草”四元结构转变。在保

证粮食作物和经济作物生产水平的基础上，将种植牧草引入传统农业，充分利用光、热、水、土等自然资源，增加优质饲草资源供应。在我国南方广大农区，在不影响主要粮油作物生产的情况下，选择适宜的牧草品种通过补播、轮作、间作、混播等种植模式将牧草与粮食作物结合种植，既可明显延长供青时期和有效解决冬春季草料不足的问题，又能使农户种草效益实现最大化。在北方地区，根据不同地区的具体情况，结构调整中可适当占用一部分玉米面积，让出一部分林果等经济作物种植面积，或甚至挤占一部分粮食面积，用于发展高产优质牧草种植，以改善家畜日粮结构，提升养殖效率。

参考文献

阿木古楞，丁克，德力格．2008. 禁牧舍饲后农牧区畜牧业发展新思路．现代农业（6）：48.

蔡小艳，管淑艳，赖志强等．2007. 我国农区种草养畜的现状及其发展方向与前景．上海畜牧兽医通讯（4）：59－60.

陈道阳．2006. 农区草地畜牧业发展问题和建议．现代农业科技（2）：72－73.

陈三有．2000. 从广东草业生产模式看牧草在可持续发展中的战略地位．草业科学（1）：76－79.

陈小改．2002. 农区畜牧业可持续发展问题探讨．畜牧与兽医（5）：18－20.

邓国取．2007. 解析我国农区畜牧业发展战略模式．农村经济（4）：44－46.

董孝斌，张新时．2005. 发展草地农业是农牧交错带农业结构调整的出路．生态经济，（4）：87－89.

韩建国，李志强，杨富裕等．2008. 现代牧草产业技术体系建设：农区草业论坛，中国福建厦门．

洪绂曾．2000. 谈谈饲料作物和牧草与种植业结构调整的问题．作物杂志（2）：1－4.

贾幼陵．2005. 关于草畜平衡的几个理论和实践问题．草地学报（4）：265－268.

李海霞．2010. 谈农区畜牧业的结构调整．商情（24）：150.

李佳晓，王明利．2010. 基于灰色系统理论的我国牧草供给预测．农业经济问题（增刊）：160－166.

李萌，薛丰刚，窦茂海．2004. 种植多年生牧草改造中低产田 大力发展草业经济的建议．吉林畜牧兽医（3）：19－21.

李青丰．2002. 草地畜牧业生产方式调整和生态环境治理对策．草业科学（9）：39－44.

李毓堂 . 2009. 草产业和牧区畜牧业改革发展 30 年 . 草业科学（1）：3 - 7.

刘景义，杨允菲 . 2004. 中国草业的区域发展与畜牧业道路 . 四川草原（4）：32 - 34.

刘静，王明利，杨春 . 2012. 宁夏牧草产业发展的现状及启示 . 国家牧草产业技术体系工作简报（2）.

刘忠宽，秦文利，刘振宇，等 . 2009. 河北省农区草业产业化现状及对策研究 . 河北农业科学（3）：110 - 113.

卢苓苓，李青丰 . 2009. 北方草原牧区草畜平衡分析及对策——以克什克腾旗中韩生态示范村为例 . 中国草地学报，31（1）：98 - 101.

吕晓英，吕胜利 . 2003. 中国主要牧区草地畜牧业的可持续发展问题 . 甘肃社会科学（2）：115 - 119.

任继周，林慧龙 . 2009. 农区种草是改进农业系统、保证粮食安全的重大步骤 . 草业学报，（5）：1 - 9.

赛希雅拉 . 2009. 内蒙古天然草原草畜平衡管理政策实证研究［硕士论文］. 内蒙古大学 .

孙兆敏，杨世琦，李永平，等 . 2004. 草畜产业一体化是构建西北地区生态经济农业的战略选择 . 农业现代化研究（5）：344 - 347.

王明进 . 2007. 农区推广冬闲田土种草模式及管理利用探讨 . 草业与畜牧（9）：60 - 61.

王明利 . 2010. 我国牧草产业发展现状、未来趋势与政策建议 . 国家牧草产业技术体系工作简报（3）.

王明利，杨春 . 2012. 关于苜蓿产业发展与粮食安全的政治经济学思考 . 2012 年第 1 期国家牧草产业技术体系工作简报（1）.

王欧 . 2010. 草原畜牧业发展与牧民收入增长 . 中国畜牧杂志（24）：12 - 16.

夏丽程 . 2007. 内蒙古草原畜牧业经营方式比较与选择［硕士论文］. 内蒙古师范大学 .

谢双红 . 2005. 北方牧区草畜平衡与草原管理研究［博士论文］. 中国农业科学院 .

邢旗 . 2006. 草原利用与草畜平衡调节机制：2006 中国草业发展论坛，中国广东广州 .

徐明岗，2006. 邓国取，文石林，等 . 我国农区畜牧业发展战略思路探讨 . 中国家禽（4）：5 - 8.

杨理 . 2005. 草畜平衡管理与草地资源可持续利用：2005 年全国中青年农业经济学者年会，上海 .

杨理，侯向阳 . 2005. 对草畜平衡管理模式的反思 . 中国农村经济（9）：62 - 66.

泽柏，但其明，李昌平等 . 2008. 川西北牧区草地畜牧业可持续发展对策研究 . 草业与畜牧（8）：1 - 7.

张立中，王云霞 . 2004. 中国草原畜牧业发展模式的国际经验借鉴 . 内蒙古社会科学（汉文版）（6）：119 - 123.

张立中，辛国昌 . 2008. 澳大利亚、新西兰草原畜牧业的发展经验 . 世界农业

(4)：22－24.

张涛，卢成，全志，等.2005.我国饲草产业基本形势与未来建设.四川草原(5)：53－55.

庄文发.2004.浅谈建立与草产品市场相适应的草业发展模式.辽宁畜牧兽医(2)：27－28.

实施品牌战略，促进草畜一体化快速发展

盛亦工　刘美芬

摘要：实施品牌战略是促进草畜一体化快速发展的有效途径。发挥饲喂优质牧草畜产品的品牌魅力，这是草畜一体化企业和农户参与国际竞争、增强产品竞争力、提高企业和农户收入的需要。然而目前我国一些草畜一体化企业和农户品牌意识滞后、资金投入不足等因素制约了其稳定和发展。以此为切入点，本文提出了相应对策建议，以期帮助草畜一体化企业和农户通过实施品牌战略促进其发展。

一、引　　言

草畜一体化指从畜牧业对牧草的需求出发，把牧草种植与养畜紧密结合起来的一体化立体种养模式。近年来，为解决我国牧草市场不稳定和制约牧草产业发展问题，许多牧草种植企业和农户向养畜延伸；同时，一些食草畜牧企业和农户为了保证有充足的优质饲草供应，以提高畜产品质量和降低饲料成本，也向牧草延伸，草畜一体化有了较快的发展。根据近年来的实践可以看出，实施草畜一体化打通了种养之间的产业链条，解决了长期困扰种、养两产业发展的难题，加长了农业产业链，增加了农产品的附加值，有利于提高农业收入，对于发展有机农业，向社会提供高质量的畜产品均有着重要意义。但是，在草畜一体化实施过程中，也遇到一些发展瓶颈。其中，草畜一体化企业和农户饲喂优质牧草而生产的畜产品成本要高于那些饲喂秸秆＋精料的畜产品，在价格战中难以立稳脚跟，就是一突出问题。因此，草畜一体化企业和农户要想在日趋激烈的市场竞争中稳

定发展，就应摒弃过去那种在低成本竞争的模式，树立品牌意识，创造出饲喂优质牧草的畜产品品牌，在更高的层次上参与市场竞争。

二、饲喂优质牧草畜产品品牌创立的必要性与可行性分析

（一）饲喂优质牧草畜产品品牌创立的必要性分析

从宏观层面看，创立饲喂优质牧草的畜产品品牌，有利于促进我国畜牧业的可持续发展。因为在没有品牌的情况下，一些企业和农户为了增加收益会采取一切可能降低成本。如近年来，一些养殖户在对奶牛的饲喂中，用“秸秆＋精料”代替优质牧草——苜蓿，虽然暂时提高了收益，但是长此以往，优质畜产品的供给就会减少，畜产品食品的安全得不到保证，畜产品的市场声誉就会下降，结果导致畜产品销售不畅，不利于畜牧业的可持续发展。近年来，因为乳品质量问题导致我国养殖业大量杀牛的实例就充分说明畜产品低成本竞争对整个行业发展的危害。而通过创立畜产品品牌，可提高优质畜产品的竞争力，最终导致那些低成本的劣质畜产品被逐出市场，从而有利于促进我国畜牧业的可持续发展。

从微观层面看，创立畜产品品牌，对草畜一体化企业和农户以及消费者都具有重要的作用，具体体现在以下几方面：

第一，从草畜一体化企业和农户的角度来看，要创建和实施饲喂优质牧草的畜产品品牌。一是可以通过品牌将自己饲喂优质牧草的高质量畜产品与那些饲喂秸秆使用添加剂的低成本畜产品区别开来，以高质量在竞争中取胜。二是可以提高草畜一体化企业和农户的盈利水平。品牌本质上就是信用，通过品牌，草畜一体化企业和农户向用户展示了自己的信用。用户自然愿意忠诚于自己所信任的市场品牌，这种品牌忠诚促使用户的重复购买，重复购买的结果可使企业和农户的盈利水平不断提高。三是约束企业和农户的不良行为，促进草畜一体化的持续发展。品牌实质上代表着销售者对交付给购买者的产品特征和利益的承诺，这个承诺对企业和农户的市场行为起到约束作用，督促企业和农户着眼于企业长远利益、消费者利益和社会利益，规范自己的市场行为。

第二，从消费者的角度来看，要创建和实施饲喂优质牧草的畜产品品

牌。一是便于消费者辨认、识别所需产品，减少消费者的购买风险。目前畜产品品种、品牌的大量增加，增加了消费者的选择难度。以牛奶为例，对消费者来说，饲喂优质牧草的牛奶与喂“秸秆+精料”的牛奶间的差别是很难辨别的。饲喂优质牧草的畜产品有了品牌，将其与普通畜产品区别开来，就降低了消费者购买健康安全畜产品时的搜寻、选购等交易成本及购买风险，提高了畜产品的顾客让渡价值。二是消除畜产品市场中的逆选择现象，维护消费者利益。畜产品质量具有严重的隐蔽性，生产者掌握的信息远远多于消费者，畜产品市场明显体现逆选择特征。品牌化后的畜产品以企业信誉作出承诺，企业为了维护自己品牌的形象和信誉，都会恪守自己给予消费者的承诺和利益，消费者也会形成品牌偏好，从而形成优质畜产品市场与消费的良性循环。

（二）饲喂优质牧草畜产品品牌创立的可行性分析

首先，业内公认饲喂优质牧草的畜产品品质好，所以其应具有品牌优势。根据笔者近期对山东一些曾经饲喂过优质牧草——苜蓿的奶牛养殖户调查，他们都认为在饲料中添加苜蓿牛奶蛋白含量高，奶牛发病率低；而问及其为什么后来改喂“秸秆+精料”，他们一致反映并不是喂苜蓿不好，而是因为牛奶的销售价格与不喂苜蓿的产品没有区别，饲喂优质牧草的畜产品效益反而不如饲喂“秸秆+饲料”添加剂。笔者认为，创立饲喂优质牧草的畜产品品牌，使草畜一体化企业和农户能突出其饲喂优质牧草的优势，用品牌将其异质特色得以彰显，真正享受到优质优价的益处，对于改变目前我国畜产品市场上这种由于成本与收益不相适应，导致市场上劣质产品驱逐优质产品的怪现象，既有效，又可行。

另外，从我国目前的消费者需求看，畜产品优质优价能够获得消费者的认同，优质畜产品有其广阔市场空间。以乳品为例，近年来我国乳品质量问题不断曝光，导致消费者对国产乳品的不信任，许多人花高价购买进口的国外乳制品，导致一方面我国乳品行业产品过剩，利润空间不断被挤压；另一方面，国外乳品供不应求，价格一路走高。消费者之所以舍近求远追逐“洋奶粉”，主要是因为他们在国内众多的乳品中难以辨别优劣，只好直接购买洋品牌以求放心。如果草畜一体化企业能瞄准洋品牌，创立我国自己的饲喂优质牧草的畜产品品牌，从过去低成本竞争的怪圈中走

出，相信其发展空间将更为广阔。综上所述，笔者认为，牧草产业应积极配合畜牧业，引导和支持草畜一体化企业和农户实施品牌战略，使草畜一体化企业和农户在更高的层面上参与市场竞争。

三、当前塑造饲喂优质牧草畜产品品牌的障碍

饲喂优质牧草的畜产品凭借健康文化的消费东风，其品牌的塑造应该是一帆风顺的。但目前畜产品品牌的塑造费时费力，原因主要有以下几个方面：

一是品牌建设意识淡薄。饲喂优质牧草的特色畜产品品牌是无形资产，具有增加产品附加值的特性。但是与工业产业的品牌建设相比较，目前我国畜产品的生产者经营的畜产品比较多，运作品牌的少，普遍缺乏品牌运营观念，没有把品牌看作是影响自身长期竞争力的无形资产，不懂得品牌是企业和产品通往市场的有效通行证。导致一些具有比较优势的畜产品养在深闺人未识，优质不优价，阻碍行业可持续发展。

二是价值难以感知。品牌的核心价值可以从理性价值、感性价值和象征性价值三个层面来设定。饲喂优质牧草的畜产品的价值不易被消费者感知，饲喂优质牧草的结果是什么？是无污染，是营养，是人们追求健康的生活方式的态度。但这种特点并不能吃出来，尽管饲喂苜蓿的奶牛其产出的奶有其独特的香味，但是消费者更重视的不是味道的差别，也不是外观的差别。由于消费者无法真实地感受饲喂优质牧草的畜产品给自己带来的价值，缺乏品牌沟通，也就无法认识到饲喂优质牧草的畜产品的核心价值，也使企业失去了许多潜在的消费者。

三是品牌建设资金投入少。一流的产品也要靠科学的宣传手段来扩大知名度和美誉度，塑造企业形象，树立名牌地位。畜产品品牌是产品高质量、高信任度、高知名度的体现，对饲喂优质牧草的特色畜产品品牌的建设需要投入大量的资金作为保障，资金的投入是品牌经营的保证。日前，畜产品企业大多实力小，而且畜产品品牌的创建周期长，自然风险和市场风险都比较高，企业对特色畜产品品牌建设资金投入风险存在畏惧心理，因此，即使一些具有战略眼光的大企业投入资金也有限，在一定程度上也影响了畜产品品牌的创建。

四是质量标准体系不健全。打造饲喂优质牧草的畜产品品牌，使之成为名牌，并经受住洋品牌的激烈竞争而长久地生存下去，首先要求有优质的质量保证，而提高畜产品质量的关键在于通过质量标准化管理体系，使生产过程的各个环节都要有统一的符合国家和国际市场标准的操作规范和章程。而目前，我国现有的畜产品质量标准体系不健全，产品质量的检测仅停留在产品本身，忽视从生产流程上控制产品质量，给一些不法分子提供了造假的机会。这使得我国畜产品安全事件频频出现，消费者对我国一些畜产品丧失信心，高端市场被国外品牌占领，既制约了我国畜牧业和牧草产业的发展，又影响到牧草产业的发展。

四、通过品牌战略促进草畜一体化快速发展的思考

所谓品牌，实际就是信用和信任，也就是要创出消费者信任的、饲喂青绿、生物饲料而不是滥用添加剂的绿色产品。这里，主要可从以下几方面着手：

一是引导草畜一体化企业和农户树立品牌战略意识。实施畜产品品牌战略的先决条件应该是草畜一体化企业和农户树立品牌观念、增强品牌意识。近年来，消费者的消费行为已经从过去的无品牌消费偏好转化为品牌消费，在购买产品时开始关注产品的品牌。同时，我国畜产品参与国际大市场的竞争日趋激烈，面对严峻的挑战，提高畜产品质量是重中之重，而实施争创名牌战略是畜产品提高市场竞争力的重要手段。当前，部分企业和农民文化素质普遍偏低，观念落后，利用品牌致富和提高畜产品市场竞争力的意识还很淡薄，使得优质的畜产品市场竞争力大大下降。因此，各级政府及畜牧业相关部门要通过各种途径，采用会议、培训等多种形式向草畜一体化企业和农户宣传品牌价值观念，引导其树立品牌意识。要让他们认识到品牌经营是建立现代化市场畜牧业的必由之路，是现代畜牧业发展的必然趋势，是畜产品流通方式变革的必然要求。要让他们深刻认识到品牌是企业的财富，实施品牌战略，可以稳定和扩大企业的市场份额，可以带来显著的经济效益，提升草畜一体化企业的核心竞争力，有利于其生存与发展。

二是突出产品特色，树立畜产品品牌形象。一个品牌要获得消费者和

市场的认可，需要以产品质量为依托。畜产品质量是品牌形象的核心，是产品的生命所在，直接影响到其畜产品品牌的生存和发展。目前，饲喂优质牧草的畜产品与饲喂“秸秆＋精料”的畜产品从外观上无法区别，而食用饲喂“秸秆＋精料”的畜产品后，通常在短期内也不会表现出不良病症，饲喂优质牧草的畜产品与饲喂“秸秆＋精料”的畜产品的质量区别还难以即时地展示在消费者面前。基于此，牧草产业应配合畜牧业开展饲喂不同饲料的对比实验，通过实验数据说明“苜蓿＋青贮玉米”的饲喂方式对提高畜产品质量的作用，从而为草畜一体化企业或农户推出品牌提供基本数据支撑。用基本数据说话，实现畜产品品牌与消费者的有效沟通和情感交流以达成独特的识别特性，满足消费者获得优质食物的物质需求，从而获得消费者和市场的认可，提高品牌的魅力。

三是设立支持创品牌的项目资金，加大畜产品的市场推介力度。“好酒不怕巷子深”的时代已一去不复返，名牌产品离不开良好的宣传。应宣传、推广品牌，让广大消费者认识、了解饲喂优质牧草与饲喂秸秆的畜产品在质量上的差别，信任其产品，使之发展成为有口皆碑的大品牌。基于此，加大市场推介力度势在必行。在进行品牌推广时，广告所带来的影响和产生的效益是不可低估的。报纸、杂志、广播、电视和户外路牌等自然是最好的广告媒体，然而这些媒体的广告费用十分昂贵。由于牧草业和畜牧业生产比较利益低，生产经营者就不会有很多的资金在这些媒体上做宣传。因此，需要设立支持创品牌的项目资金，支持草畜一体化企业在创设品牌过程中宣传、推广品牌的资金需求。以充裕的资金作后盾，集中力量宣传饲喂优质牧草的畜产品品牌的特点和优势，强调饲喂优质牧草的畜产品的健康安全、天然环保等绿色价值，向消费者展示饲喂优质牧草的畜产品在质量上的独特优势，提示顾客关注自身健康，增强其环境保护意识，满足消费者吃出营养、吃出健康、吃出品位、吃出情调的需求。

四是采用国际标准管理，加强饲喂优质牧草的畜产品质量认证。要打造饲喂优质牧草的畜产品品牌，使之成为名牌，并经受住洋品牌的冲击而长久地生存下去，归根到底是想办法增加饲喂优质牧草的畜产品附加值来获得日常竞争力。提高畜产品附加值，关键在于实行畜产品产前、产中、产后和各个环节的标准化。洋品牌价位很高，但在我国仍然受到消费者的追捧，主要是其产品从内在质量到外观形象，从生产到管理，从分级到包装，都是严格按标准来进行的，标准化水平很高。实施畜产品品牌战略必须强化标准化意识，积极采用国际标准和国外先进标准，比如国际植物保护联盟关于植物健康、国际兽医组织关于动物健康的标准以及国际标准化组织等方面的标准。同时，在优质乳品的质量认证中，应将其奶源基地的认证作为重要一环；而在奶源基地的认证中，则应以其牧草基地为基础。通过对饲喂优质牧草的畜产品质量认证，为饲喂优质牧草的畜产品提供进入市场的通行证，帮助草畜一体化企业和农户确立竞争优势。

参考文献

林荣清．2008. 农产品品牌带动战略实施的机制与对策分析［J］．华东经济管理（7）：59－63.

Kay A. 1998. The Reform o f the Common Agricultural Policy：the case of the MacSharry Reforms［M］. Wallingford UK：CAB International Press.

李国强．2010. 从4Ps角度审视绿色食品品牌营销现状［J］．生态经济（5）：89－101.

张可成，杨学成．2008. 品牌促进蔬菜产业可持续发展作用机理研究［J］．生态经济（10）：113－115.

王明利．2010. 积极推动苜蓿产业发展是全面提升我国奶产业的重要举措［C］//中国牧草产业经济．北京：中国农业出版社：20－26.

苜蓿产业发展的战略意义及未来趋势预测

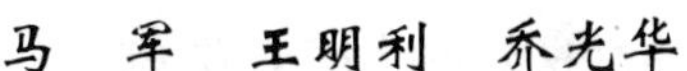

马　军　王明利　乔光华

摘要：本文从宏观上阐述了促进苜蓿产业化，推动草食畜牧业发展的必要性和苜蓿产业发展存在的问题。通过对内蒙古土左旗的两个村深入调研作为典型案例进行分析，从微观上论述苜蓿产业发展所带来的经济效益，并借鉴其发展苜蓿产业的具体做法。由于当前苜蓿种植主要用于奶牛养殖，因此，本文通过我国过去27年的奶牛存栏数，利用数据外推法估算我国未来十年的苜蓿需求量以及相应的种植面积，为苜蓿生产决策提供数据支撑。文章最后为有效发展苜蓿产业，促进草食畜牧业可持续发展提出了相关的政策建议。

一、引　　言

随着人民生活水平的提高和消费结构的不断变化，我国国内肉、奶、蛋等畜禽产品的需求量也在不断增加。畜牧养殖业的快速发展，引致畜牧业对饲料粮需求的不断上升，据专家测算，2020年和2030年，我国饲料粮占粮食总产量的比重将升至40%和50%。在保证我国粮食安全的前提下保证人民对畜产品消费的需求，有效解决口粮与饲料粮之间的矛盾就显得尤为重要。草食畜牧业具有资源节约、高效生产、持续发展等特点，目前饲料粮紧缺的局面以及粮食安全战略的实施为草食畜牧业的快速发展提供的契机。

苜蓿是世界上栽培最早、适应性强、分布面积最大的良种牧草之一，被称为“牧草之王”，具有“绿色黄金”的美誉。由于其适应性强，产量高，营养丰富，尤其是蛋白质含量高，并加之适口性较好等特点而在世界各地备受重视。各国农业科技人员积极选育本国、本土品种，并取得显著成效。倘若苜蓿种植与畜牧业发展能进行较好的藕合，形成集苜蓿种植、管理、加工、饲喂、动物产品生产一条龙的产业链条，就必将获得更高的经济效益。苜蓿的大量种植，不仅具有显著的经济效益，而且能够改善生态、保持水土、防风固沙、改良土壤、培肥地力等，同时还可以增加农民收入，缩小贫富差距，具有良好的生态效益和社会效益。

以发展苜蓿产业为基础，大力发展草食畜牧业，对缓解口粮和饲料粮之间的矛盾，改善居民膳食结够和增收问题，促进可持续发展等都有重要作用。因此，预测并保证苜蓿供给量，对保障畜产品供给和食品安全，稳定畜产品价格具有重要意义。

二、苜蓿种植对我国农业经济发展的重要意义

（一）种植苜蓿可有效利用闲置土地并改良土壤

在工业化、城市化进程不断加快，耕地面积不断减少的今天，有效利用闲置土地，提高土地的单位产出是我国目前解决粮食安全的必要举措。

在我国农业地区，当水热条件不能满足粮食作物和经济作物的正常生长发育时，往往造成土地荒芜和光、热、水资源的浪费。为充分利用自然资源，可将草地农业引至传统农业中去，这样既能保证谷物生产水平，又可以充分利用闲置土地所提供的优质、充足、廉价饲料资源。我国是一个多山国家，适宜农耕的土地不过10%，而其他可作为农用的土地面积为耕地的4倍。若能有效地利用这些土地来发展苜蓿产业，必能为我国畜牧业的发展提供充足优质的高蛋白饲草料资源（任继周、林慧龙，2009）。

苜蓿属豆科多年生优良牧草，具抗旱、抗寒、耐贫瘠等特点；根系发达，再生能力强，有强劲的固氮能力，种植苜蓿有增加土壤有机质、治理土壤盐渍化、改良土壤、培肥地力的作用。并且种植苜蓿可有效涵养水源、防风固沙、保持水土、绿化环境、净化空气等。因此，大力发展苜蓿产业具有较好的生态效益，是我国现代农业可持续发展的有效途径。

（二）种植苜蓿可有效提高畜牧业的产出

苜蓿由于其较高的蛋白质含量和丰富的营养价值，及较好的适口性等优点而被用在各类饲料中。根据赵春生对苜蓿在畜禽养殖中应用的相关研究表明，饲料中添加苜蓿可有效提高畜牧业产出。例如，猪是杂食性动物，具有较强的消化粗纤维的能力，苜蓿粉每天的饲喂量可占到总饲喂量的20%～30%。在猪饲料中添加苜蓿，就生猪而言，可起到开胃作用，并增加其进食量，加快猪的育肥。就母猪而言，可防止母猪过肥，增加怀胎率，减少其难产、死亡率，提高猪仔成活率等。同样，在鸡、鸭、鹅、鱼、肉牛、肉羊饲料中添加苜蓿，可有效降低疾病发生率，提高肉质，增加产出。

苜蓿在奶牛养殖中的效益尤为明显。首先，用苜蓿发展奶牛养殖，可有效提高乳糖、乳脂及蛋白质含量等技术指标，提高原料奶质量。在以质论价的原料奶收购市场中，以苜蓿饲喂奶牛可提高奶价0.2元/千克。其次，用苜蓿发展奶牛养殖，可有效提高奶牛单产量。若在奶牛日粮中增加6千克苜蓿，可促进泌乳期奶牛产奶量提高1.5千克/天。第三，用苜蓿发展奶牛养殖，可降低奶牛发病率。研究表明，以苜蓿喂养奶牛，每年每头奶牛至少可以减少疫病防治费300元（王明利，2011）。最后，用苜蓿发展奶牛养殖，可使奶牛的使用年限延长1～2年，并使牛犊体质得以明显提高。

（三）种植苜蓿可增加农民收入

数据显示，在1995—2007年12年内，政府财政税收年均增长16%，城镇居民收入年均增长8%，而农民仅增长6.2%。13年内，政府财政总量增长了5.7倍，城镇居民人均年收入增长了1.6倍，而农民仅增长1.2倍。因此，增加农民收入成为了解决三农问题的关键点。

种植苜蓿可有效提高农民收入。首先，种植苜蓿可提高农民土地收入水平。通过对部分地区的调研发现，在低产田甚至无产田中种植苜蓿，第一年其经济效益不明显，但在随后几年其经济效益突显，可明显增加农民收入。在部分地区，一些中高产田种植经济作物的纯收益要小于种植苜蓿的经济效益。以我国山东省黄河三角洲地区为例，农户种植苜蓿的纯收益为811～1 131元/亩，而种植小麦和玉米的纯收益分别为419元/亩、

620.6 元/亩。因此，在该地区种植苜蓿的经济效益要比种植其它作物更显著。倘若能将草畜农业与养殖业进行有效地结合，其经济效益将更为显著。

其次，研究表明，2～2.5 千克干苜蓿可替代 1 千克精料。在中等农田中，1 亩地可产 700～1 000 千克干苜蓿，可替代 300 千克左右的精料，这样便可减少相当于 1 亩地的粮食种植。即在同等条件下种植苜蓿的综合效益要比种植粮食的效益更高。

第三，种植苜蓿可促进农村劳动力转移，增加农民工资性收入，同时对土地的承包、流转，亦可增加农民流转收入。苜蓿生长年限一般 5～8 年，第一年进行种植，之后几年就不需要再投入大量的人力、物力资源，可释放部分劳力进城务工。为了便于收贮，苜蓿种植需大量连片土地，当地政府部门应鼓励土地流转，一方面为苜蓿发展创造条件，另一方面可增加农民流转收入。

（四）种植苜蓿可有效缩小贫富差距并保证粮食安全

首先，如上文所述，发展苜蓿产业可有效增加农民收入，从而缩小贫富差距，缓减社会矛盾，维持社会稳定。其次，发展苜蓿产业可明显提高畜牧业产出，有效降低畜禽养殖数量，从而减少饲料粮需求，保证我国的粮食安全，促进畜牧业的可持续发展。以在奶牛养殖为例，苜蓿饲喂奶牛可明显提高奶牛产出，单从提高奶牛单产出发，2010 年，全国牛奶总产量为 3 570 万吨，按目前中国奶牛单产 4.8 吨计算，我国目前约需要饲养奶牛约 781 万头。倘若重视苜蓿产业的发展，大量种植苜蓿等优质牧草，以苜蓿来喂养奶牛，其平均单产量将达 8 吨左右。以此计算，若要达到目前牛奶总水平仅需要饲养奶牛约 469 万头，可减少 312 万头奶牛饲养量；按每头日供应精料 7.5 千克计算，总共可以减少 2.3 万吨的粮食消耗。所以，发展苜蓿产业可有效缩小贫富差距、保证粮食安全，具有显著的社会效益。

三、苜蓿种植的影响因素分析

通过实地调研了解到，目前，苜蓿种植主要受到以下影响因素的

制约。

（一）传统观念的束缚

受我国传统观念的影响，农民从农业的经济效益角度出发，认为“种草不如种粮”；从粮食安全的角度出发，认为“种草占用耕地”；从畜牧业养殖的角度出发，认为“喂草不如喂粮”；以致在我国绝大部分地区很难推广和开展苜蓿种植。

（二）土地面积有限，需精耕细作

我国土地资源分布严重不均，在部分地区，人均土地较少，而家庭劳动力充足。农民因缺乏技术，或因年纪已大，不能转移进城，只能在家对土地精耕细作，维持生计。若在这些地区种植苜蓿，不仅不能形成规模效益，也不可能与养殖业对接形成耦合效益；再加上土地细化，面积较小，更增加苜蓿种植、收贮的成本。因此，种植苜蓿也应当因地制宜。

（三）土质、气候等自然条件的限制

在我国部分地区，由于受到土质、气候等自然条件的影响，不适宜苜蓿种植。如我国内蒙古自治区鄂尔多斯市达拉特旗，由于当地土壤为沙土，不易固定水分；且苜蓿一般生长期为5～8年，在此过程必须保证苜蓿能够顺利过冬，但在此地苜蓿过冬问题未得以解决。基于上述原因，苜蓿不宜在该地区种植。

（四）收割类机械设备短缺

为保障苜蓿的营养价值，就必须在苜蓿营养价值较高的盛花期进行刈割。由于时间间隔较短，且收割时期雨季较多，在此期间还要对苜蓿进行简单的初加工，如刈割后压扁、打捆等，这就要求有相应的机器设备。但一台机器设备价格需要几万元，单个家庭根本无力购买，使得苜蓿高效收贮受阻。

（五）缺乏苜蓿种植经验和技术指导

苜蓿虽属多年生作物，但为提高苜蓿产出量，仍需要日常管理和一定的技术经验。但苜蓿在很多地方还处于推广种植阶段，当地农民没有相应的管理技术和经验，再加上当前农村老年人留守、年青人外出的社会现状，苜蓿种植难以被接受，传统的农业方式仍将占据主导地位。另外，由于粮食补贴政策的实施，苜蓿收购价格的不稳定性和相关市场服务体系的

不完善，以及苜蓿种植受雨季影响风险较大等因素的影响，苜蓿种植的推广依然受到较大的阻力。

四、典型地区苜蓿产业发展的基本案例分析

依托蒙牛、伊利乳品企业的带动，内蒙古奶牛养殖业成为了农村经济发展的支柱产业，也是农民经营性收入的主要来源。内蒙古土默特左旗是奶牛养殖的典型旗县，截止 2010 年 6 月末，土左旗奶牛养殖存栏数 24.6 万头，日产优质鲜奶 1 000 吨以上，是促进经济发展，带动农民增收的重要产业。然而，由于当地缺乏优质牧草，奶牛饲喂草料比例不合理，奶牛生产性能并没未得到充分发挥，这都成为了奶牛养殖业发展的瓶颈。特别是“三聚氰胺事件”以后，高蛋白、优质牧草在奶牛养殖的重要性被大家认可和接受，在大量调研、实践的基础上，土左旗各级政府积极号召广大农民种植苜蓿，发展草业农业，推动科学养牛。

2010 年，土左旗依肯板村集中连片种植“中苜 2 号”2 000 亩，并作为了实验示范基地，同时进行全区推广。在中国农科院草原研究所、呼和浩特市草原研究站等单位的技术指导下，现 2 000 亩示范田长势较好，由于牧草国内缺口巨大，内蒙古奶联公司已率先在土左旗引进了全套国外进口苜蓿收割设备，农民担心的销售与收贮已不成问题。通过对土左旗依肯板村调研了解到，土左旗依肯板村苜蓿种植的发展模式如图 1 所示。

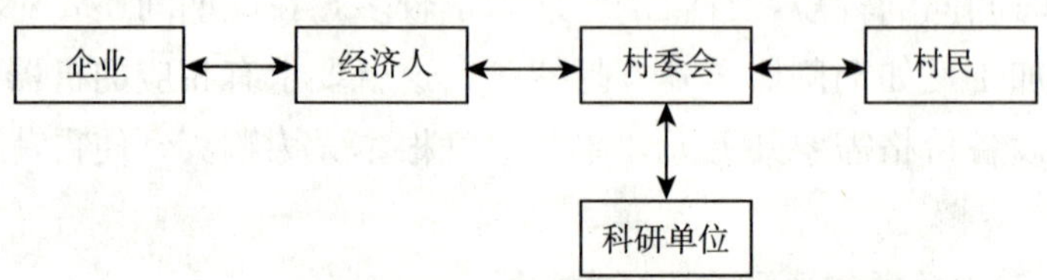

图 1　土左旗依肯板村苜蓿种植发展模式结构图

经济人是村委会和企业的桥梁，其负责寻找苜蓿的种植地，并联系相应的种植、收贮和收购企业。在此发展模式中，经济人起到了关键作用，在土左旗依肯板村，村委会通过经济人联系苜蓿的种植、收贮企业等，种子费用 12.5 元/千克，播种费用 20 元/亩，收割、打捆 70 元/亩。苜蓿的

日常管理由村委会顾人照理，苜蓿浇水 1～2 次，40 元/次/亩，苜蓿一年打草两次，苜蓿收贮时需要有人统计和管理，70 元/次/亩。一般情况下，苜蓿种植、收贮、收购企业都是一家，企业为了使当地农民大量种植苜蓿，苜蓿收购都有保护价，今年苜蓿的收购价为 1 800～1 900 元/吨。村委会在此模式中，组织领导本村村民种植苜蓿，参与苜蓿的管理和结算，促进苜蓿种植的规模化，在苜蓿生长期间，经常与科研单位的专家合作、学习、交流，有效解决苜蓿生长期间出现的各类问题。

土左旗依肯板村苜蓿平均产量 800 千克/亩，苜蓿的收购价为 1 800～1 900元/吨，苜蓿支出 500 元/亩，苜蓿的纯收入大概为940～1 020元/亩。当地传统农业以种植玉米为主，其年产量为 500 千克左右，收购价 2 元/千克，平均支出 300 元/亩，玉米的纯收入大概为 700 元/亩。显然，种植玉米的经济效益要明显低于苜蓿，而且种植玉米占用了大量的劳动力。相反，种植苜蓿全部由村委会负责，基本不会占用劳动力，促进了农村劳动力转移，增加了村民工资性收入，当地村民家庭人均收入有了明显提高。由于种植苜蓿经济效益显著，依肯板村明年预计再种 2 000 亩苜蓿，打造土左旗 4 000 亩苜蓿专业第一示范村。

土左旗瓦窑村是奶牛养殖示范村，2007 年 1 月成立奶牛专业合作社，总投资 700 多万，合作社目前有奶牛 380 头，其中产奶牛 150 头，平均年产奶量 6 吨。“三聚氰胺事件”以后，村民转变观念，大力发展苜蓿养殖。实地调研了解到，年产奶量为 6 吨的奶牛每天饲喂 5 千克苜蓿，苜蓿的购买价格为 2 400 元/吨（2.4 元/千克），即饲喂成本增加 12 元/日；饲喂苜蓿以后，精料由 10 千克/日减少为 7.5 千克/日，精料 3 元/千克，即成本减少 7.5 元/日。总而言之，饲喂苜蓿，奶牛养殖成本增加 4.5 元/日。

但是用苜蓿进行奶牛养殖能有效提高奶牛产出，通过对土左旗瓦窑村奶年专业合作社调研了解到：首先，苜蓿养殖可明显提高原料奶质量，使奶价提高 0.2 元/千克，年产 6 吨的奶牛（沁乳期按 300 天计算）可新增收益 4 元/天。其次，饲喂苜蓿可明显提高奶牛产出，对于泌乳期奶牛来说，可增产鲜奶 1.5 千克/日，奶价为 3 元/千克，即可新增收益 4.5 元/日。第三，饲喂苜蓿可明显降低奶牛的发病率，使乳房炎发病率由原来的 60%降为现在的 5%，产科发病率由原来的 30%降为现在的 10%，使肢蹄发病率由原来的5%降为零，使奶牛养殖的医疗费用由原来的500元/头降为现在的100～200元/头，减少医疗费用300～400元/头，即可使合作社新增收益大约1元/日。此外，饲喂苜蓿可提高奶牛配种率、增强牛犊体质，提高牛犊成活率、延长奶牛使用寿命等。总之，饲喂苜蓿至少可增加奶牛养殖收益9.5元/日。

综上所述，用苜蓿养殖，可增加奶牛纯收益5元/日，泌乳期按300天计算，可增加奶牛纯收益1 500元/头/年，则土左旗瓦窑村合作社可年增加总收益22.5万元，若能够与土左旗依肯板村合作，就近购买苜蓿，降低苜蓿的购买成本，则可获取更大的收益。

五、我国苜蓿产业发展的未来趋势预测

我国苜蓿进口主要来源于美国、澳大利亚、蒙古等国，2008年的苜蓿进口总量为19 600.11吨，金额为5 659.56千美元；到2009年，我国苜蓿进口总量达到了76 616.08吨，上涨了290.90%，金额达到20 434.10千美元。我国主要进口地为上海、北京、安徽、山东、天津等地，我国的苜蓿需求还有很大的缺口。

虽然发展苜蓿养殖可有效提高各类畜牧养殖业产出，但就目前而言，我国苜蓿种植与苜蓿进口主要为满足我国奶牛养殖，其经济效益尤为突出。所以，可依据我国奶牛养殖的数量来预测我国未来对苜蓿的需求量。

（一）数据来源

数据来源于《中国奶业统计资料》，主要统计我国乳牛存栏数。

（二）方法介绍

通过对我国乳牛存栏数27年的数据统计，利用数据外推的方法预测未来十年我国乳牛的存栏数。由于牛群中成乳牛和未成乳牛饲喂苜蓿的总量不同，所以有必要区分牛群中成乳牛和非成乳牛的数量，这样预测的苜蓿需求量更为准确。乳业专家认为，合理的牛群结构应该是产奶牛及成乳牛的比例达60%（乔光华、于洪霞，2010）。因此，可以认为未来10年奶牛存栏数中，成乳牛占到60%，未成乳牛占到40%。由于我国苜蓿供应短缺，且苜蓿产业刚处于发展阶段，所以，本文从全国范围考虑，按照

成乳牛平均日饲喂3千克苜蓿，以泌乳期300天计算，未成乳牛不饲喂苜蓿来估算未来十年我国奶牛养殖苜蓿的总需求量。按照苜蓿平均亩产600千克干苜蓿，可以计算出我国奶牛养殖的苜蓿需求面积。

趋势外推法是对序列中的长期趋势，利用人们已知的具有各种变化特征曲线进行拟合的分析方法。趋势外推法适用于精度要求不很高的中长期趋势预测，不适合对那些波动性较大较频繁的序列做精确预测。不过对于这样的序列，仍可借助它分解出序列中蕴含的趋势性，这样既可以让人们掌握事物的大致走向，并用该变量的过去值来预测其未来值，又可通过消除趋势性以便人们对时间序列的波动性进行更深入的研究。

（三）结果与讨论

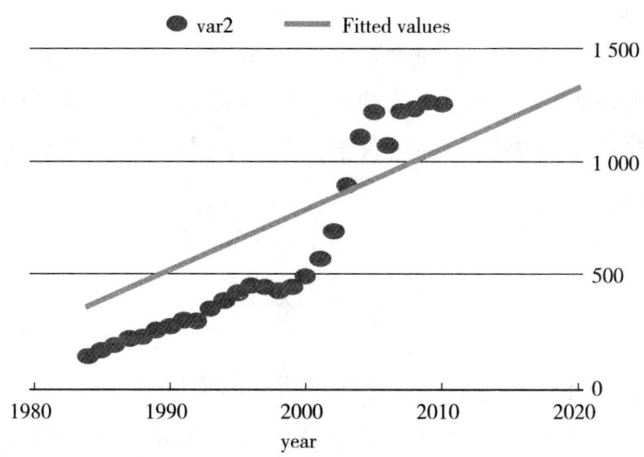

图2 奶年养殖实际数量与预测数量的拟合图

如图所示：var2表示奶牛养殖的实际数量，Fitted value表示奶年养殖数量的预测值。

表1 奶牛养殖数量的预测值以及所求得的苜蓿需求量与需求面积

年份	预测值（万头）	苜蓿的需求量（万吨）	苜蓿的种植面积（万亩）
2011	1 256.07	678.28	1 130.46
2012	1 262.12	681.54	1 135.91
2013	1 268.15	684.80	1 141.34
2014	1 274.17	688.05	1 146.75
2015	1 280.17	691.29	1 152.15
2016	1 286.15	694.52	1 157.54

（续）

年份	预测值（万头）	苜蓿的需求量（万吨）	苜蓿的种植面积（万亩）
2017	1 292.12	697.74	1 162.90
2018	1 298.07	700.96	1 168.26
2019	1 304.00	704.16	1 173.60
2020	1 309.91	707.35	1 178.92

从表1中可以看出，预计未来十年我国苜蓿需求量将由2011年678.28万吨上升到2020年的707.35万吨，如果不考虑苜蓿的进口，那么，2020年我国至少需要种植苜蓿1 178.92万亩，才能满足我国奶业发展的需求。

（四）结论

为了保障我国畜牧业的健康、快速、稳定、可持续发展，各级政府部门应充分挖掘各省市潜力，有效利用各地区荒地、盐碱地等低产田地和闲置土地，并据本文所提到的种植苜蓿的制约因素制定相关有效政策，积极引导苜蓿种植。

六、政策建议

（一）树立典型，引导农民走出传统观念的误区

在我国部分地区，种植苜蓿的经济效益明显要高于其他经济作物，加之具有较强改良土壤、提高亩产的作用；并且如果能够使种草与养畜有效地结合，牧草的潜在效益就会得以有效的转化和增值。由于受到传统观念的影响，很多农民都不愿尝试。因此，在适合发展苜蓿产业的地区，应引导一部分人种植，树立典型，然后在全区推广。例如，土左旗依肯板村先引导一部分村民种植苜蓿，由于经济效益可观，其他村民也积极自愿加入。可见，树立典型是苜蓿产业发展的基础。

（二）加强苜蓿产业技术研究，注重技术和产品科研创新

要想实现苜蓿产业化，必须加大科研投入。首先，应根据不同地区的气候、土壤、水分等自然条件，培育适合本地区的优质高产高效的苜蓿品种。其次，应研究创新苜蓿的生长期管理方式，病虫害防治技术，苜蓿的

刈割、压扁和干燥技术，并由相关部门组织种植户进行相应的培训。第三，研究开发 NIRS 分析应用技术，实现对苜蓿草产品营养价值的快速评定和现场交易，为苜蓿“以质论价”提供技术支持。最后，加强草食家畜日粮中苜蓿与精料配比情况的研究，提高草畜养殖的耦合效益。

（三）突出企业的主体地位，健全社会服务体系

从土左旗依肯板村的典型案例中我们可以看到，企业一方面为苜蓿生产提供“耕、种、收”等全程的机械化服务，另一方面，企业负责苜蓿收购，并且给予相应的保护价，保证了苜蓿的种植、收贮与销售，提高了农民种植苜蓿的积极性。因此，必须明确企业的主体性地位，同时为企业的发展提供有利的发展空间；建立和健全我国的社会服务体系，及主要的信息服务体系、科技服务体系和流通服务体系。

（四）因地制宜，规范管理，稳步推进苜蓿规模化经营

稳抓“市场、基地、企业、科技、服务、监测”六个关键，拉长产业链，并研究开发多种类型的苜蓿种植发展模式，形成草业的科工贸一条龙、产加销一体化。同时，加强土地承包经营权流转管理和服务，引导鼓励农民按照依法自愿有偿原则流转土地承包经营权。并把撂荒和闲散地向专业大户集中，扩大种植面积，增加整体效益。引导技术、资金等向种养大户和专业能手集中，提高土地资源利用效率和农业生产能力。通过优化区域布局和开展统一服务来稳步推进苜蓿种植业规模化经营。

参考文献

陈宝书 . 2001. 牧草饲料作物栽培学［M］. 北京：中国农业出版社：207－211.

王明利 . 2010. 推动苜蓿产业发展 全面提升我国奶业［J］. 农业经济问题（5）：22－25.

杨茁萌，李胜利 . 2008. 中国苜蓿产业发展面临的问题及其对策 . 中国畜牧杂志，44（20）：41－45.

白静仁 . 1990. 我国苜蓿品种资源的发展及利用［J］. 中国草地（4）：57－60.

马其东，蒋奔，韩俊杰 . 2001. 牧草产品市场分析［J］. 中国牧业通讯（1）：21－22.

耿华珠 . 1995. 中国苜蓿［M］. 北京：中国农业出版社：1－5.

刘自学 . 2002. 中国草业的现状与展望［J］. 草业科学，19（2）：6－8.

赵春生 . 2009. 紫花苜蓿在畜禽养殖中的合理应用［J］. 草业与畜牧（2）：54－55.

李志强 . 2002. 美国的苜蓿生产［J］. 世界农业（1）：26－27.

西南石漠化地区草地生态畜牧业发展思考
——基于贵州省长顺县和晴隆县的调研

刘　静　王明利　杨　春　石自忠

摘要： 石漠化是喀斯特地区经济社会发展的主要制约因素，如何在石漠化治理的基础上促进经济效益最大化，提高农民收入水平是各界关注的焦点。“长顺做法”和“晴隆模式”是以草地生态畜牧业为基础，保障生态、经济与社会效益协调发展的种草养畜发展模式。本文以长顺县及晴隆县的实地调研为基础，分析了“长顺做法”和“晴隆模式”的模式特征、经济效益、生态效益和社会效益，归纳了当地种草养畜过程中出现的问题，并提出部分建议，以期对推动后续项目建设与发展起到借鉴作用。

发展草地生态畜牧业是在多年实践的基础上探索出来的破解石漠化地区生态恶化和农户贫困恶性循环行的有效途径。“长顺做法”和“晴隆模式”是贵州省草地生态畜牧业发展的典型。为深入了解两者模式特征、生产成本和收益、发展中的经验及问题等，牧草产业经济调研组于2011年8月26日至9月1日对贵州省长顺县、晴隆县石漠化地区进行了调研。本次调研旨在考察石漠化地区草地生态畜牧业的发展模式及其经济和生态效益，通过对地方主管部门访谈和面接式的农户调查，调研组掌握了种植牧草、核桃，种草养羊、养鹅、养鸡等的成本效益信息，并了解了当地发展草地生态畜牧业出现的问题。通过分析研究，提出意见和建议，以期对今后西南地区石漠化治理及草地生态畜牧业发展起到借鉴作用。

一、石漠化治理概述

石漠化是指在我国南方湿润地区，碳酸盐岩发育的喀斯特脆弱生态环境下，由于人为干扰造成植被持续退化，乃至丧失，导致水土资源流失，土地生产能力下降，基岩面积裸露于地表（或砾石堆积）而呈现类似荒漠景观的土地退化过程（王德炉等，2004）。石漠化综合治理是岩溶山区恢复植被、防止水土流失、改善生态环境的一项重大举措。如何在治理的同时，能让山区群众在改善生态的基础上，找到一条可持续、稳定增收的脱贫致富之路，一直是社会的聚焦点。而发展草地生态畜牧业是经充分调研、论证、实践的基础上探索出来行之有效的途径。

我国西南地区岩溶地貌分布广泛，以贵州为中心，覆盖了云南、广西、湖南、湖北、重庆、四川、广东8个省（区、市），面积达50多万平方公里，是全球三大岩溶集中连片区中面积最大的典型生态脆弱区（见表1）。该地区居住着1亿多人口，居民主要从事农业经营活动，人地矛盾突出，是我国贫困人口最多、经济最不发达的地区之一。据国家林业局监测，我国岩溶地区现有石漠化面积12.96万平方公里，潜在石漠化面积12.38万平方公里（杨振海，2011）。

石漠化会加剧水土流失、减少耕地资源，加大扶贫开发难度，不仅严重制约当地经济和社会的可持续发展，而且还危及长江、珠江流域的生态安全，成为西南地区最为严重的生态问题。鉴于此，党中央、国务院高度重视石漠化地区环境综合治理工程，并于2008年2月批复了《岩溶地区石漠化综合治理规划大纲（2008—2015年）》（以下简称《规划大纲》），确定了“以点带面、点面结合、滚动推进”的工作思路。该项工程由发展改革委牵头，形成了包括农业部、林业局、水利部等多部门参与的岩溶地区石漠化综合治理工程部际协调机制，在石漠化严重的8省（区、市）100个县启动实施为期三年（2008—2010）的岩溶地区石漠化综合治理试点工程。在上述100个试点县中，贵州省有55个（肖时珍，熊康宁等，2011）。贵州省是我国石漠化面积最大、等级最齐、程度最深、危害最重的省份，全省岩溶面积达109 084.58平方公里，占全省国土面积的

61.92%；石漠化面积为 37 597.36 平方公里，占全省国土面积的 21.34%；潜在石漠化面积为 34 026.58 平方公里，占全省国土面积的 19.31%；贵州省有 78 个县（市、区）存在不同程度的石漠化问题，其中石漠化面积大于 300 平方公里的县（市、区）就有 48 个（苏维词，龙秀琴，2011）。

表 1　西南岩溶山区岩溶及石漠化的分布状况

单位：万 km^2，%

省　份	贵州	广西	云南	四川	湖北	湖南*
喀斯特分布面积	10.9	9.5	11.21	3.01	4.1	5.7
占所在省份总面积比	61.9	41	29	36.8	22	27.3
石漠化面积	3.75	1.88	3.47	0.29	—	1.74
占所在省份总面积比	21.3	8.11	8.80	3.53	—	8.3*
占所在省份喀斯特面积	34.4	19.78	31.36	9.60	—	30.5

数据来源：苏维词，龙秀琴（2011）；

* 湖南省的石漠化面积包括沙岩和石灰岩地区的石漠化面积。

国家启动石漠化治理试点工程后，贵州少数参与项目的县市通过退耕还林还草，发展生态草食畜牧业，种植适宜经济作物，生态移民等措施，使石漠化治理工程取得显著成效，但大部分参与项目县市因引种外来植物不当，诱发生态危害并抑制当地作物生长等原因，使当前贵州省石漠化面积不断扩展的总体趋势无法得以有效遏制。图 1 显示的是贵州省各地区石漠化面积占全省总面积的比例，由图可知，黔南、黔西南和黔东南地区石漠化情况相对较严重，而调研地区长顺县和晴隆县则处在重度石漠化地区。

因此，总结治理石漠化地区生态的成功经验和做法，有助于进一步推进石漠化治理工程，并为其他地区提供借鉴与参考。“长顺做法”是继“晴隆模式”之后另一个卓有成效的石漠化治理方式，两者皆是平衡经济和生态效益协调发展的草地生态畜牧业模式。在发展过程中，长顺县与晴隆县统筹了林业、草业、畜牧业、水利、农业、人口、能源、教育等多个领域，通过整合天然林保护、退耕还林、防护林、沼气建设、农村饮用水等项目资金，致力于新增林草植被保护和建设、草食畜牧业发展及小型水

利设施等工程建设，探索出以发展生态草地畜牧业为主的石漠化治理综合措施。项目的实施使植被覆盖度和物种多样性呈上升发展态势，土壤侵蚀量逐渐下降，水土流失量减少，土地生产力有所提高，并带动了地方经济的发展，促进了农民收入的增加，取得了显著的生态效益、经济效益和社会效益。本研究将以长顺县和晴隆县为例，从两种做法的模式特征，经济效益、生态效益、社会效益，以及技术经济等方面分析和探讨石漠化治理的综合措施，并提出意见和建议。

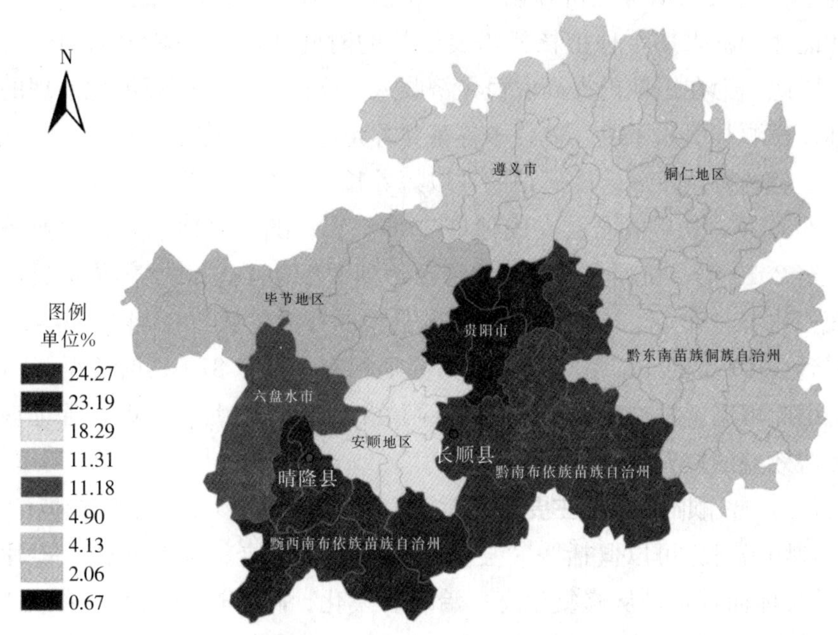

图1　贵州省各地区石漠化面积比例水平分布图

数据来源：陈笑媛（2004）　制图软件：ArcGIS9.3

二、“长顺做法”

（一）长顺县石漠化治理现状

长顺县地处贵州省中部，黔南州西部，属喀斯特地形分布区，全县总面积为 1 556.03 平方公里，共有耕地 34 002 公顷。喀斯特地貌占全县总面积的93.9%，其中石漠化面积达77.9%。长顺县拥有宜牧荒山地40余万亩，退耕还林地60万亩，另外，可放牧的成片草场约有46.54万亩，零星草场25.56万亩，人工草地2.39万亩。

2008年始，长顺县开始进行石漠化治理，利用自己的自然条件优势，结合畜禽的养殖，经过几年的探索，形成独具特色的种草养畜模式，即“一品为主、多品共融、以短养长、长短互补”的发展模式。“一品”即以种植核桃为主，“多品”即指以种植牧草来养殖鸡、鹅、羊等畜禽，并在草地上种植扶手瓜等经济作物。因核桃树一般3～5年才能产果，8～10年才能达到盛果期，种植核桃需要较长的时间才能达到其预期的经济效益。因此，为在短期内提高农民经济收入，保障农民参与石漠化治理的积极性，长顺县引入了鸡、鹅、羊等畜禽养殖项目，并使之在长期内实现经济和生态的协调发展，即所谓的“以短养长、长短互补”发展模式。

2008年，长顺县全县完成种草29 657亩；随着草地生态畜牧业的发展，至2010年，长顺全县种草面积已达到35 260亩，其中养羊项目区草地面积达15 750亩。与此同时，长顺县羊的存栏量从2008年的40 470只发展到2010年的111 400只，出栏量则相应地从6 879只增长至46 700只。由此可见，发展草地生态畜牧业可在改善生态环境的同时，保证该地区经济效益的提升。

（二）“长顺做法”的主要特征

长顺模式亦可以概括为“县为单位、整合资金、整乡推进、连片开发”，具体而言，是从修复生态、治理石漠化、破解贫困入手，采取“资源大整合、项目大集中、社会大发动、群众大参与”的方式，着力推进“一品为主、多品共融、以短养长、长短互补”的山地立体农业做法，以稳定增收为目标，以结构调整为主线，在抓好粮食生产的同时，大力引导贫困农户发展特色种、养殖业，支持农产品加工龙头企业到贫困地区建立原料生产基地，带动贫困农户发展商品生产，探索出了“生态改善—产业发展—农民增收”的有效途径。

1. 发展模式

（1）整合项目整村推进、滚动发展模式。长顺县种草养畜石漠化治理资金主要来自政府，自2009年起，长顺县由政府出面争取财政扶贫资金、

石漠化治理资金、公路建设资金以及相关的配套资金和涉农部门所有的资金等，涉及水、电、路、教育、卫生等基础设施和种植业、养殖业、农民实用技术、农村劳动力转移培训等，通过整合项目，形成一套系统性的石漠化治理体系。具体而言，在石漠化严重的地方，采用整村推进、连片开发的方式，统一规划土地资源。资金使用按照“渠道不乱、用途不变、各司其职、各记其功”的原则，通过资金的整合，在种草养畜的整个模式中形成了公路、蓄水池、耕地、牧草、畜禽发展的一体化。

政府和农户通过自愿原则签订合同，按合同规定由政府部门向农户投放基础畜禽，农户逐年按一定比例返还基础畜禽，政府则将返还的畜禽向其他农户投放，以保证项目的滚动式发展。同时，建立畜禽养殖协会，统一为农户提供畜禽养殖技术指导，解决了农户畜禽养殖问题，以起到较好的示范带头作用，促进草地生态畜牧业的滚动发展。县农牧部门与农户以自愿原则签订合同，按照合同规定向农户投放基础羊、基础绿壳蛋鸡和鹅，不同的畜禽品种采取不同的滚动发展方式。对于养羊农户，要求母羊所产羔羊达到35斤以上再返还于政府，政府再将羊羔发放给其他想参加项目的农户。养鸡农户于鸡产蛋后根据合同向政府返还7枚蛋/只鸡。当地农户将这种滚动发展方式称为“借鸡还蛋、借羊还羊”模式。而养鹅农户则直接以现金方式一年内还清成本。

（2）龙头企业＋协会带动模式。培育一批具有带动作用的龙头企业、畜禽养殖合作社和示范基地，为农户作示范，带动农户积极参与项目，最终实现农村群众稳步增收，建立起健全的龙头企业、协会、基地与农户的利益联结机制。例如，长顺县培育和壮大了绿壳蛋鸡龙头企业，建立技术推广繁育中心，通过品种选育和提纯，绿壳蛋鸡获得了本地产品认证，鸡蛋价格上涨了5倍，产业规模得以不断壮大。同时，大力提高产业组织化程度，根据产业要求，建立和健全农民专业合作社和行业协会，进一步提高农户自我经营、自我服务、自我管理的能力。如鼓扬镇“协会＋基地＋农户”的绿壳蛋鸡养殖模式，长寨镇壹顺“合作社＋基地＋农户”养羊模式，都是种草养畜较具优势的发展模式。

2. 运行机制

（1）投入保障机制。政府鼓励农户积极参与石漠化治理的综合工程，以自愿的形式进行土地流转，对于参与石漠化治理，发展草地生态畜牧业农户以每亩 239 元（退耕还林的资金）作为农户土地租金，保障参与项目缺粮农户的口粮。对种植 100 亩以上经果林草套种农户，实行 3 年贴息贷款；同时注资 1 000 万元成立县担保公司为农业产业发展提供担保，项目实施两年以来，该公司共为全县 154 个农户办理过贷款业务。

（2）土地流转机制。关于土地流转问题，长顺县政府实施以下措施。农户自己可以利用自有土地接受项目进行养殖，也可以通过“政府引导、农户自愿”的形式，将土地集中起来进行养殖。在传统的农业模式下，山地普遍种植玉米，每年可得到约 100 元/亩的收入，农户种植玉米的积极性不高。而项目实施后，参与石漠化治理的农户每年可以获得 239 元/亩的政府补贴。此外，农户通过参加合作社可以获得每亩地 70%的收益。两者相较，农民更愿意将土地用于种植牧草，或将土地出租转移给参加项目的农户，以获取更高的收益。

（3）合作社带动机制。合作社的运营机制是“长顺做法”的亮点，在长顺县，基本上每个乡镇都成立了种植核桃树、养殖羊和鸡的合作社。长顺县采取“政府引导，自发组织”的方式建立农村合作组织，成立以大户为核心的专业合作社，单个农户也可以散户的形式加入合作社，由合作社统一组织生产和销售，将生产规模小而分散农户连接起来共同进入市场。合作社的成立，为农户壮大自己的实力提供了基础，可为参合农户提供资金来源、管理和养殖技术，保障其相应的市场及市场话语权。

（三）种草与农作物的比较效益分析

本次调研以考察石漠化地区种草养畜发展模式及生态和经济效益为主题，通过农户调查、政府访谈的形式，对长顺县石漠化治理及种草养畜模式的效益进行较为深入的调查研究。在被调研的 7 个典型农户中，有 4 户参加了种草养畜的项目，2 户种植水稻，5 户种植玉米，2 户曾经营烟草种植。

1. 种植水稻

如表 2 所示，2010 年和 2011 年，接受调研的农户种植水稻每亩土地可产纯收益 67.2 元和−37.4 元。由于受到干旱影响，2011 年农作物的产量有所减少，因此，较 2010 年其平均纯收益更低。

表 2　农户种植水稻的成本收益表

单位：亩、千克/亩、元/千克、元/亩

年份	农户	收入			成本			纯收益
		种植面积	单位产量	单价	种子费	肥料费	其他费用	
2010	农户 1	1.5	150	2	45	267	0	－12
	农户 3	1	350	2.2	50	360	150	210
	均值	1.3	230	2.08	47	304.2	60	67.20
2011	农户 1	1.5	75	2.2	45	267	0	－147
	农户 3	1	300	2.4	56	360	150	154
	均值	1.3	165	2.28	49.4	304.2	60	－37.40

注：数据源于课题组于 2010 年 8 月长顺县实地调研；对所调研农户进行了编号；在计算水稻和玉米种植时，没有考虑其人工费用。

2. 种植玉米

表 3 所示是农户种植玉米的成本收益表。5 个被调研的农户种植玉米的纯收益均不高，2010 年和 2011 年，农户种植玉米每亩地可产生纯收益约为 156.85 元和－233.2 元。受到今年干旱因素影响，农户种植玉米的纯收益下降；但不管怎样，农户种植玉米的纯收益与水稻一样，均处在很低的水平，甚至为负值，即表现为不经济。

表 3　农户种植玉米的成本收益表

单位：亩、千克/亩、元/千克、元/亩

年份	农户	收入			成本			纯收益
		种植面积	单位产量	单价	种子费	肥料费	其他费用	
2010	农户 1	1.5	120	2	120	466	0	－346
	农户 2	1.5	400	2.4	120	267	0	573
	农户 3	2	150	2	70	500	0	－270
	农户 5	2	200	2.4	10	40	0	430
	农户 6	2	200	2.4	10	40	0	430
	均值	1.83	208.89	2.24	60	251.06	0	156.85
2011	农户 1	1.5	50	2.8	120	466	0	－446
	农户 2	1.5	200	2.6	120	267	0	133
	农户 3	2	100	2.2	72	500	0	－352
	均值	1.7	115	2.5	100.8	419.9	0	－233.20

3. 种植烟草

表 4 所示为农户种植烟草的成本收益表。种植烟草相对水稻和玉米而言，其经济效益较为突出，每亩地可产纯收益 560.2 元。

表 4　2008 年农户种植烟草的成本收益表

单位：亩、千克/亩、元/千克、元/亩

农户	收入			成本				纯收益
	种植面积	单位产量	单价	种子费	人工费	肥料费	其他费用	
农户 5	10	100	13	20	500	200	180	560.2
农户 6	10	100	13	20	500	200	180	560.2
均值	10	100	13	20	500	200	180	560.2

注：数据源于课题组于 2010 年 8 月长顺实地调研；对所调研农户进行了编号；在计算烟草和牧草种植时，考虑了人工费用。

4. 种植牧草

在调研中，有 5 个农户参与了种草养畜的项目。由调研得知，农户种植牧草鲜草的亩产量约为 3 500 千克，鲜草的市场价格为 0.6～1 元每千克。这里按保守的市场价格 0.6 元/千克计算。由表 4 可知，农户种植牧草每亩地可产纯收益约为 1 715.80 元。

表 5　2010 年参加种草养畜项目典型农户的成本收益表

单位：亩、千克/亩、元/千克、元/亩

农户	收入			成本				纯收益
	种植面积	鲜草单产	鲜草单价	人工费	种子费	肥料费	其他费用	
农户 4	400	3 500	0.6	325	140	0	0	1 635
农户 5	30	3 500	0.6	250	140	30	0	1 680
农户 6	17	3 500	0.6	250	140	80	0	1 630
农户 7	370	3 500	0.6	150	140	0	0	1 810
均 值	364.86	3 500	0.6	241.43	140	2.77	0	1 715.80

通过分析典型农户数据可知，2010 年农户种植水稻、玉米每亩地可产生纯收益约为 67.2 元和 156.85 元；2011 年农户种植水稻、玉米每亩地的纯收益约为－37.4 元和－233.2 元；2008 年农户种植烟草每亩地可产纯收益约 560.2 元。而种植牧草其效益则不同，除了产生环境效益外，

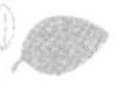

农户还可以获得约 1 715.80 元/亩的经济效益。种植牧草的经济效益要远高于种植水稻、玉米和烟草等作物。很显然，以传统农业方式来经营土地，农户投入了大量的劳力、物力、财力，其经济效益亦极其小，甚至只能满足于农户自给自足。而种植牧草其效果则截然不同。

（四）种草养畜的经济效益分析

1. 种草养羊

政府通过“借羊还羊”协议向养羊户提供 21 只羊，其中包括 20 只基础母羊和 1 只公羊。一般情况下，母羊每年可产 2 胎羊羔，新增羊可作为种羊以供项目滚动式发展，亦可作为肉羊。羊羔饲养半年后其重量达到 30 千克即可卖出，羊的毛重价格为 5～6 元/千克，市场价约为 800 元/只。长顺县羊的品种主要是南江黄羊，每只羊需要花费政府 500～600 元的成本。此外，养羊还需要其他必要的成本投入 200 元，为羊圈、防疫、饲料（精料、草料）、人工等费用。每只羊需要 1～1.5 亩草地的产草量，过多羊群无法保障畜禽和生态之间的平衡。按母羊平均成本为 550 元/只，母羊年产 2 只小羊（半年后卖出），小羊市场价 800 元/只，羊养殖成本约 200 元/只计算，则每只母羊可为农户提供纯收入约 650 元/年。

2. 种草养鸡

种草养鸡旨在满足短期的经济效益，政府以此来提高农户治理石漠化的积极性，保障其长期经济效益。在长顺，鸡的品种是具有当地特色的绿壳蛋鸡。一般情况下，每亩地产草量可供养殖 40 只鸡，每只鸡年产蛋量为 100～150 枚；每枚蛋的市场价格是 2 元，除去每枚鸡蛋分摊的饲料、鸡舍、防疫等成本费用 0.5 元，每枚蛋有 1.5 元的利润。在投入方面，鸡苗的成本为 11 元/只。农户一般凭其经济实力“借”鸡，鸡产蛋后，农户根据返还合同按每只鸡返还鸡蛋 7 枚，即所谓的“借鸡还蛋”项目。绿壳蛋鸡属于当地品牌，农户具有一定的养殖经验，且其发病率、死亡率相对较低，因此政府准备把绿壳蛋鸡作为下一步项目推行的主要品种。按鸡年产蛋量为 125 枚/只，每枚鸡蛋利润 1.5 元，总成本还予政府的 7 枚鸡蛋计 10.5 元计算，则农户种草养鸡年纯收益约为 177 元/只。

3. 种草养鹅

养殖鹅和绿壳蛋鸡一样，都属于追求短期效益的方式，以保证长期的经济、生态效益的实现。鹅与鸡可以兼养，一般情况下，一亩地可养殖鹅20只，每只鹅的利润约为30元，一年内农户可以养殖4批鹅。但由于鹅和鹅蛋的市场不很乐观，其纯收益约为30元/只，因此，鹅的养殖空间不大。

4. 种植牧草

石漠化治理其基础在于种植牧草。一般情况下，种植牧草的成本为350～400元/亩，包括草种、人工、肥料等费用。其中，种植牧草需要草种约3千克/亩，每千克价格约80元；人工费为100元/人；所需肥料花销约为70元/亩。此外，牧草种植还需要一部分必要的后续管理费用，除此之外农户基本不需要投入其他成本。但须考虑的是当地的地理条件，种植牧草需要进行必要的人工耕、锄等过程，某种意义上说人工费很高。种植牧草一年每亩地需施复合肥1次，尿素为2～3次，一次5千克左右；复合肥的价格0.4元/千克，尿素4元/千克。综上所述，种植牧草的纯收益约为1 715.80元/亩。

5. 草林间作

种植核桃树是长顺县种草养畜模式中的长期工程，也是将来主要的经济支撑点。一般情况下，每亩地可种植核桃树22株，但核桃树一般3～5年才能产果，8～10年才能达到盛果期。进入盛果期后，理论上其产量可达20斤/株，按每亩20株来算，每年可获得8 000元左右的经济收益。项目实施时，政府投资为农户提供核桃树苗，农户自己不需要投入其他成本。受今年干旱影响，牧草生长受到一定限制，但干旱对核桃树的生长影响不大。经计算，3～5年后，核桃的纯收益约为7 800元/亩。需要注意的一点是，核桃树前期生长会受到养羊的限制，放牧对核桃树的生长存在较大的负面影响。

6. 其他

在政府的积极引导下，“一品为主、多品共融、以短养长、长短互补”的方针得到了积极贯彻。在政府和农户的积极探索下，长顺县还实施了扶手瓜种植、兔子养殖等项目。种植扶手瓜是一个较为普及的项目，据统计，一株扶手瓜每年可为农民增收约800元。种植扶手瓜是继农户种植核桃、养殖畜禽之后的又一条增收路子。长顺县的石漠化土地已呈现出地上

草、畜、禽，“空中”扶手瓜的草地生态畜牧业发展模式。

以下为调研过程中了解到的种草养畜部分项目之成本收益汇总表。

表 6　种草养畜部分项目的成本收益汇总表

单位：元/亩、元/只

项目类型	收入	成本	纯收益
牧草	2 100	384.2	1 715.8
佛手瓜	4 800	150	4 650
核桃	8 000	200	7 800
养羊	1 600	950	650
养鸡	250	73	177
养鹅	60	30	30

注：①数据来源：课题组于 2011 年 8 月在贵州长顺县的实地调查；

②牧草以鲜草重量计算，市场价格为 0.6 元/千克；核桃单价为 40 元/千克；佛手瓜单价为 1.6 元/千克；绿壳鸡蛋 2 元/只；鹅 60 元/只；

③养羊的收益为每只母羊每年可为农户所提供的纯收益；

④各项成本不计算土地费用，大部分农户使用自有土地，流转的土地其租金由政府提供；

⑤未参与项目农户包括项目实施前（2008 年以前）和调查中未参与项目农户。

7. 小结

长顺县种草养畜模式各项目的发展除了本身固有的环境效益外，经济效益也极其可观。由调研数据可知，种植牧草的纯收益约为 1 715.80 元/亩，种植核桃的经济效益可达 7 800 元/亩，种植扶手瓜每亩地亦可产生 4 650元的效益；在养殖项目方面，种草养鸡、养鹅的经济效益约为 177 元/只和 30 元/只，而种草养羊的经济效益可达 650 元/只。

就成本效益相较，种草养畜模式各项目的经济效益要远远大于种植水稻和玉米等农作物。与种植传统的作物不同，种草养畜各项目所需成本要远低于种植水稻和玉米等农作物的成本。此外，种植牧草可以充分利用土地以发展草地生态畜牧业，在保障生态环境的同时，亦可使农民收入得到显著提高。在石漠化治理的过程中，种草养畜项目的经济效益十分显著，发展草地生态畜牧业是一条行之有效的促进农民增收的好路子。因此，如果条件允许，种植牧草应是一种值得推广的农业经营模式。

（五）生态效益及社会效益

1. 生态效益

石漠化治理的关键是实现生态修复和农民脱贫致富同步发展，而积极推进草地建设与畜牧业发展的有机结合是现实生态与经济协调发展的新路子。自2007年开始，长顺县利用当地丰富的草地资源，包括宜牧荒山荒坡40万余亩，退耕还林地60万亩，可用于放牧的成片草场46.54万亩，零星草场25.56万亩，人工草地2.39万亩等优越自然条件，改良天然草场，并种植高效优质牧草10万亩。项目区林草植被综合覆盖率为57%，比治理前平均提高了24个百分点，土壤侵蚀量减少，水土流失总量净减少1.23万吨。实践证明，“长顺模式”有效提高了植被覆盖率，加快了植物群落恢复速度，生物量得到明显增加，群落结构进一步优化，水土流失得到遏制，土壤有机质得到提升，实现了生态植被恢复，生态效益效果良好。

2. 社会效益

项目实施由长顺县政府向农户提供基础羊群、绿壳蛋鸡、鹅和配套技术服务，并帮助农户开拓市场以销售产品。农户只需要守牧、放牧，并进行日常管理。农户从事畜禽养殖不需要出“本金”，这极大地调动了农户参与石漠化治理的积极性，治理模式由过去“要我治理”转变为“我要治理”，为石漠化治理打下了坚实基础。项目实施以来，草地生态畜牧业促进了农业生产结构调整，全县畜禽饲喂量持续增加，畜牧业占农业总产值的比重逐年上升。同时，为了提高农户种草养畜技术水平，政府通过产业知识培训、基地实训、专家全程带训等方式，帮助农户掌握牧草种植、畜禽饲养管理、市场营销等方面的知识，培养出一批农业种养大户、各类专业合作社管理人员、农民技术员和农村经纪人。

三、“晴隆模式”简析

（一）“晴隆模式”概述

晴隆县位于云贵高原中段贵州省西南部，是山区农业县，县境内山高、坡陡、谷深、岩溶发育强烈，75%的耕地呈条状形小块坡地，属于典

型的喀斯特地貌。2000 年末，晴隆县农民人均占有粮食仅为 335 千克，人民生产生活条件恶劣，多项指标为全国 592 个贫困县倒数第一。2000 年后，在国务院、贵州省和黔西南州等政府部门的支持下，晴隆县开始实施草地生态畜牧业产业化科技扶贫项目，在陡坡岩溶山地条件下发展草地生态畜牧业，采取“种草养畜，扶贫开发”的模式。该模式实行“四统一”、“三结合”和“四配套”的运行机制。所谓“四统一”，即统一规划、统一管理、统一实施方案、统一技术要求；“三结合”，即每个示范点均建有种羊繁育基地、优质肉羊育肥基地、人工牧草种植及改良基地，做到示范、生产、推广的结合；“四配套”，即每个示范点水、电、路等基础设施、技术人员、生产设施及技术设备相配套的运行机制。这种采用“政府引导、企业带动、以场带户、利益共享”的草地生态畜牧业发展模式，被专家学者称之为“晴隆模式”。

（二）“晴隆模式”的主要特征

简而言之，“晴隆模式”是一种将石漠化治理与发展草地生态畜牧业相结合的发展模式。该模式通过种植鸭茅、黑麦草、高羊茅、三叶草、紫花苜蓿等高效优质牧草，建设人工草地，以减少水土流失，改良草地土壤，提高土地有机质含量，减少坡耕地泥沙流失。在石漠化治理的基础上，晴隆县积极发展草地生态畜牧业以提高农户收入，在生态治理的同时促进经济发展。石漠化治理工程惠及每一农户，提高了农民参与的积极性。具体而言，“晴隆模式”主要有五种发展子模式和四种规范、约束或激励机制。

1. 发展模式

（1）基地带动模式。基地带动模式，即晴隆县设立草地畜牧业发展中心（以下简称“中心”），并为之配备技术干部，建立“能繁母羊”基地和良种基地，以此作为种草养畜的示范基地。建立示范基地须有一定规模的草场和荒山作支撑，需占用农民所承包的耕地。为解决此问题，晴隆县采取两种方式。其一，按国家政策规定，对农民的土地作等级估价，鼓励农民以土地入股参与草地的生产经营，再按土地股份分成；其二，在农户土地评定等级后，按土地面积给予农户一次性补偿。晴隆模式下，给予土地被占用 60%以上的农户优先培训的权利，并将其安排到基地管理草场和羊群，根据管理效益支付农户工资和奖励。具体方式如下，若农户管理50～70只母羊，且羊羔成活率达到70%以上，每户每月可获得300～500元的基础工资。在此基础上，每增加1只羊羔奖励100元，减少1只则扣除50元工资。由此可见，此种情况下农民得到了租金、工资、奖金三项收入。对土地被占用不到60%的农户，农户可通过土地转让或在基地从事季节性劳务而获得收入。部分农民经过中心培训掌握种草养畜技术后，可作为其他基地的技术员，月工资均在2 000元以上。

(2) 滚动发展模式。滚动发展模式也即"中心＋养羊专业合作社＋农户"模式。中心用扶贫资金购买基础羊群，采取以羊投放的形式，无偿向农户提供种公羊、基础母羊、草种，并帮助修建圈舍，负责技术服务和销售。农民则需要投入土地和劳力，建设草场，并在中心的指导下进行放牧、守牧，管理草地。该模式以每年增加的羊群为基础，按2∶8的比例分成，其中发展中心获得2成，农户占有8成。项目开始的年份不进行分成，至第二年后才开始分成，待到第五年农户自有羊达到50只或存栏数达90只时，中心根据农户脱贫情况，按原发放数量收回基础母羊，但继续向农户提供种公羊和技术服务。中心将收回的基础羊群的20%发放给其他贫困户饲养，以进行下一轮的扶贫发展。通过滚动式发展，不仅扩大了项目对贫困户的扶持面，使农户免费获得基础羊群和稳定的收入，而且使中心的发展规模在没有增加其他投入的情况下逐步扩大。此外，中心帮助项目区建立养羊专业合作组织，养羊合作组织设社长、副社长、片区负责人、会计、出纳7～9人，社长和副社长均由农户选举产生。专业合作社上联中心，下联农户，主要负责协调农户之间的关系，做好草场及羊群的日常管理，并参与中心的销售。发展中心以合作社销售的羊只为依据提取日常管理费，为4元/只。

(3) 集体转产模式。集体转产模式，即实施整村推进以彻底改变原有产业结构的发展形式。该模式主要选择在较为边远、贫困程度较深、基础设施薄弱，但土地面积较大、荒山较多的地区实施，引导农民由种植业转向养殖业，由农民向牧民转变。具体做法是，积极发动农民投入土地，以进行统一规划、统一种草、分区管理、分户饲养、分户核算，进行规模化程度较高的养殖。中心长期提供技术人员、草种、种羊及配套技术，并负

责商品羊的销售。农户则主要负责种草、放牧、守牧，按中心的标准管理草地。在利益分配方面，中心第一年不分红，生产收入全部归农户；第二年后，中心将所得利润按 2∶8 的比例与农户进行分成，自身所得收入又用于扶持其他农户发展畜牧业。调查发现，2001 年前江满村人均纯收入不到 600 元，从 2002 年种草养羊项目实施到 2010 年末，农民人均纯收入已达 4 300 元。

（4）小额信贷发展模式和自我发展模式。小额信贷发展模式主要是针对具有一定生产经营能力且经济基础较好的农户，由中心向银行担保，为每户农户贷款 1 万～2 万元以种草养羊。中心为农户免费提供技术培训、技术服务，帮助农户进行种公羊和商品羊的销售等，为农户选购基础母羊，并协调解决发展中出现的问题。在防疫治病方面，发展中心只向农户收取必要的医药成本。最后所获利润按 1∶9 的比例分成，即中心占 1 成，农户可获得 9 成，而中心所得利润将用于扶持其他贫困农户。

自我发展模式的运行方式如下。通过土地入股或被中心吸收的农户，在得到中心的指导和培训后，再经过 3～5 年的发展，农户自身掌握了种草养羊中的饲养管理、疫病防治、草地管理等较为熟练技术，并具有一定数量的自有羊群。因此，农户可以脱离发展中心，自己经营牧草和畜牧，同时发展中心承诺每年无偿给予农户春秋两季防疫疫苗，每 8 个月更换一次种公羊，并负责农户商品羊的销售。在此过程中，发展中心仅提取农户利润的 10%作为技术服务费。

2. 运行机制

（1）中心与农户利益联动机制。发展中心将技术人员工资、奖金、职称、工作目标完成情况及农户的经济效益情况挂钩，要求每个技术人员负责的示范基地及养殖农户生产指标皆要达到“3 个 95%”，且要保证承包片区内种草养羊农户每年的现金收入在 5 000 元以上。通过建立中心与农户利益联动机制，完善相应奖惩制度，规范技术干部的服务目标和标准，提高了技术人员的工作积极性，保障了农户种草养羊的经济效益。

（2）扶贫资金效益扩大机制。通过建立扶贫资金效益扩大机制，政府和扶贫部门可以牵头协调相关部门以整合资源发展产业。将扶贫资金作为引导资金，吸收更多的资金投入扶贫工程，并整合各部门资金，按照“统一规划、集中使用、渠道不乱、任务不变、各尽其职、各计其功”的原则，使扶贫资金得以优化配置，达到预期的政策效果。同时，该机制是通过扶贫资金，以购买基础羊群给予贫困农户，按增加羊群比例分红，在经过几年发展后，再把基础羊群收回以循环利用。在这个复杂的周转过程中，政府部门实现了扶贫资金使用的良性循环，农户也收获了政策扶持的效果。

(3) 龙头企业为农民服务激励机制。晴隆县草地发展中心是国务院扶贫办批准的国家级龙头企业。发展中心是一个严格的事业单位，其建立了企业管理考核制。发展中心通过制订量化考核办法，对技术干部实行目标量化考核，政府与发展中心的负责同志、负责同志与技术干部、技术干部与农户分别签订了责任目标，并将技术干部工资与承包农户羊群增长数量、成活率、死亡率等指标挂钩，这有利于充分调动技术人员和管理人员的积极性，尽其力去为农户服务，为农户发展草地生态畜牧业提供了重要保障。

(4) 瞄准贫困群体机制。在其他地区产业扶贫工作中，扶贫资金致力于大户的现象时有发生。晴隆县在发展种草养畜过程中做到了“统筹兼顾、机制灵活、区别对待”，形成了一种瞄准贫困群体机制。例如，发展中心对贫困农民无偿提供基础羊群，免费提供培训服务，降低收入分成比例，延长畜群的收回时间等。对经济条件较好的农户，发展中心实行担保制，为农户提供小额贷款，使贫困户与非贫困户扶持标准有所区别，做到客观公正。

(三) 晴隆模式的效益简述

1. 经济效益

通过对晴隆县参加草地生态畜牧业项目的农户和未参加项目的农户，或参与项目前后农户的调研分析得知，其经济收入存在较大的差距。该地区农户在未参加种草养畜项目前，其主要农业经营为种植玉米和水稻等粮食作物。从事农业生产农户最多能获得 1 820 元/年的纯收入，而最低的农户其纯收入仅为 500 元/年，平均下来，农户每年纯收入不足 1 000 元。项目实施后，收入最高的农户每年可获得收入 7 万～8 万元，该地区全部

农户年均纯收入由原来不足 1 000 元增加至目前的 8 000 元。未参加项目的农户，目前主要种植玉米和水稻，除去种子、化肥、农药等要素投入成本后，种植玉米和水稻最多可获得纯收益分别为 400 元/亩、500 元/亩。具体而言，种草养畜具有较高的经济效益，以 2011 年价格计算，农户出售每只活羊可获得收益 900 元，而每头羊所需要的人工、羊舍、疾病防疫、饲料等资本要素投入约为 300 元，合算下来，农户养殖每头羊可获得纯收益约 600 元。种草养畜可将种植粮食的土地改作高产优质牧草，每亩地产草可以饲喂 4 只羊，种草成本为 400 元/亩，因此，农户每亩地种草养羊的纯收入为 2 000 元，约为种植粮食作物的 5 倍。

2. 生态效益

晴隆模式通过退耕还草，对项目进行合理规划，并科学地选择优质牧草，将多种牧草进行混播，管理科学、载畜合理，具有保水、保土、保肥等作用，实现了经济效益与生态效益的良性循环。通过发展草地生态畜牧业，晴隆县每年水土流失面积减少 10 平方公里，25 度以上的坡耕地每亩每年减少泥沙流失量约 1.26 吨，人工草场每年增加有机质 2 个百分点，改良草场每年增加有机质 1 个百分点，石漠化趋势得到有效遏制，生态环境得以显著改善。

3. 社会效益

通过种草养畜项目，晴隆县草地畜牧中心向农户提供基础羊群、种羊，以及相配套的技术服务体系，并帮助农户进行产品销售。农户不需要投入大量成本，他们只需守牧、放牧，进行日常管理。这提高了农户参与项目的积极性，并为晴隆县提供了两万多个就业机会，缓解了农村劳动力的就业问题。项目的实施还促进了农业生产结构的有效调整，畜牧业占农业总产值的比重由 2001 年的 31%提升至 2009 年的 50%。同时，种草养羊项目不仅为农户增加了收入，还使农民掌握了牧草种植、饲养管理、市场营销等科技知识，培养了一批农民技术人员、农村经纪人，造就了一批具有时代气息的新型农民。据不完全统计，晴隆县仅自发和受聘到外地作为养羊技术员的农民就有 136 人。十年来，种草养畜项目已辐射带动全县 14 个乡（镇）、86 个村、11 800 多农户、5 万多人，造就了著名的“晴隆模式”。

四、贵州省草地生态畜牧业发展面临挑战

长顺县和晴隆县的实践证明，发展草地生态畜牧业是打破石漠化地区生态恶化和农村贫困恶性循环的有效途径，它不仅能带动农民致富增收，而且可以保护生态环境，实现经济效益、生态效益和社会效益的有机统一，切实扭转了"生态恶化一生活贫困"的恶性循环，为今后石漠化治理积累了宝贵的经验和做法。但是，通过调查发现，长顺县和晴隆县在石漠化综合治理过程中仍面临一些挑战，具体如下。

（一）资金投入缺口较大

农户加入草地畜牧业的积极性高，但由于每年项目资金有限，尚无法满足当前农户对草地生态畜牧业发展的需求，缺口较大。首先，在现有条件下发展草地生态畜牧业，如种草养羊、种草养禽等，必须要增加围栏等基础设施建设，而加大投入，将增加饲养成本，对发展草地畜牧业有一定的消极影响。其次，基础设施配套资金少，如公路、草场水池建设等，政府每年给予的配套资金只为实际需要量的1/3左右，无法满足项目发展的需要。特别是，电力配套资金基本没有，而亟待开发的天然草场资源多数地方"不通路、不通电、不通水"；此外，一些养殖小区和规模养殖场的水、电、路"三通"问题仍没有得到完全解决。再者，项目资金到位与项目计划时间间隔较长，给项目的操作及检查带来一定的麻烦。

（二）自然灾害频繁

贵州地区年际间降雨量变动不大，基本维持在1 100mm左右，但年内降雨分布不均，长时间不降雨和短期降雨过多的问题经常出现。长顺县处于石漠化地区，地理环境恶劣。2008年春节前后的冰冻雪灾，2009—2010年秋冬春三季连续旱灾，均造成草地枯萎死亡，草料不足，羊群缺水缺料死亡，严重影响了种草养畜的经济效益和发展步伐。特别是今年的旱灾使长顺县羊只死亡数高达10 633只，羊羔死亡率达95%以上；种植的3.35万亩人工草地大面积干枯死亡，其中1.35万亩需补播、重播，经济损失惨重，草地生态畜牧业发展面临着新的困境。晴隆县往年9月初，已经做好冬季饲草储备，但受干旱影响，今年还未开始进行储备。而如果

选择种植冬季牧草，需要向农民租用土地并支付3 000万元左右的租金，如果资金不到位，无法种植冬季草，羊群缺乏过冬牧草会出现大量死亡，将造成至少2亿元经济损失。此外，自然灾害频繁发生会造成粮食短缺，削弱了农民投入石漠化治理、发展草地生态畜牧业的积极性。

（三）项目方案与实际存在较大差距

据了解，专家设计的方案与实际情况存在着较大的差距，特别是在“经费预算”方面。在项目设计时，设计者一般没有考虑到必要的配套管理、疫病防治等资金。因为项目争取竞争大，即使出现此种问题，也会有很多县域积极争取；作为贫困地区，其配套资金严重缺乏，这使得项目的实施存在一定的难度和风险。此外，长顺地区属于喀斯特地貌，大部分地区工程实际操作面积是投影面积的2倍以上，且该地区山高、坡陡、谷深，机械化、规模化种植难以实现，因此种草养畜主要以人工运行，劳动力成本高，经费花销自然比理论规划要高。例如，晴隆县草地畜牧业发展中心存在培训资金缺乏问题，目前需要培训的农户每年均在在10 000人以上，培训经费达80万元以上，但是项目预算中并没有培训预算资金。

（四）种草养畜缺乏必要的技术支持

缺乏必要的技术支持主要体现于“长顺做法”上。技术人员的培训和充实十分重要，在已拥有的技术人员中，存在着“老龄化”问题。这不仅表现为技术人员年龄的老化，还体现在技术“老龄化”上。此外，新技术无法进入生产体系中，这主要表现为现已引进的年轻型的技术人员无法将所学的理论知识和当地的实际情况有效的结合起来，这造成了种草养畜项目上的技术“断链”。如若遇到疫病问题，技术人员很难对畜禽进行防疫，这种技术上的“断链”无法满足现阶段草地生态畜牧业发展的需要。

（五）项目推广难度大

长顺县石漠化治理项目的实施采取“整村推进，连片开发”的发展策略，但因农户素质参差不齐，养羊户不可能涉及千家万户，这在一定程度上制约了项目推广。农户素质差异成为限制性因素的同时，自然条件也成为了发展养羊户的瓶颈，因此，一般情况下，一个自然村只有2～3个有养羊能力的农户。此外，一个自然村养羊户不多的原因还源于其有限的载畜量，如果载畜量太高，便无法平衡生态效益和经济效益之间的关系。另外，部分农民对土地的依赖性太强，不愿调整土地，连片开发受限，这给草地生态畜牧业的发展造成一定的阻碍。

（六）其他方面的问题

这主要存在于草地生态畜牧业还处于起步阶段的长顺县。长顺生态畜牧业发展模式的资金支持本就不足，且在扶贫项目实施争取和采购时，还存在不必要资金损耗情况。如网上公开招标会有5%的项目资金进入中介机构，另外，在项目实施以前还存在如代理费用、方案设计费、招投标费等不必要的经费消耗情况。同时，在我国现有的体制中，畜牧部门不是独立存在的；在基层，畜牧部门与其他部门合并在一起，这不仅影响到畜牧管理的高效性，还会出现由于管理不当所造成的食品安全问题。此外，长顺做法主要以合作社或散户形式存在，而晴隆模式则是以公司形式运营，并拥有了自己的市场销向，这是长顺做法的特色，也是其存在的内部局限性。

五、草地生态畜牧业发展对策

为进一步推进和发展草地生态畜牧业，亟需加强以下方面工作。

（一）增加资金和技术投入

从总体来看，贵州省大部分地区草地生态畜牧业发展尚处于起步和摸索阶段，仍需要大量的资金投入。西南岩溶山区是我国贫困人口最多、贫困程度最深的地区，地域经济基础薄弱，地方财政极为困难。贫困地区发展种草养畜产业，单纯地依靠项目资金和县域政府的配套资金是远远不够的，这就需要国家投入更多的资金支持产业的发展，把政府作为石漠化治理的投资主体，建立完善的技术服务体系，使牧草种植和畜禽养殖得以稳健发展。同时，要加强技术干部知识更新，提高技术人员的待遇，选派一些技术干部到草地生态畜牧业发达的地区学习成功经验，以促进本地畜牧业的发展。此外，要依托科研机构，并积极与之配合，以提高当地技术服务体系。

（二）增强应对气候变化能力

要加大石漠化地区适应气候变化技术研发投入，针对石漠化地区水土

资源缺乏的实际，研发并推广先进技术，以高效地、合理地利用有限的水土资源，把生物节水（如培植推广耐旱牧草品种等）、农艺节水（如地膜覆盖、聚拢耕作等）、工程节水（修建鱼鳞坑等）和管理节水等有效结合起来。通过实施“沃土工程”、“坡改梯”、“培土培肥”等工程和间作套种、错季节种植、立体种植等措施来提高牧草单产和复种指数，通过对有限水土资源的高效利用，以稳步解决畜禽营养饲料和饮水问题。特别需要注意的是，不同生态脆弱石漠化地区气候变化影响不同，应因地制宜地探索符合地方特色的气候变化应对措施。

（三）项目设计考虑各地实际情况

在项目设计时，要考虑到必要的配套管理资金、疫病防治资金和培训资金等。石漠化地区属于典型喀斯特地貌，机械化种植难以实现，种草养畜主要以人工运行，因此，各子项目所需成本要高于规划中的“经费预算”成本。故建议今后在进行项目设计和预算时，要考虑项目实施地区实际情况和当地市场价格，实事求是，以保证石漠化地区石漠化治理和经济的稳健发展。此外，此类地区本就贫困，配套资金严重缺乏，在项目实施时存在着一定的难度和风险，这也需要酌情予以考虑。

（四）开拓市场并集中发展产业

针对部分地区，如长顺县，欲使农户生产的畜禽产品顺利出售，就需要政府配合大力开拓市场。利用政府和合作社的优势，与买家建立合作机制，保证所产畜禽产品能及时销出，并保障畜牧产品的价格和农户的经济效益。另外，长顺县要实现自身草地生态畜牧业发展的高效性，就必须集中力量发展该产业，把当地的主要资源都应用到该产业中来。而晴隆县草地生态畜牧业已经得到了较好的发展，并开拓了畜牧业市场，应积极推广产业，扩大市场，以覆盖至其他贫困地区，推动地域经济的发展。

（五）发挥合作社的积极作用

针对“长顺做法”，当地畜牧产业的分散性、不确定性和风险性决定了畜牧产业的脆弱性，积极完善合作社机制是推动该地畜牧产业发展的有效途径。长顺县已建立了种草养畜的合作社，但调研发现，合作社还存在着诸多不完善之处。如合作社无法向参合农户提供高效的养殖和管理技术，难以保障农户必要的资金需求，且常缺乏基本的市场信息。因此，合作社应积极引进农业科技人才，加强自身建设和管理，配合政府做好项目推广和管理工作，为农民提供发展生态畜牧业的基本技术和必要信息。

参考文献

陈笑媛. 2004. 贵州石漠化与生态环境问题的探讨. 南方国土资源（9）.

杨振海. 2011. 种草养畜是石漠化地区生态建设和脱贫致富的关键措施. 福建农业（1）：32-33.

肖时珍，熊康宁，等. 2011. 喀斯特地区石漠化综合治理蓄水工程布设研究. 安徽农业科学，39（3）：1822-1826.

苏维词，龙秀琴. 2011. 中国西南岩溶山区石漠化现状及治理模式——着重以贵州为例［C］//全国喀斯特地区石漠化综合治理与草地生态畜牧业发展研讨会. 贵阳.

王德炉，朱守谦，黄宝龙. 2004. 石漠化的概念及其内涵. 南京林业大学学报（自然科学版）（11）：87-90.

詹瑜，杨成，等. 2011. 贵州草地生态畜牧业产业化科技扶贫项目实施现状与对策. 贵州农业科学，39（3）：149-155.

熊康宁，盈斌，等. 2009. 喀斯特石漠化的演变趋势与综合治理——以贵州省为例. 世界林业研究（22）：18-23.

国外牧草产业发展

发达国家牧草产业化和种子生产现状及形势

修长柏　赵萌莉

摘要：发达国家早已将牧草产业发展为农业产业体系中的一个庞大产业，并为谷物产业和畜牧业都作出了重要贡献。国外牧草加工已经向精深加工转变，进一步拉动牧草产业快速发展。发达国家的草种产业也很发达，早已形成区域化、规模化的集中产区，并在草种专项技术集成研究以及草种质量管理控制体系等方面提供了强有力支撑。本文拟在这些方面重点进行介绍，以期对我国牧草产业发展提供启示。

一、国外牧草产业化发展现状

在发达国家，牧草生产是一个庞大的产业，据报道，2009 年，美国干草收获面积为 2 435.4 万公顷，产量为 7 298.6 万吨；青贮玉米面积为 241.4 万公顷，产量达 1.12 亿吨。2008 年，美国干草产业收入达 51.9 亿美元。加拿大 2008 年各类干草收获面积为 737.9 万公顷，总产量 3 043.2 万吨，较上年增产 18.7 万吨，产值为 2.75 亿美元。2009 年澳大利亚各类干草产量超过 650 万吨，青贮饲料干物质产量约 220 万吨。

美国早在 20 世纪 50 年代就将紫花苜蓿列入美国战略物资名录。美国目前大约有 1.5 亿亩的紫花苜蓿草生产基地，年生产紫花苜蓿干草和紫花苜蓿混合干草 1.5 亿吨左右，产值约为 110 亿美元，仅次于玉米和大豆。美国还拿出 1/4～1/3 的耕地种植苜蓿进行草田轮作，3～4 年与粮食作物进行轮换，这种植方式，提高了土壤肥力，培肥了地力，确保了占耕地面积 3/4～2/3 的粮食作物连年高产，同时生产的干草促进了美国草产品产业的发展，带动了草产品的出口。据报道，目前约有 50%的草产品和牧草种子市场份额为美国所占，草业已成为美国农业中的重要支柱产业。

国外很多发达国家对种植优良牧草、建立多年生人工草牧场都加以鼓励，如澳大利亚种植牧草受政府鼓励且牧草品种都是按种植区划进行安排，不能随便引入其他牧草，以保证生产优良牧草，为饲草生产提供充足原料。

二、国外草产品加工业的发展趋势

20 世纪 80 年代以来，许多国家的草产品生产和其他工业一样受到重视。其产品有草粉、草颗粒和草块等种类，而草粉的生产一般采取快速烘干后即行粉碎的生产方式，亦即在田间用收割机收割后，在几分钟内将鲜草烘干并粉碎成草粉，这样制成的草粉，其营养成分损失不会超过 5%～8%（而自然晒干后粉碎的草粉，其营养成分损失近 50%），从而具有很高的营养价值。美国、丹麦、法国、俄罗斯的草粉生产的产量发展很快，且已成为世界生产大国，从牧草的种植、收获到成型加工、包装入库等全部环节都实现了机械化和自动化。

国外草产品加工业的发展趋势是加强对草产品的精深加工。美国、英国、澳大利亚、俄罗斯等国家十分重视从栽培牧草中提取蛋白质、纤维素、叶绿素、不饱和脂肪酸、β胡萝卜素等有效物质的技术研究和产品开发，对苜蓿等进行多层次加工和综合利用，已工厂化生产出叶蛋白、纤维素等，并以此为基料，用于饲料业、食品业和医药业中，取得了较高的经济效益。

据估算，苜蓿直接用作饲料，利用率只有 20%～30%，若用于深加工，利用率可达 65%～80%，相当于每加工 1 万吨鲜苜蓿，可生产叶蛋白 300 吨，膳食纤维 240 吨，干草饼 2 000 吨，苜蓿油 0.3 吨，总价值近 900 万元，是原料售价的 7 倍。

三、国外优质牧草种子生产技术体系

世界草地畜牧业发达国家，如美国、加拿大、丹麦、荷兰、新西兰、澳大利亚等国都形成了强大的包括牧草良种选育与种子生产在内的草种产

业，是国际上重要的牧草种子生产和输出国。根据20世纪90年代的数据，美国有27万公顷专业牧草种子生产田，每年生产40多万吨牧草种子；加拿大牧草种子田面积32.4万公顷，每年生产豆科和禾本科牧草种子10万吨，其中出口5.1万吨。欧洲联盟约有牧草种子田20万公顷，年产禾本科和豆科牧草种子15.7万吨；新西兰牧草种子田面积3.5万公顷，每年生产牧草种子2.5万吨，其中60%～70%用于出口。目前，全世界进入国际种子市场的牧草种子每年大约有20万吨，贸易额约为4.6亿美元。综观世界草种产业发达国家的生产特点，突出表现在以下方面：

第一，形成了规模化的草种集中生产区。20世纪50年代以后，随着专业化牧草育种计划的实施以及专业化种子生产的发展，温带牧草种子的生产方式和生产区域发生了明显的改变，牧草种子生产逐渐由牧草生产的副产品转变为区域性的专业化生产方式。目前，世界上牧草种子的生产地主要集中在美国西北部、加拿大普列里草原（Prairie）地区的省份、新西兰南岛、澳大利亚北部，以及欧洲丹麦西部和荷兰的Polder地区等，这些地区具有显著的适合于小粒牧草种子高产的气候条件。区域化的牧草种子生产方式以美国西部的俄勒冈州最为典型。俄勒冈州是世界上最重要的禾本科牧草和草坪草种子生产基地，年产牧草和草坪草种子30余万吨，直接产值为3亿～4亿美元，加上肥料、除草剂、机械等服务于牧草种子产业部门的收入，每年为俄勒冈州增加10亿～12亿美元的国民生产总值。俄勒冈州的威拉米特谷地具有专业牧草种子生产田18.2万公顷，每年生产28万吨禾本科牧草和草坪草种子，被誉为世界“禾本科牧草种子之都”。威拉米特谷地的气候属典型的地中海气候，冬季降水量高有利于植物地下部分的发育和生长，秋季降水量高有利于种子田的建植，夏季干旱有利于种子的成熟和收获，种子收获后的干旱使牧草进入休眠。该区只靠天然降水的季节分布特点就能满足牧草种子生产对气候的特殊要求，因而形成了世界上牧草种子产量最高、质量最好的集中生产区。由于气候条件非常适合于牧草种子的生产，在威拉米特谷地分布有800个专门进行牧草种子生产的农场，平均土地面积为280公顷，拥有50个地区性、全国性或国际性的种子公司。荷兰、日本、丹麦、德国、澳大利亚等牧草种子生产大国的种子公司均在威拉米特谷地建立了种子生产基地，以充分利用该地区的气候资源，生产高产优质的牧草种子，降低种子生产成本，增强在国际市场上的竞争能力。

第二，长期的牧草种子生产专项技术研究与集成。大多数牧草属于多年生植物，由于栽培利用历史和生产方式的限制，牧草的驯化程度较低，还保留有相当一些野生性状，如种子粒小、种子休眠性强，无限花序造成种子成熟期不一致，以及种子落粒性强等特点。与农作物相比，牧草种子生产的特点表现为潜在种子产量很高，但实际种子产量占潜在种子产量的比重很低。造成牧草种子产量低原因主要有 3 个方面：①授粉率与受精率不足，以及受精后种子的形成发育过程中的败育损失；②成熟期不一致、落粒和收获加工过程造成的损失；③牧草以营养体利用为主，种子产量不是主要的育种目标，因而品种选育对提高牧草种子产量的贡献不是很显著，牧草种子生产水平的提高主要是依赖生产地的科学选择和专业化生产与清选加工技术的研究与应用。这些技术集中在播种时间和方法，播种量、行距与田间植株密度，施肥量、施肥时间与肥料利用率，灌溉控制与水利用效率，杂草与病虫害防治技术、辅助授粉技术，收获技术，收获后田间管理技术等方面，通过以上技术措施的研究、集成、推广和应用，种子产量得到显著提高。以美国为例，从 20 世纪 40 年代美国草种平均产量为 150～300 千克/公顷，提高到现在的 1 125 千克/公顷。被称为“禾本科牧草种子之都”的美国俄勒冈州种子生产田一年生黑麦草平均种子产量已达 2 080 千克/公顷，多年生黑麦草的平均产量已达 1 600 千克/公顷，高羊茅达 1 600 千克/公顷，草地早熟禾达 1 040 千克/公顷。在 1977—1997 年的 20 年间，美国禾本科牧草种子主产区俄勒冈州的牧草种子产量均有不同程度的提高，草地早熟禾提高 129%，高羊茅提高 119%，多年生黑麦草提高 59%。

第三，健全的草种质量管理控制体系。经过一百多年的发展，在国际牧草种子生产与贸易中形成了健全的法律制度和完善的种子质量管理机构，凡牧草种子产业发达的国家都有“种子法”、“种子检验规程”、“种子认证规程”、“植物新品种保护条例”等法律条规以及相应的执法或监督机构，如种子质量检验中心（站）、种子审定局（站）、植物检疫站等，使牧草种子在生产、贸易和使用中有法可依，依法进行种子质量的管理，保护

了育种者、种子生产者和种子消费者的利益。

参考文献

李毓堂．1974. 草业——富国强民的新兴产业．银川：宁夏人民出版社．

美国农业部．1983. 东欧及苏联各国1960—1980年土地利用及饲料生产状况统计表．胡自治，摘译．国外畜牧学—草原与牧草（4）：60－63.

美国农业部．1984. 美国农业统计资料，1983. 胡自治，摘译．国外畜牧学—草原与牧草，（2）：52－56.

任继周．1983. 七十年代世界草原面积动态浅谈．国外畜牧学—草原与牧草，（1）：43－44.

国际环境与发展研究所，世界资源研究所．1989. 世界资源中国科学院自然资源综合考察委员会，译．北京：能源出版社：88－100.

世界资源研究所．1993. 世界资源．1990—1991中国科学院自然资源综合考察委员会译．北京：北京大学出版社：164－165，171－177.

孙波．1994. 复合农林业的土壤生产力．当代复合农林业（1）：26－28.

徐载春．1991. 印尼的“三层饲草体系”．国外畜牧学 —草原与牧草（3）：6－8.

Lazenby，A. 1982. 英国草地的今昔和未来．杜修贵，译．四川草原（4）：51.

Singh，P. 1988. 印度草原的现状及其改良．郭思嘉，译．国外畜牧学—草原与牧草，1989，（4）：9－19.

Topps，J. H. 1992. 豆科灌木和乔木作家畜饲料的潜力．赵勇斌，译．国外畜牧学—草原与牧草（1）：37－39.

Heath，M. E. D. S. Metcalfe and R. F. Barnes. Forages-The Science of Grass-land Agriculture . Third Edition. Iowa：The Iowa State University Press，1974，3－4.

Moose，R. M. Australian Grasslands. Canberra，Australian National University Press，1973，273－302，321－338.

美国牧草产业发展研究报告

胡向东　王明利

摘要：草食畜禽特别是奶牛饲养量显著增加，对优质牧草的需求逐渐增大，牧草进口逐年增大，而美国不仅是世界上的牧草生产大国而且也是最大的牧草出口国。本文通过对美国牧草的生产价格数据分析，探讨美国牧草发展及价格走势情况，以期对我国牧草生产具有一定的借鉴作用并对牧草进口具有一定的指导性。

1997—2007年美国出口到中国的牧草量非常小，相比较其牧草总出口量可以忽略不计；但是，从2008年“三聚氰胺事件”后，美国出口到中国的牧草呈井喷式上升趋势。2008、2009和2010年美国出口到中国的牧草总量分别为1.4万吨、9万吨和23.5万吨，分别比上一年上涨587.7%，640.6%和260.5%。2010年美国出口到中国的牧草总量占其出口总量的5.9%；中国在美国的牧草出口市场中的地位越来越重要。

一、美国牧草整体生产状况

（一）美国草地资源基本情况

美国历史上经历了对草地无序开发和利用阶段，尤其“西进运动”期间，大量人口涌入美国西部，为了开采矿藏，破坏草地和牧草资源。到1854年，草地状况已成为联邦政府需要解决的主要问题之一。随后1862年颁布了《家园法案》使土地停止随意占用，进入了土地合理配置时代；20世纪80年代后，根据放牧许可证有责任保护、管理和改善放牧区，美

国逐步实现可持续管理，既合理开发草地资源，又有效保护草地资源。

从1961—2009年美国草地面积变动来看，1962年草地面积为2.65亿公顷，而后因为草原大面积沙化、退化，1968和1969年草地面积下降幅度较大，分别比上年下降2.3%和3.3%（见图1）。鉴于美国草地严重萎缩，自然环境恶化，美国政府于1969年通过了《国家环境政策法》建立严格的保护法律制度。而后，美国继续出台多项保护草地政策，如：1974年的《森林地和草地牧场可更新资源计划法》、1976年的《联邦土地政策和管理法》和《资源保护和复原法》、1977年的《水土资源保护法》以及1978年的《国有草地牧场改良法》和《林地和草地牧场资源推广法》等。1970年后，美国草地面积保持稳定态势，始终保持在2.4亿公顷左右，其中40%为国家所有，60%为私有草地。

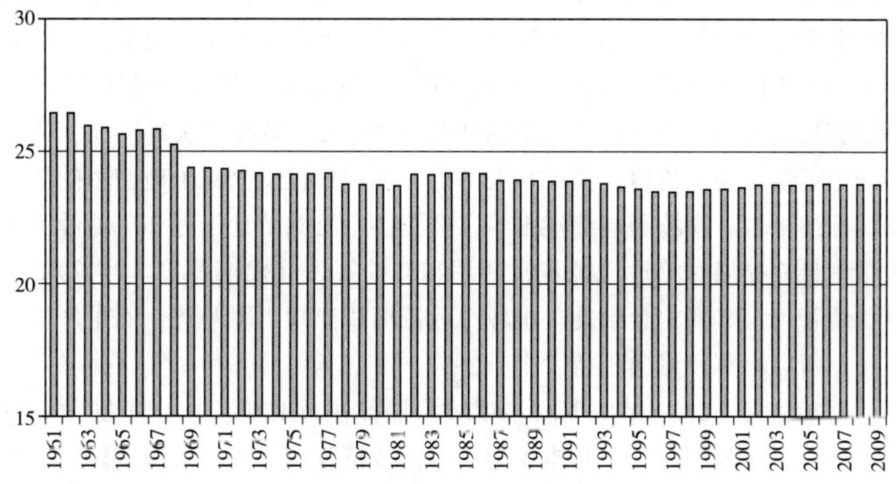

图1　1961—2009年美国草地面积变动情况（千万公顷）

数据来源：FAO数据库

（二）牧草收获面积和产量

具体到不同年份，美国牧草收割面积和产量在不同的阶段表现不同的特点：

（1）1909—1940年牧草收割面积及干牧草产量呈现波动调整过程。其中1934年干牧草产量是美国历史上近100年的低谷，产量为6 000万吨，比1933年下降19.4%，收割面积从1933年的2 738万公顷下降到

1934 年 2 615 万公顷。主要原因是：1934 年，西部平原刮起的漫天狂风，卷起 3 亿吨土壤，化作铺天盖地的黄土，导致溪水断流，作物枯萎。

（2）1940—1960 年，美国牧草产业处于黄金阶段，尤其是高峰年份的 1944 年，牧草收割面积达到 3 106 万公顷，产量 1.02 亿吨。主要是因为第二次世界大战打破了美国的资源保护优先权，为战争生产肉、毛和皮成为首要任务，在以后的十多年时间里，草地主要是用来获得畜产品。

（3）1961—1970 年，美国牧草收割面积逐年下降，牧草产量还在持续增长。1970 年美国牧草收割面积 2 458.7 万公顷，产量达到 1.27 亿吨。这时期出台的相关法案有：1960 年的《多用途可持续生产法》、1964 年的《自然保护区法》、1969 年的《国家环境政策法》。其中对自然资源产生巨大影响的是 1969 年颁布的《国家环境政策法》。该法案通过防止和消除损害环境的行为将人与环境和谐共处的关系法律化，丰富了人们对生态系统和自然资源的理解，在不损害环境未来用途的前提下提出了要努力保持和改善环境条件的要求。该法案明确指出资源管理不仅是为后代保存资源，还需满足经济和社会对资源需求的变化。《国家环境政策法》关注公共土地的生态学和美学价值，要求相关部门必须定期提交公共土地使用的环境影响综述报告。环境影响综述报告已经提供了公共草地管理和草地健康的大量信息，提倡对草地资源正常使用和持续管理（戎郁萍等，2007）。大量草地管理法案的出台致使美国牧草收割面积出现下降趋势，而单产稳步上升，所以牧草产量出现持续上升。

（4）1971—2010 年，美国各项牧草法律法规日臻完善，美国牧草进入了良性有序利用阶段。基本表现为美国牧草收割面积进入稳定阶段，但是因气候因素影响导致产量呈现一定的波动态势（见图 2）。

（5）美国干牧草产量整体呈现快速上升势头。1909—1940 年，干牧草产量数据远离趋势线，干牧草产量波动比较大；1941—1980 年，干牧草产量数据基本靠近趋势线，干牧草的产量处于稳定增长的阶段；1980 年以后，干牧草产量数据基本高于趋势线，干牧草产量进入快速增长阶段。美国干牧草平均单产逐年上升，有效支撑了美国牧草产量的增长。单产从 1909 年的 3.2 吨/公顷上升到 2010 年 6.1 吨/公顷，增长近 1 倍。如果不考虑苜蓿，2010 年美国其他干牧草年平均单产 4.9 吨/公顷。

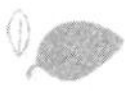

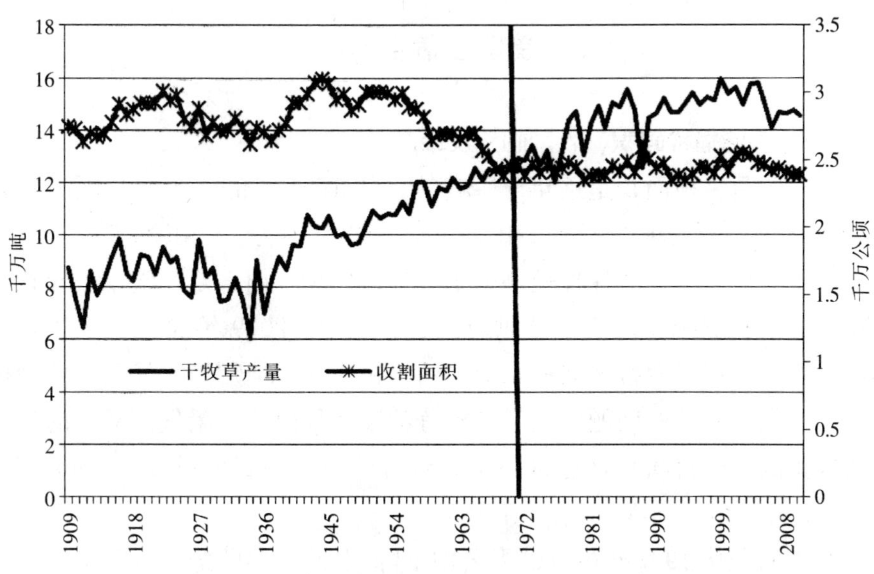

图 2　1909—2010 年美国牧草收割面积及产量

数据来源：NASS

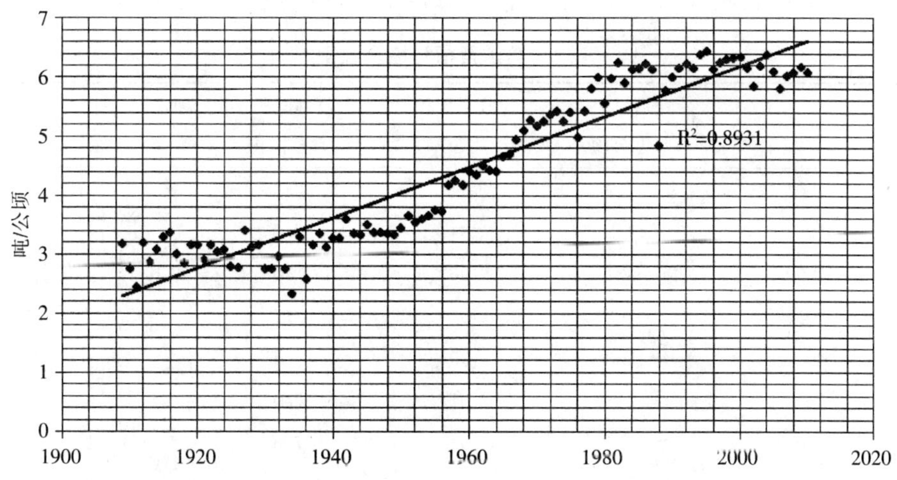

图 3　1909—2010 年美国干牧草单产（吨/公顷）

数据来源：NASS

注：单产按收割面积计算

二、美国苜蓿生产状况

（一）苜蓿播种面积、收割面积及单产

美国苜蓿种植面积呈逐年下降趋势，从 1997 年的 149 万公顷下降到 2010 年的 102 万公顷，下降了 31.9%。主要是因为：①玉米等作物价格上涨，种植户更多的选择种植如玉米等其他作物，而不是苜蓿草，导致苜蓿草供应量有所减少；②水的供应问题，2008、2009 年加州地区比较干旱，加州政府将科罗拉多河的水更多的出售于非农业用途，导致一些种植户担心水供应和价格问题而放弃种植苜蓿草；③奶业不景气，80%的牛场无法承担高价的苜蓿草，也进一步导致苜蓿草种植量的减少（Daniel H. Putnam，2011）。

收割面积从 1997 年的 942 万公顷下降到 2010 年的 798 万公顷，下降 15.3%。收割面积下降幅度较小，主要因为苜蓿的平均收割茬数上升，从 1997 年 6.3 上升到 2010 年的 7.8 茬，上升了 1.5 茬，1997—2010 年间苜蓿的年平均收割茬数为 7.3。苜蓿的每茬单产基本在 8 吨/公顷。

表 1　美国苜蓿种植及收割

	种植面积（万公顷）	收割面积（万公顷）	收割面积/种植面积	单产（吨/公顷）
1997	149	942	6.3	8.3
1998	142	944	6.6	8.7
1999	137	963	7.0	8.8
2000	123	939	7.7	8.7
2001	130	958	7.3	8.4
2002	131	917	7.0	8.0
2003	125	941	7.5	8.1
2004	112	868	7.8	8.7
2005	132	894	6.8	8.5
2006	127	846	6.6	8.4
2007	113	845	7.5	8.3
2008	108	842	7.8	8.3

（续）

	种植面积（万公顷）	收割面积（万公顷）	收割面积/种植面积	单产（吨/公顷）
2009	107	850	8.0	8.4
2010	102	798	7.8	8.5
1997—2010 均值	124	896	7.3	8.4

注：单产按收割面积计算；数据来源：NASS

（二）苜蓿在美国牧草生产的地位

苜蓿收割面积占牧草总收割面积的比重近年来有所下降，到 2010 年苜蓿收割面积占牧草收割总面积的比重占到 1/3。苜蓿产量占牧草总产量的比重有所下降，从 1997 年的 51.5%下降到 2010 年的 46.7%，总的来说，苜蓿的产量几乎占牧草总产量的一半。

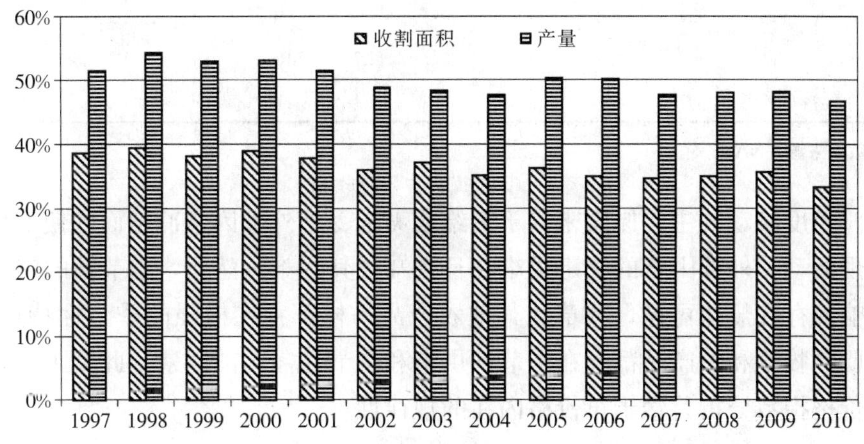

图 4　苜蓿收割面积和产量占牧草收割总面积和总产量比重

数据来源：NASS

（三）苜蓿价格的季节性变动

由表 2 可知，2001—2011 年美国牧草干草的作物年度（上年 5 月至下年 4 月称为 1 作物年度）名义价格波动较大。最高的如 2008—2009 年作物年度月平均价格达到 161 美元/吨，最低的如 2003—2004 年度月平均价格仅 91 美元/吨。

表 2　2001 年 5 月—2011 年 4 月美国牧草干草月度价格

单位：美元/吨

月份	2001/2002	2002/2003	2003/2004	2004/2005	2005/2006	2006/2007	2007/2008	2008/2009	2009/2010	2010/2011
5	109	108	101	108	114	114	142	177	133	120
6	104	101	101	102	106	112	137	174	122	120
7	104	100	93.8	98.7	105	111	136	179	116	118
8	105	101	91.9	99.3	108	109	135	179	109	118
9	108	101	90.1	97.5	106	111	135	175	109	119
10	106	102	89.1	100	105	113	136	171	109	118
11	104	101	86.8	95.2	97.6	110	136	165	109	117
12	105	98	87	92.1	96.6	111	135	152	111	121
1	101	98.5	84.8	94.5	95.1	112	136	148	111	121
2	100	96.2	85.1	94	98.4	115	138	141	112	129
3	99.6	96.7	86.2	98.6	100	121	144	138	113	142
4	103	96.2	92.7	105	108	127	146	132	112	161
平均值	104	100	91	99	103	114	138	161	114	125

数据来源：NASS

年度波动的主要原因来自于供给或需求受到外部因素冲击而致使价格出现波动，外部因素的测定很难并且预知极其困难。然而，季节性的因素影响却存在规律可循，牧草和其他农产品一样都存在极强的季节性特点，主要是牧草和农产品都存在季节性供给和季节性需求的因素。此处采取季节价格指数分析苜蓿干草价格内在的规律性。

$$SPI_t = \frac{P_t}{PA} \times 100\%$$

t 月季节价格指数为 SPI_t；

t 月的价格 P_t；

t 月所处的年度月平均价格 PA。

表 3 和图 5 反映的是最近 5 年和 10 年的苜蓿干草的季节价格指数，季节价格指数显示的是给定的月度价格与指定的期间平均价格的差别，在表 3 中，2001—2011 年度的 5 月份价格指数是 106.9，代表的是 5 月的价

格高于2001—2011年度平均价格的6.9%；相似的12月的价格指数是96.5，代表12月的价格低于2001—2011年度平均价格的3.5%。从5月份开始苜蓿开始生产，苜蓿干草的价格呈现直线下跌，苜蓿干草经过5—10月生产，11～12月苜蓿干草量充足，价格落入低谷。之后随着苜蓿干草的消费，价格指数逐步上扬。所以向美国进口苜蓿可以选在11～12月，因为此时受供给和需求的季节性因素的影响，其价格处于一年中的低谷期。

季节价格指数的另一个重要指标是其标准差，即不同年份的同一月份季节价格指数的变动情况。标准差数值越大，代表价格指数远离过去平均数值，该月度的价格指数较不稳定，预测风险越高。相反，标准差数值越小，代表该月度的价格指数较为稳定，风险亦较小。再反观，2001—2011年度的5月份价格高于年度平均价格6.9%，其标准差6.1%；5月份的价格高于平均价格较大比例地分散在0.8%和13%之间。采用平均值（6.9%）预测会造成很大的误差。相比较，12月价格低于年度平均价格3.5%，标准差仅2.3%，其区域上限－1.2%，下限为－5.8%。采用平均值3.5%预测较为可信。

表3　10年和5年的月度苜蓿价格指数（%）

月份	2001—2011年	标准差	2006—2011年	标准差
5	106.9	6.1	105.1	8.3
6	102.7	4.9	101.7	5.6
7	100.8	4.5	100.7	6.5
8	100.3	5.0	98.9	7.0
9	100.0	4.2	99.0	5.6
10	99.9	3.5	98.8	4.7
11	97.4	3.0	97.4	3.4
12	96.5	2.3	96.8	1.4
1	96.0	2.6	96.6	2.7
2	96.6	4.3	98.0	6.0
3	99.3	7.4	101.8	10.3
4	103.4	11.9	105.2	17.1

数据来源：本文计算

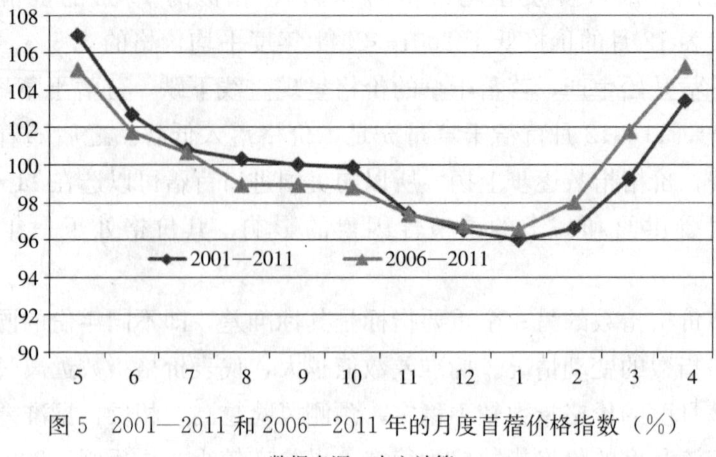

图 5 2001—2011 和 2006—2011 年的月度苜蓿价格指数（%）

数据来源：本文计算

季节价格指数还能在正常年份预知本年的平均价格，将季节价格指数分解到各月份，为市场上各方做决策提供参考。如果知道某个月的价格，可以对照表 4，预知这一作物年度的平均价格。本文采用标准差最小的 12 月份来判断，根据表 4 可以看出 2010—2011 作物年度的 12 月份价格是 121 美元/吨，对照年度平均价格应该介于 120～130 美元/吨，实际该作物年度的苜蓿干草价格为 125 美元/吨。

已知月度价格也可以采用公式 1 计算年度平均价格，根据公式 1 变形，当月月度价格除以当月的季节价格指数可以得到年度平均价格。

表 4 根据预知年度价格估计月度平均价格

月份	年度平均价格					
	120	130	140	150	160	170
	美元/吨					
5	128	139	150	160	171	182
6	123	134	144	154	164	175
7	121	131	141	151	161	171
8	120	130	140	150	160	171
9	120	130	140	150	160	170
10	120	130	140	150	160	170
11	117	127	136	146	156	166

(续)

月份	年度平均价格					
	120	130	140	150	160	170
	美元/吨					
12	116	125	135	145	154	164
1	115	125	134	144	154	163
2	116	126	135	145	155	164
3	119	129	139	149	159	169
4	124	134	145	155	165	176

数据来源：本文计算

(四) 美国苜蓿供给反应研究

1. 美国苜蓿供给反应理论模型

美国苜蓿种植面积下降，其种植面积受其自身价格和玉米等竞争性作物价格的影响，本文采用 Mac Nerlove 模型对其影响程度进行分析。该模型是假定农户根据预期价格调整面积（或产出），对外部刺激做出反应。模型既可以表示为种植面积的反应，也可以表示为产出的反应。种植面积（产出）是期望价格、面积（产出）调整和其他外生变量的函数（司伟，2005）。

核心结构方程为：

$$A_t - A_{t-1} = \lambda(A_t^D - A_{t-1})$$
$$P_t^e - P_{t-1}^e = \beta(P_{t-1} - P_{t-1}^e)$$
$$A_t^D = \alpha_0 + \alpha_1 P_t^e + \alpha_2 Z_t + u_t$$

式中，$0 < \lambda \leqslant 1$；$0 < \beta \leqslant 1$；A_t 是时间 t 时的实际种植面积，A_t^D 是长期均衡的种植面积，P_t 是时间 t 时的实际价格，P_t^e 是 t 时的期望价格，Z_t 是 t 时影响种植面积的其他外生变量（此处选择玉米价格），u_t 是随机误差项。消除不可测变量后，A_t 简化成：

$$A_t = b_0 + b_1 P_{t-1} + b_2 A_{t-1} + b_3 A_{t-2} + b_4 Z_t + b_5 Z_{t-1} + v_t$$

短期供给价格弹性：$\varepsilon_s = b_1 \times \dfrac{P}{A}$

长期供给价格弹性：$\varepsilon_L = \frac{b_1}{1-b_2-b_3} \times \frac{P}{A}$

2. 实证结果

为便于计算弹性，对模型两边取对数；苜蓿属于多年生植物，苜蓿茎枝收割后能迅速再生出大量新茎，每个生长季节内可收割干草 1～13 次之多，苜蓿的收割面积才能直接反映了苜蓿产量，因此采用收割面积作为因变量。模型结果见表 5，从系数来看，上期苜蓿干草的价格对苜蓿收割面积的影响较小，且不显著，短期价格弹性仅为 0.05；玉米价格对苜蓿收割面积短期影响较小，因为苜蓿作为多年生植物，前期的投入较大，苜蓿种植者不能很快调整种植结构。过去的收割面积对于当期的收割面积影响都较大且较为显著，还是因为苜蓿的多年生特性，其存在一定的生产惯性。

从长期来看，苜蓿的长期价格弹性达到 1.55，提高价格苜蓿供给会增加。玉米价格对苜蓿收割面积的长期价格弹性达到－1.3，玉米价格上升苜蓿的比较收益下降，苜蓿的供给会减少。

表 5　美国苜蓿 Mac Nerlove 供给反应模型估计结果

	系数	T 统计量
C	0.211	0.12
P_{t-1}	0.048	0.66
A_{t-1}	0.215	1.03
A_{t-2}	0.754	3.83
Z_t	－0.016	－0.48
Z_{t-1}	－0.025	－0.55
调整 R^2	0.87	
DW 统计量	1.86	
时间段	1990—2010	
短期价格弹性	0.05	
长期价格弹性	1.55	

三、美国牧草产业的国际贸易

（一）美国牧草进出口状况

1. 美国牧草进出口总量

（1）美国牧草进口量非常少，主要是出口。牧草总出口量从1996年201.9万吨上升到2010年的398.2万吨，上升了97%；牧草出口金额2010年相比1996年翻了三倍（见表6）。

表6 美国牧草及苜蓿进出口量

	牧草（包括苜蓿及其他）				苜蓿			
	进口		出口		进口		出口	
	重量 万吨	价值 千万美元	重量 万吨	价值 千万美元	重量 万吨	价值 千万美元	重量 万吨	价值 千万美元
1996	13.4	2.1	201.9	30.9	4.8	0.7	29.4	4.8
1997	15.3	2.6	198.8	32.6	4.4	0.8	27.2	4.9
1998	11.5	1.9	201.2	30.8	4.7	0.7	27.8	4.3
1999	9.4	1.7	227.2	33.3	3.6	0.5	25.4	3.7
2000	13.2	2.2	292.9	39.0	6.4	0.8	21.7	3.4
2001	18.4	2.8	232.3	35.3	10.6	1.4	15.8	2.4
2002	11.2	2.1	295.9	46.2	5.3	0.9	17.1	2.8
2003	9.7	2.0	311.6	51.0	4.1	0.9	21.5	3.5
2004	10.1	2.3	284.5	49.3	3.7	0.9	19.8	3.1
2005	11.2	2.5	293.8	51.1	4.6	1.0	16.1	2.9
2006	14.7	3.4	283.8	53.8	6.0	1.3	14.2	2.4
2007	20.9	4.8	289.8	62.2	6.9	1.7	18.4	3.0
2008	29.4	6.4	233.0	70.5	4.4	1.5	17.7	3.4
2009	15.5	4.3	384.7	86.0	3.8	1.2	21.8	3.6
2010	11.6	3.4	398.2	95.6	3.2	0.9	26.3	4.7

数据来源：UNcomtrade

（2）美国苜蓿出口相比牧草整体出口，表现出走低趋势。1996—2002

年美国苜蓿出口量（额）占美国牧草出口的比重呈快速下滑趋势；2003年后，其比重维持在较低水平的波动式走势。2010年美国苜蓿出口量占牧草总出口量的6.6%，出口额占牧草总出口额的4.9%（如图6）。

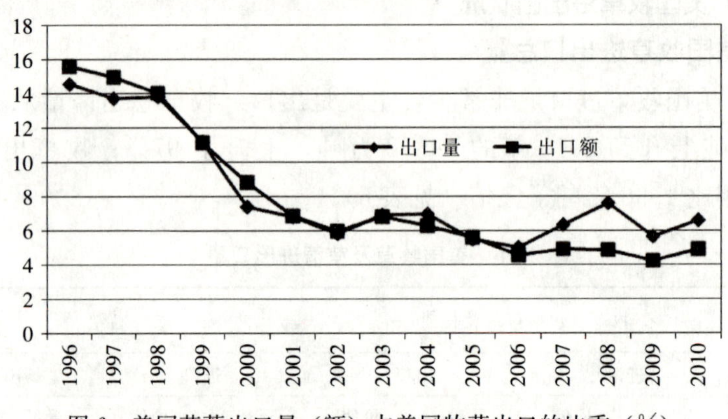

图6　美国苜蓿出口量（额）占美国牧草出口的比重（%）

数据来源：本文计算

（3）美国牧草出口占世界牧草总出口的半壁江山。2010年美国牧草出口量占世界牧草总出口量的55%，出口额占世界牧草总出口额的52.3%。美国的牧草出口量和出口额都超过世界50%以上。2007—2010年间，除2008年出口量（额）占世界的比重较低外，2007和2008年出口量占世界牧草总出口量48%，出口额占世界牧草总出口额46%。2008年，美国国内牧草价格大幅上升，2008年牧草平均价格152美元/吨，比2007年上涨了20%。

表7　美国出口在世界出口市场的地位

年份	世界出口		美国出口占世界的比重	
	重量	价值	重量	价值
	万吨	千万美元	%	%
2007	607.3	135.4	47.7	46.0
2008	586.7	172.1	39.7	41.0
2009	803.8	188.1	47.9	45.7
2010	724.2	182.8	55.0	52.3

数据来源：UNcomtrade和本文计算。

2. 美国与中国的牧草进出口贸易

1997—2007 年美国出口到中国的牧草量非常小，相比较其牧草总出口量可以忽略不计；但是，从 2008 年“三聚氰胺事件”后，美国出口到中国的牧草呈井喷式上升趋势。2008、2009 和 2010 年美国出口到中国的牧草总量分别比上一年上涨 587.7%，640.6%和 260.5%（见表 8）。2010 年美国出口到中国的牧草总量占其出口总量的 5.9%；中国在美国的牧草出口市场中的地位越来越重要。

表 8　美国出口到中国的牧草量及金额

年份	牧草（包括苜蓿及其他）		年份	苜蓿	
	重量（吨）	价值（万美元）		重量（吨）	价值（万美元）
1997	477.0	5.6	2001	1 384	37.5
1998	2 693.0	32.8	2002	1 266	32.8
1999	2 210.0	34.8	2003	418	10.3
2000	2 870.0	40.7	2004	1	0.4
2001	2 131.0	29.9	2005	0	0.2
2002	908.0	12.2	2006	225	5.6
2003	967.0	9.8	2007	1 796	33.9
2004	226.0	3.5	2008	17 613	513.0
2005	251.0	4.1	2009	74 185	2 003.0
2006	420.0	8.2	2010	218 058	5 906.2
2007	2 400.0	47.1			
2008	14 105.3	439.4			
2009	90 365.0	2 170.7			
2010	235 370.0	5 577.5			

数据来源：UNcomtrade 和本文计算。

（二）美国牧草种子进出口状况

1. 美国牧草种子进出口总量

（1）美国牧草种子出口量最大的品种是黑麦草种子。2009 年出口黑麦草种子达 3.8 万吨占牧草种子总出口量的 25.3%，2010 年增加到 4.8 万吨占牧草种子总出口量的 29%。2009—2010 年黑麦草种子出口金额分别占总出口额的 14.2%和 15.5%。

（2）美国牧草种子出口额最大的品种是紫花苜蓿种子。2009 年紫花苜蓿种子出口额达 5 174 万美元，占牧草种子总出口额的 20.4%；2010 年增加到 6 456 万美元，占牧草种子总出口额的 22%。2009—2010 年紫花苜蓿草种子出口量分别占总出口量的 8.3%和 9.3%。

（3）美国牧草种子进口量和进口额最大的品种是羊茅草种子。2009 年美国进口羊茅草种子 1.1 万吨，金额达 1.8 亿美元；分别占其进口总量和进口总额的 28.3%和 72.4%。2010 年进口有所减少，其进口羊茅草种子仍有 1 万吨，金额达 1.4 亿美元；分别占其进口总量和进口总额的 29.5%和 70.7%。

（4）美国牧草种子出口在世界牧草种子出口中占据举足轻重的位置。2009 年美国牧草种子出口量占世界总出口量的 29%，出口额的 23%；2010 年美国牧草种子出口量占世界总出口量的比重相对 2009 年下降 2 个百分点，而出口额所占的比重上升 3 个百分点。

（5）美国进口牧草种子倾向于优质高价。2009 年和 2010 年美国牧草种子进口量所占世界进口总量的比重分别为 5%和 4%，而进口额所占的比重分别达到 24%和 18%。美国花费了整个世界进口额 20%左右的费用，仅购买了 4%～5%的种子量（见表 9）。

表 9　美国牧草种子进出口量

品种	年份	出口		进口	
		重量（吨）	价值（万美元）	重量（吨）	价值（万美元）
紫花苜蓿	2009	12 591	5 174	9 469	3 361
	2010	15 428	6 456	7 382	2 821
羊茅草	2009	14 025	2 102	11 334	18 352
	2010	18 317	2 365	10 063	13 819
三叶草	2009	1 784	496	2 965	782
	2010	3 409	897	2 441	551
黑麦草	2009	38 410	3 615	8 619	1 200
	2010	48 356	4 542	6 344	785
肯塔基兰草	2009	7 376	2 330	238	33
	2010	10 002	2 843	383	44

（续）

品种	年份	出口		进口	
		重量（吨）	价值（万美元）	重量（吨）	价值（万美元）
其他草种子	2009	77 635	11 660	7 362	1 625
	2010	71 132	12 190	7 502	1 531
总计	2009	151 820	25 377	39 986	25 353
	2010	166 644	29 293	34 115	19 551
世界总计	2009	531 883	108 441	780 429	103 843
	2010	615 623	110 944	830 401	109 970
美国占世界的比重	2009	29%	23%	5%	24%
	2010	27%	26%	4%	18%

数据来源：UNcomtrade 和本文计算。

2. 美国与中国的牧草种子进出口贸易

（1）美国出口到中国的牧草种子量增长迅速。2009 年美国向中国出口牧草种子量为 1.9 万吨，出口额为 3 188 万美元；2010 年美国向中国出口牧草种子量增加了 1 万吨，出口总额达到 4 594 万美元。

（2）中国在美国牧草种子出口的地位逐渐提高。2009 年美国出口到中国的牧草种子占总出口量的 12.8%，2010 年比重上升到 17.6%。

（3）美国出口到中国牧草种子主要品种是羊茅草和黑麦草。2009—2010 年羊茅草种子出口到中国的量分别为 5 057 吨和 7 150 吨，出口金额分别为 629 万美元和 778 万美元；2009—2010 年黑麦草种子出口到中国的量分别为 7 346 吨和 8 860 吨，出口金额分别为 561 万美元和 710 万美元。

表 10 美国出口到中国的牧草种子量及金额

品种	年份	出口		进口	
		重量（吨）	价值（万美元）	重量（吨）	价值（万美元）
紫花苜蓿	2009	11	3		
	2010	123	40	5	2
羊茅草	2009	5 057	629		
	2010	7 150	778		

（续）

品种	年份	出口		进口	
		重量（吨）	价值（万美元）	重量（吨）	价值（万美元）
三叶草	2009	96	16		
	2010	419	119	0.7	0.3
黑麦草	2009	7 346	561	36	34
	2010	8 860	710	69	55
肯塔基兰草	2009	1 564	513		
	2010	3 379	903		
其他草种子	2009	5 286	1466	38	26
	2010	9 371	2 044	93	49
总计	2009	19 359	3188	74	59
	2010	29 302	4 594	168	107
中国占美国牧草种子进出口比重	2009	12.8%	12.6%	0.2%	0.2%
	2010	17.6%	15.7%	0.5%	0.5%

数据来源：UNcomtrade 和本文计算。

四、结　论

（一）美国完善的草地立法，规范了美国草地的有序利用

美国草原立法体系逐渐完善，使美国草地逐渐从无序迈入有序利用。美国的管理草原资源的法律是动态的，随社会意旨变化而发展，过去曾经有效的法律可能不适合今天的现实情况，但是过去的教训和信息通常是将来制定法律和管理规范的最好借鉴经验（戎郁萍，2007）。

（二）美国牧草单产大幅上升，降低了草地的负荷

在牧草收割面积稳定的情况下，牧草产量的增长主要依靠单产的提高。美国通过提高单产，减少收割面积，达到保护草地的作用。同时苜蓿单产的提高对美国牧草单产的大幅提高，起到了巨大的推动作用。

（三）美国大力推广苜蓿种植，提高了牧草供应能力

美国苜蓿收割面积占到整个牧草收割面积的 1/3，而产量达到整个牧

草产量的50%。苜蓿的产量决定了牧草整体生产能力。另外，苜蓿短期供给价格弹性较小，使得美国苜蓿面对短期价格波动的情况下，生产依然较为稳定。

（四）美国牧草产业进出口，转移了供求不平衡压力

美国的牧草国际贸易主要是出口，美国牧草的总出口量占世界总出口量的50%以上。有效缓解了美国牧草的供过于求，维持了牧草价格，保护了牧草生产者的利益。美国牧草种子也是净出口，相比较其牧草出口比重，牧草种子出口占世界出口的份额较小，仅20%左右。另一特点，美国牧草种子进口量较小而进口额度却很大，说明美国还进口一部分高价优质的牧草种子。

参考文献

George Flaskerud and Demcey Johnson. 2000. Seasonal Price Patterns for Crops, EB-61.

Clement E. Ward, Seasonal Price Pattern for Alfalfa, Alfalfa Marketing Plan. OSU.

戎郁萍，白可喻，张智山. 2007. 美国草原管理法律法规发展概况［J］. 草业学报（10）：133-139.

王明利. 2010. 中国牧草产业经济［M］. 北京：中国农业出版社.

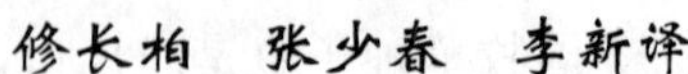

加拿大牧草生产及草食畜牧业现状*

修长柏　张少春　李新译

摘要： 加拿大是北美洲牧草产业较发达的国家之一。其牧草产业的发达固然与其得天独厚的自然条件紧密相关，但其多年来在发展牧草产业方面的一贯做法以及对待牧草产业的战略性思维值得我们学习。本文重点对加拿大的牧草产业发展及相关的草食畜牧业发展现状进行了描述。

一、加拿大牧草及畜牧业概况

加拿大国土面积约 1 000 万平方公里，是世界上国土面积第二大的国家。其由东向西绵延 5 500 公里，南北 4 600 公里，大约 90%的地区杳无人迹，而 90%的人口居住于靠近加拿大与美国长约 500 公里边界的地区。有 60%的加拿大人居住于南部的安大略省和魁北克省。牧草业主要集中于加拿大西部的英属哥伦比亚和亚伯达、萨克斯其万省，而曼尼托巴省拥有占全国 84%的肉牛群，安大略省和魁北克省拥有占全国 73%的奶牛群，大部分的牧草收获，紫花苜蓿干草和饲料作物种子生长于加拿大西部，基于牲畜饲养的牧草产业为整个国民经济做着重要贡献。

牧草产业是加拿大肉牛和奶牛业的基础，肉牛和奶牛产业在加拿大农业部门中占有仅次于粮食部门的第二和第三地位（1996 年加拿大统计）。据估计，在加拿大 2/3 的饲料蛋白质来源于干草、草场牧草和玉米等粗饲

＊　摘录自 W. D. Willms J. F. Dormar，Animal Production in Canada，2010. 译者对其中的牧草产业和草食性畜牧业部分进行了翻译。

料产品（McQueen and Buchanan smith 1993）。加拿大寒冷的气候迫使牲畜冬天的饲养只能依靠储存饲草。这一饲养时期从头年的 10 月份一直持续到第二年的 5 月份。

草食性畜产业大部分位于加拿大西部，西部的牧草经营使得牧草资源和人工牧草一体化，西部的四个省拥有 2 600 公顷即加拿大牧场的 96％用于牲畜养殖，其中 36％在英属哥伦比亚，29％在亚伯达，24％在萨克斯其万省和 8％在曼尼托巴省，西部省同样也拥有全国 82％的耕地草场，全国 64％牧草作物地区和 84％的肉牛和奶牛牲口群。在加拿大，大部分农民种植牧草用于牲畜的饲养，只有不到 15％的牧草种植用于在商业市场的销售。

二、加拿大人工草地现状

人工培植牧草适宜于加拿大的各个地区，而人工牧草恰好也是这些不适合种植一年生作物地区的主要产品。牧草也主要生长于粮食和粮油作物一带，粮食作物也被广泛种植于耕地的大部分区域。但是 farm－gate（农场）以干草和青饲贮料为主的牧草价值仅占谷物饲料价值的 60％（McQueen and Buchanan smith 1993）。重要的人工牧草品种和利坚草、红车轴草、白车轴草、像鸟足爪一样的三叶植物、遍地蔓延的红色牛毛草、猫尾草（Phleum pratense）、果园草（Dactylis Glomerate）、有冠毛的冰草属（Agropyron Cristatum and A desertorum）。

牧草作为最人的单一作物种植在安大略省，播种牧场和干草地占安大略省 40％的耕地面积。这里合适于种植冬小麦，大豆，谷物。牲畜产品在农牧业中占主导地位。农民收入的 36％来自反刍动物，通常所有农民 56％的现金收入来自牲畜。魁北克省位居奶牛数量的第一位，魁北克省超过 60％的耕地约 0.7 百万公顷的十地种植牧草。土要的牧草品种是梯牧草和白三叶草。大约新斯科细亚省 15％的土地，新不伦瑞克 20％的土地，爱德华岛 60％的土地主要用于农业，一些地区主要种植马铃薯。其中 38.8 万公顷土地用于种植农作物，而 80 万公顷作为牧场。

果树林中种植牧草，如梯牧草、果园草、高牛毛草（Festuca Arundinacea)、金丝雀芦苇（Phalaris Arundinacea）和豆科类植物如三叶草可以增加这一地区草地的生产率，减少季节性的干旱对当地牧场的影响。(Papadopoulos et al. 1993）在放牧的条件下，改良草地逐渐恢复了天然的植被种类。补充的牧草作物包括一年生的黑麦草（作饲料用）（Lolium 从ultiflorum）和芥（Brassica spp.），可以使牧草的高产季节延长 4～7 个月。

三、与牧草资源相关的加拿大肉牛产业

加拿大肉牛业有接近 4 500 万头的母牛，而且肉牛业收入占农民总收入的 25%（statisitics Canada 1996）。拥有大草原的省份像亚伯达省、萨克斯其万省和曼尼托巴省占全国牛群牛肉的 78%，安大略省和魁北克省占全国的 14%，英属哥伦比亚占 6%而太平洋占 4%。亚伯达省以其拥有最大的牧场占据加拿大肉牛产业饲料供应的主导地位。牛的存栏从加拿大东部转移到西部。

加拿大西部很大比例的牛放养在联邦制经营的政府管辖区和省政府管辖的土地机构。许多肉牛饲养商通过租赁政府的土地，再加上属于他们自己的那部分土地用来长期放牧。加拿大西部政府有更便利的用来放牧的公用草场，当地牛饲养人每年上缴一定的费用就可以在共用的草地放牧额定头数的牛。这一地区根据当地的情况，传统的放牧季节从五月下旬可以一直持续到十月份。

加拿大西部有 96%的牧场用于肉牛产业，还有 82%的加拿大人工牧场和 83%的国内母牛总头数。从生态层面上讲，草地生物群落和内陆山区科迪勒拉是加拿大西部最重要的牛肉工业区。加拿大的肉牛业所面临的战略上的挑战是怎样使那些同样使用加拿大牧草地的越来越多的非农利益间，能更好产生相互促进作用。

家畜饲育业主要集中于南部亚伯达省。牛肉生产者通常使春季出生的小牛犊在秋季约 200～250 千克的时候断奶。这些小牛犊整个冬季都依靠牧草作为口粮，同时期当体重达到 400 千克时，他们以谷物完成定量的口粮供应。肉牛一般在 16～18 个月体重达到 550 千克时被屠宰。亚伯达省

一些规模较大的的饲养场一次饲养近 10 万头的牛犊。

四、与牧草资源相关的加拿大乳制品产业

加拿大的奶牛业总共约有 1 300 万头母牛，占农民总收入的 13%。(Statisitics Canada，1996) 加拿大超过 70%的奶牛业主要集中于魁北克和安大略省。奶牛场一般产牛的收入约有 390 亿加元，等同于农民总收入的 14.5%（Canada Agricultural Research Council，1996)。加工贮藏的奶产品的价值已经超过约 80 亿加元。

在加拿大有牛奶的两大市场。用于餐桌上食用的牛奶和新鲜奶油约占总产奶的 40%。其余的用于再加工的奶产品主要有：奶粉，乳酪，酸乳酪和冰激凌。牛奶生产一般有其配额系统。

再加上牛奶和奶制品的收入，这一产业据估计通常来自出售屠宰牛和牛犊农民收入也约 50 亿加元（Canada Agricultural Research Council 1996)。加拿大奶牛遗传基因的优良使牛品种、精子和胚胎在国内市场和出口市场也异常的活跃。全年的收入也大约有 20 亿加元。加拿大自组织机构精子出售占总出口数的 50%～60%。

1995 年，加拿大约有 26 000 个奶牛场。78%在魁北克省和安大略省，16%在西部和 6%在太平洋沿岸省（Canada Agricultural Research Council，1996)。来自这些奶牛场的总牛奶产量约有 7.27 亿百升（Dairy Farmers of Canada，1995)。尽管近 20 年来奶牛场的数量稳步下降，但母牛的数量和奶产品的产量还是相当的稳定。奶牛场的数量趋向于减少但规模越来越大。平均奶牛场的母牛头数达到 50～60 头取代了 15 年前两倍于这个数量的小母牛。而且平均每头母牛的产奶量是 25 年前的两倍。这 (7.9 千升) 归因于更好的饲养，疾病的控制，改进的饲养技术和进化的基因。

小牲畜主要圈养系在畜舍内的分隔栏或者将其系在栅栏上。而大畜主要圈养在分隔栏挤奶舍（Christensen and Fehr，1993)。大部分的奶牛场属于或者被独立于家庭经营。而一些大的主要由经济合作组织经营。在放牧季节草地通常是有限的，但总的限制和混合口粮都是普遍存在的，口粮

的组成主要有大麦粒和加拿大西部大麦青贮饲料和玉米，安大略省和魁北克的玉米青贮饲料和 ALFALFA。

五、其他饲用牧草的家畜

加拿大有相当小的羊业。总共有 436 000 头繁殖母羊（Statisitics Canada 1996）的亚伯达省和安达略省，其生产约占加拿大的一半，魁北克省仅次之。牧羊场的数量正在增加，这一增长归因于种族群对小羊的更大需求和相比其他牲畜养殖牧羊场更低的最初经营成本。马业，是另一个牧草资源需求的畜种，有 350 000 头，其口约有 1/3 位于亚伯达省。大部分浅色马用于体育和娱乐休闲。包括 1/4 的马用于经营牧场使用和竞技表演。此外还有比赛用马和纯种培育的赛马。在加拿大西部有从怀孕的母马尿液里获取雌激素用来制药和生产含雌激素药的行业。其他对牧草资源使用主要是商业农场饲养的野生动物。美洲水牛、驯鹿、红鹿和美洲赤鹿是被养殖的非常常见的品种。这些动物国际上出售种畜是为在东方制药的鹿茸和娱乐食品生产，这是利用大草原饲养这些异国牲畜的主要兴趣所在。

六、牧草储存

加拿大的青贮饲料、干草和谷物粗饲料，大约有 4 300 万吨（Mcqueen and Buchanan Smith，1993）。再加上玉米和谷类粮食青贮饲料，青草和豆科植物作物也通常被用作储存饲料。单独苜蓿或者草地梯牧草的混合物，雀麦草和果园草生长在越冬、土壤和湿度条件允许的地区。令人遗憾的是如果没有很好的适应苜蓿，仅仅只能持续平均 2～3 年的生长。

自从家畜冬季广泛的依靠贮存饲料饲养（十月晚期到次年的五月早期）大部分的牧草以圆草捆的干草饲料、圆草捆的青贮饲料或者储存在平的或者塔形的青贮窖的砌成剁的青贮饲料的方式被储存。燕麦、大麦和玉米是其他的主要的用来冬季青贮的饲养作物。平均每年生产的大部分牧草作物在高产的地方是每公顷 4 吨的干燥材料。主要在加拿大东部靠南方的地区。这些地区温度比较高，而且生长季节也较长。从五谷、玉米和青贮

作物每公顷可以获得 8～10 吨的干燥材料。

收获季节的天气条件支配着生产商的战略计划。在加拿大的东部，频繁的降雨会打断干草的收获。打包成捆状，砌成剁的青贮饲料更盛行一些。青贮饲料一般在还有 55%～65%的湿度时收获。通常被青贮于塔形或者平的大的青贮窖里。装入大的塑料袋中或者装成独立的包裹或者多个打包成捆状，然后用厚塑料遮盖起来。干草治干机构和细菌的青贮饲料接种体和生化酶只能运用于有限的生产商。现在，干草收获装置已经被设计，这样可以更大化的加强田地的干燥时期。这些机器包括机械化地切碎茎部和加快干燥，限制在一到两天的时间内。干燥器的开发和运用，使得机器的工作还体现在从指定用于出口市场的成捆的干草中去除潮湿。

加拿大生产的二次加压的干草捆近年来显著地增长。现在已经扩大到超过 30 万吨的加工贮藏量。干草的加工贮藏工厂在加拿大好几个省都有。但是大部分的致密干草当前主要生产于亚伯达省。高质量的捆状干草典型的收获成常规的小捆，然后再压缩成通常两倍稠密运送到世界各地的外国市场。纯梯牧草制成的干草是这一行业的标准。但是苜蓿、梯牧草和燕麦干草也可以被压缩。压缩干草的湿度维持在 14%以下，以控制其在运输船集装箱运输时的凝结和成形。这一行业日益制造新干草干燥器改进干草的质量以减少不必要的浪费和损坏。

在加拿大超过 90%的压缩干草的生产用于出口，主要是日本。1996 年，加拿大出口亚洲、欧洲和美洲国家的压缩干草超过 10 万吨。据估计价值超过 2 600 万加元。1996 年还有 1 000 加元的干草从加拿大出口到美国，而且这些十草的大部分必须符合标准密度和规格的捆。

七、加拿大的苜蓿加工业

加拿大是世界上最大的苜蓿颗粒出口国，仅次于以苜蓿体出口的美国(Canadian Dehydrators Association，1996)。加拿大的农民把苜蓿的价值和整个作物圈相提并论，因为苜蓿可以增加土壤的含氮量，所以对土壤的保护有很大的贡献。苜蓿业主要生产两种苜蓿产品：脱水的苜蓿颗粒和晒干的苜蓿颗粒。大部分的苜蓿脱水工厂建在萨克斯其万省和亚伯达省。而这里 85%～90%的产品主要用于亚洲的出口市场。

脱水的苜蓿颗粒是由干燥的劈开的苜蓿用天然气干燥器加工的。这些干的苜蓿被碾碎和制成小颗粒。快速的加热和干燥可以保护苜蓿的营养和减少蛋白质的溶解。加热过程可以使蛋白质更容易消化和更有效地使用。晒干的苜蓿是由在田地里早期发芽到晚期开花时期自然变干的苜蓿加工而成。田地的干燥之后，苜蓿被运送到工厂做最后的干燥和颗粒成形。晒干的苜蓿在低温下变干，比脱水的苜蓿含有更少的 bypass 蛋白质。

这些工厂同样生产大一些干燥的苜蓿鱼藤。鱼藤保留了更长的纤维和更大的微粒，可以用来做母牛的唯一牧草资源。加拿大的苜蓿鱼藤比传统的长形粗饲料有更多的优势，因其可以减少船舶运输所占用空间。

1994—1996 年，加拿大生产 75 万米吨（metric tonnes）的苜蓿颗粒。(Canadian Dehydrators Association，1996)。60%产自亚伯达，萨克斯其万省生产其余的大部分。超过 80%的加拿大生产的苜蓿产品用于出口。日本是仅次于韩国、台湾和美国的最大的需求市场。起初的生产主要是用于国内使用和出口日本的脱水苜蓿颗粒。最近几年，鱼藤和晒干的苜蓿也有很重要的增长。始终如一的生产经验，高质量的产品和成功的打入市场是这一行业成功的重要因素。

八、加拿大的牧草种子业

加拿大的牧草种子业主要集中于北部农业区域的亚伯达省、萨克斯其万省和曼尼托巴省以及萨克斯其万省和亚伯达省中心的灌溉区域。大部分用经营许可的种子，如豆科、禾本科种子以及谷类粮食作物种子。这些种植者需要多年的经验才能获得加拿大种植许可的资格。一些主要的牧草种子种植在加拿大。苜蓿被称为“魁北克牧草”。它们是在 1871 年从法国引进安大略省的。法兰德斯的和西伯利亚的品种生长在加拿大。苜蓿是主要的牧草种子作物，1996 年有超过 20 万公顷的苜蓿被有种植种子资格的工厂种植（Canadian Seed Growers Association，1996）。苜蓿种子的生产依赖于苜蓿切叶（Megachile rotundata）交叉传粉。种子生产商也有自己培育蜜蜂或者预约专门传授花粉的服务。有很大的叶刀蜜蜂需求市场。出售

蜜蜂的收入与苜蓿种子收入不相上下的。

大草原南部灌溉区种子的产出为每公顷300～900千克，非灌溉区域每公顷为150～300千克。1994年加拿大出口总价值7 600 000加元，共2 800 000千克的种子，其中90%运送到美国（Statistics Canada，1995）。

一些品种为加拿大种子业起主要的经济作用。梯牧草被引入美国东部是18世纪早期欧洲移民过程中干草和小动物所携带的种子。它们于18世纪晚期从美国东部的新大陆蔓延到加拿大的东部。梯牧草是适应加拿大寒冷潮湿地区的多年生聚拢草植物。1996年加拿大种植16 600公顷的纯品种的种子。1994年等值于6 600 000加元共5 770 000千克的种子出口。45%出口到美国。主要出口的国家还包括荷兰，英国，瑞典，芬兰和德国。

蔓生的红牛毛草是在1931年引进到亚伯达省北部的。这些引进的品种是1937年加拿大刚开始允许引种时引进的二次世界大战早期时候，蔓生的红牛毛草很大数量是用来就像草皮草一样种植在飞机场的狭长地带。现在其广泛运用于草坪、草场和高尔夫运动场。作为种子，牧草主要种植于坚硬固定的平台，以每公顷2千克的播种，以平均每亩450千克直接收割。亚伯达省的北部是主要的种植区域。1994年价值18 600 000加元，共15 700 000千克的种子出口，其中85%出口到美国，剩余的部分出口到英国和荷兰。

其他出口的牧草种子作物主要是三叶草，1994年价值7 000 000加元，共4 400 000千克的三叶草出口销售，价值2 500 000加元共940 000的无芒雀麦草出口销售。1996年据记载总共有3 200公顷的冠毛小麦草。草地凤梨科草（Bromus biebersteinii）和草地牛毛草（Festuca elatior）每年生产2 500公顷的纯种子。总之，1994年加拿大所出口的所有牧草种子价值54 000 000加元共有37 000 000千克种子（Statistics Canada，1995）。

今天加拿大拥有充满牛气的牧草种子业。各种新的牧草种子在大学、联邦政府和省政府的科研中心，以及私人的种子公司。各品种收到植物繁殖权利法案的保护并且也得到契约机构的自由。借此植物栽培的机构在版税方面也得到新的让渡。在新品种被凳记之前，必须在不同的地区被检测3～4年，以防止其早已经被研发。在其优点被改量之后挑选的种子像被植物繁殖一样的人工种子在增加。这些种子然后成为选取牧草种子的种植者用作基础种子。而这些种植者必须从加拿大种子贸易已经获得种子种植资格至少 7 年以上。这些种子一般被认证后才出售给农民。普通的没有被认证的种子同样在加拿大被生产和销售。

加拿大牧草种子的生产商主要致力于种植国际市场上的美国肯塔基蓝牧草（Poa pratensis），高牛毛草，草地牛毛草，一年生牧草和多年生的黑麦草。国际贸易的草地种子产品大约超过 20 亿加元，而且加拿大计划成为这一贸易的一部分。

九、未来前景

加拿大牧草和放牧业将继续成为加拿大经济的主要组成部分。据预测肉牛和牧草业将在那些不是很理想，适合耕种谷物的地区继续扩大，特别是农业带的北部区域。加拿大非常强调为后代的使用保护所有土地和水资源。人工牧草和天然草场可以提高水的质量，改进土壤和土地的健康和成产力增加生物群落的多样性。牧草是加拿大农业未来可持续发展的重要部分。

日本畜牧业及饲草料生产概况

周 慧 王明利

2011年，日本政府公布的日本国热量基础的食物自给率为39%，超过60%的食物都要依赖进口，其中除了小麦之外，以肉类特别是牛肉为主的畜产品是主要的进口对象。提高食物自给率，确保本国食物安全成为日本农林水产省以及日本涉农工作人员的重要工作。

一、日本畜产品生产情况

随着农业从业者老龄化现象的出现，以及饲料成本的大幅度上升，日本的奶牛和肉牛养殖户以及养殖的头数近年来逐年减少，但是单户的养殖规模较以前有所增加。目前奶牛的主要品种为荷斯坦，肉牛的主要品种为黑毛和牛以及杂交品种。

2011年日本奶牛的养殖户为2.19万户，而2012年预计奶牛养殖户将减少为2.1万户，比2009[①]年减少了800户（约4.3%），饲养头数为144.9万头，比2009年减少了约8 000头（约1.2%），平均一户饲养72.1头，比2010年户均增加了2.2头。

2011年肉牛养殖户为6.69万户，而2012年预计肉牛养殖户将下降为6.52万户，比2009年减少4 400户（约6.3%），饲养头数为272.3万头，比2010年减少了4万头（约1.4%）。户均饲养41.8头，与2009年相比平均每户增加了2.1头。

① 2010年作为农林业统计调查年，故2010年的专项调查暂停。

表 1　日本奶牛近年来养殖变化

单位：万户、万头

年份	饲养户数	饲养头数	户均饲养头数
2005	2.77	165.5	59.7
2006	2.66	153.6	61.5
2007	2.54	159.2	62.7
2008	2.44	153.3	62.8
2009	2.31	150	64.9
2010	2.19	148.4	67.8
2011	2.19	146.7	69.9
2012①	2.01	144.9	72.1

数据来源：日本农林水产省

表 2　日本肉牛近年来养殖变化

单位：万户、万头

年份	饲养户数	户均饲养头数	户均饲养头数
2005	8.96	274.7	30.7
2006	8.56	275.5	32.2
2007	8.23	280.6	34.1
2008	8.04	289	35.9
2009	7.73	292.3	37.8
2010	7.44	289.2	38.9
2011	6.96	276.3	39.7
2012	6.52	272.3	41.2

数据来源：日本农林水产省

生猪和蛋鸡的养殖也面临类似的问题，养殖户数量减少。2012 年生猪的养殖农户预计为 5840 户，比前一年减少 170 户（约 2.8%），预计 2012 年生猪存栏量为 973.5 万头，比前一年减少了 3.3 万头（0.3%），而在 2009 年时，生猪存栏量为 989.9 万头，鉴于猪肉价格稳定，且子猪死亡率低的情况，生猪存栏量比 2008 年上升了 15.4 万头。2012 年预计蛋鸡的养殖农户为 2 810 户，比前一年减少了 120 户（4.1%），蛋鸡存栏量为 1.355 亿羽，比前一年年减少了 187 万羽（1.4%）。

① 2012 年的数据为 2012 年 7 月 12 号农林水产省计算的估计值（下同）

二、日本以肉类为主的畜产品进口情况

日本每年需要从世界各地进口大量食物，2011 年日本的热量基础的食物自给率仍然仅为 39%，日本除了大米能够基本保证自给，蔬菜保证 75% 以上自给之外，其他主要的农产品都要依赖进口，特别是油脂类，小麦和畜产品。除了进口小麦之外，以进口肉类为主，其中以进口牛肉为最大份额（日本人的饮食习惯中，羊肉所占份额非常小，可以忽略不计）。从 2008—2011 年，日本始终保持 89%的小麦依赖进口不变，畜产品的进口量也保持在 36%～37%之间，75%的大豆依赖进口。畜产品进口的比重中，43%的肉类依赖进口，其中以牛肉进口量为最大，57%的牛肉依赖进口。

在日本所需要的畜产品中，仅有 16%的畜产品是完全由日本本国生产，48%的畜产品依赖进口的饲草料喂养生产，而剩下的 36%的畜产品要完全依赖进口（见图 1）。

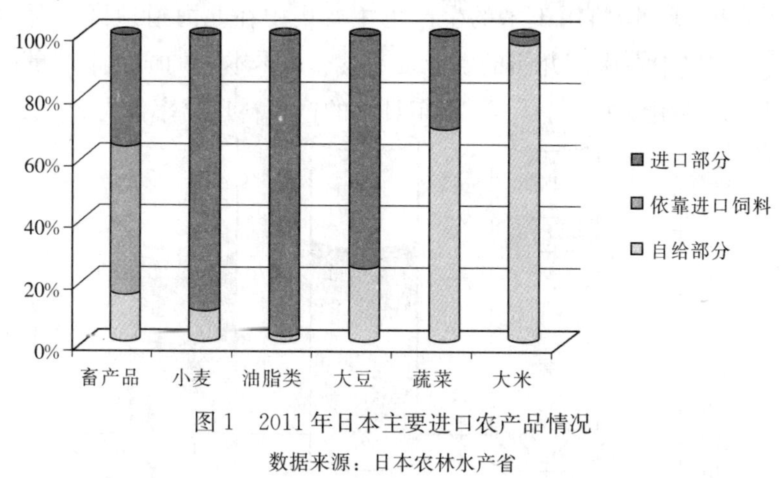

图 1　2011 年日本主要进口农产品情况

数据来源：日本农林水产省

三、日本国内饲草料生产情况

日本国内生产的饲草料仅能维持本国 17%的畜产品生产，其余 83% 的畜产品，或者需要依靠进口饲料喂养，或者依赖进口畜产品获得。日本

在 2011 年生产牧草 2 678.3 万吨，饲料用玉米 471.3 万吨，饲料用高粱 93.9 万吨（见表 3），牧草的种植面积为 75.51 万公顷，青储玉米种植面积为 9.22 万公顷，高粱种植面积为 1.76 万公顷，无论是产量还是种植面积，日本的饲料生产都呈轻微下降的趋势。

表 3　2009 和 2011 年日本的饲料生产

单位：万公顷、万吨、吨/公顷

项目	牧草（鲜草）		饲料用玉米		高粱	
	2009	2011	2009	2011	2009	2011
种植面积	76.41	75.51	9.23	9.22	1.87	1.76
生产量	2 772.6	2 678.3	464.5	471.3	109.2	93.9
单位产量	36.3	35.5	50.3	51.1	58.4	53.4

数据来源：日本农林水产省

牧草主要的产地集中在北海道的平原地区，有少量分布在九州南部的农业发达县和东北地区。其中北海道一地的牧草产量就达到全国产量的 66%（见图 2）。饲料用玉米的生产也主要集中在北海道地区。而饲料用高粱的生产集中在南部九州的农业发达县。日本本国的饲料生产量仅占日本全国饲料使用量的 26%（2011 年日本的饲草料自给率仅为 26%）。

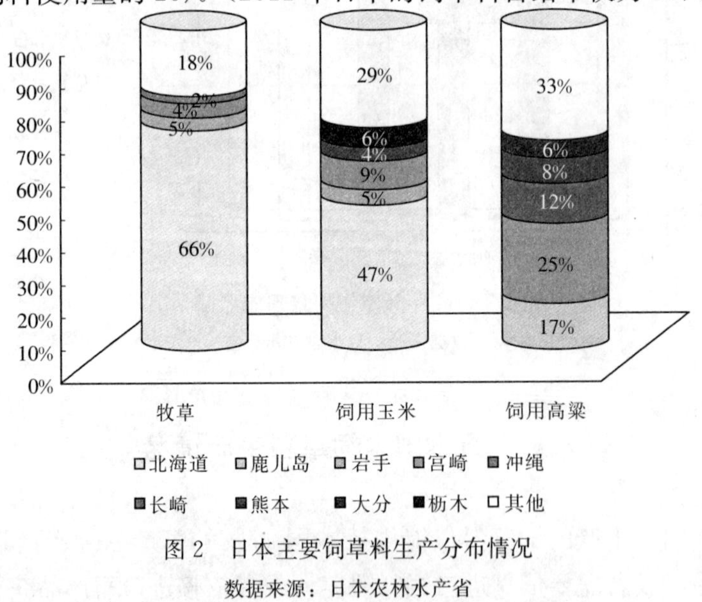

图 2　日本主要饲草料生产分布情况

数据来源：日本农林水产省

另外日本养殖户的饲养成本也在逐年增加，在 2008 年达到峰值，之后略有好转。

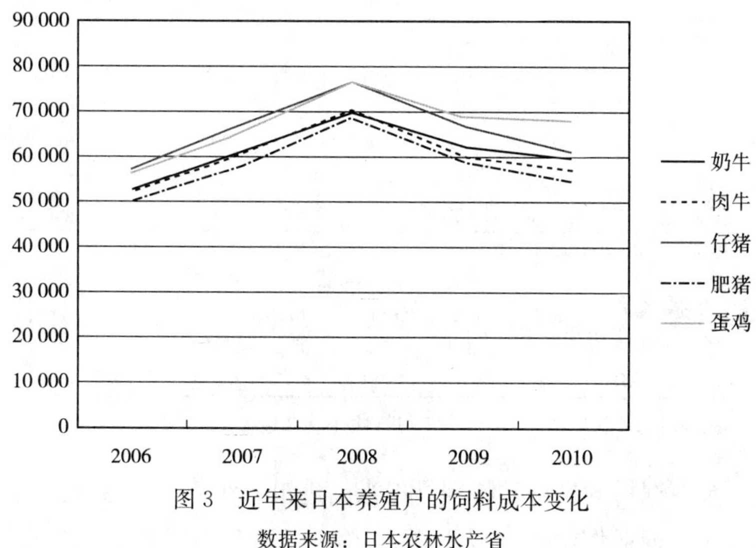

图 3　近年来日本养殖户的饲料成本变化

数据来源：日本农林水产省

四、日本饲草料进口情况

较低的饲料自给率也意味着日本同时需要进口大量饲草料，除了牧草可以依靠自主生产以外，其他饲料都需要大量进口，其中以进口玉米为主，伴有饲用高粱以及其他饲料（饲用小麦、大麦和豆粕），而主要的进口来源国有美国、加拿大、澳大利亚和阿根廷，还有少量进口来自于中国（见表 4）。

表 4　2002—2010 年日本进口主要饲草料量

单位：千吨

		2002	2003	2004	2005	2006	2007	2008	2009	2010
饲用玉米	美国	12 071	11 686	11 319	11 818	11 776	11 379	11 503	10 767	9 548
	阿根廷	167	262	0	66	63	288	88	143	689
	中国	219	597	507	611	413	316	0	34	0
	其他	79	7	4	13	1	7	130	641	595
	合计	12 536	12 552	11 830	12 508	12 254	11 992	11 722	11 587	10 833

（续）

		2002	2003	2004	2005	2006	2007	2008	2009	2010
饲用高粱	美国	1 026	898	711	1056	988	442	363	590	511
	阿根廷	175	269	0	93	99	293	42	218	546
	中国	9	90	74	0	18	173	14	0	0
	澳大利亚	266	19	453	87	25	11	605	699	158
	其他	0	15	8	0	0	0	19	1	0
	合计	1 477	1 293	1 248	1 237	1 132	920	1 045	1 509	1 215
其他进口饲料	美国	337	380	203	241	333	528	315	51	19
	加拿大	14	116	229	399	363	165	136	218	291
	澳大利亚	880	563	743	631	467	374	554	785	795
	其他	139	155	35	9	65	160	18	293	105
	合计	1 373	1 218	1 212	1 281	1 233	1 230	1 008	1 124	1 133

注：数据来源于日本饲草料工业协会；其他进口饲料主要包括大麦、小麦和豆粕。

近年来，饲料的进口，特别是玉米的进口有小幅度的下降。美国始终是日本最大的饲料供给国。以玉米为例，日本超过 90%的玉米进口来自美国，超过半数的饲用高粱的进口也来自美国，但是这个趋势正在发生变化，日本政府正在考虑减少对美国饲料的依赖，从而开展与更多的国家进行饲料的国际贸易；此外，在 2010 年，阿根廷成为新兴的玉米供给国；相反，中国对日本的玉米出口正在逐年下降。

五、日本在饲草料生产提高方面的一些做法

日本政府在提高食物自给率方面想了许多办法，特别是在饲草料方面。其中一条就是生产高产低成本的饲料从而取代进口饲料。由于玉米的国际价格正在升高，进口饲料的成本也在提高。日本政府预计随着日本的饲草料改良计划与提高饲料自给率构想的实施，2015 年日本的饲料自给率会从 2008 年的 26%提高到 37%。随着饮食结构的变化，日本人对于水稻的消费正在逐步减少。日本政府正在考虑生产和开发饲料用水稻的生产，从而逐渐代替进口玉米。目前日本又弃用耕地 38 万公顷，这部分耕地将成为新型饲料生产培育的主要地区。

在日本政府公布的 2010 饲草料自给上升计划中，在育种方面，日本

政府计划培育开发饲料用水稻，从而代替进口玉米。与食用大米不同，培育开发中的饲料用米含有色素。此外日本政府还在培育开发可以在水热条件较好的地上培育种植短期的玉米品种。在栽培和加工方面，日本政府考虑使用饲料用米与饲料用小麦的轮作生产，使用畜牧粪便堆肥，以及快速干燥的饲料等生产技术的开发。并开发饲料的长期保存技术，以及微生物稳定剂等。

典型地区调研报告

宁夏牧草产业发展的现状及启示*

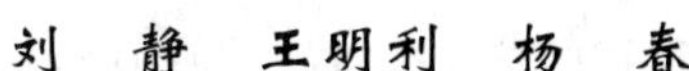

刘　静　王明利　杨　春

摘要： 宁夏牧草产业在我国实施西部大开发战略和退耕还林草政策后逐步发展起来的，是我国西北地区牧草产业发展的一个典型。本文在对宁夏不同地域牧草种植和加工的比较效益进行分析，并对不同区域牧草产业发展的模式总结的基础上，提出了发展我国牧草产业的几点启示，即地方政府重视为牧草产业顺利发展提供了良好的政策环境，产加销一体化产业链条的形成是牧草产业快速发展的重要基础，草畜一体化是拉动牧草产业发展的最有效、最直接形式，创新牧草生产组织形式可以有效规避生产中突出制约因素。

宁夏有着我国西北地区共同的气候和地貌特征，在实施着西部地区大开发和退耕还林（草）的相关政策，该地区牧草产业的发展代表了这一类地区牧草产业发展的现状特点和未来方向，所以总结宁夏牧草产业发展的典型模式、成功经验和未来趋势，对于指导我国西北地区牧草产业的发展具有重要意义。为深入了解宁夏牧草产业的发展历史和现状，掌握第一手资料，国家牧草产业技术体系产业经济研究室的团队成员分别于 2011 年 2 月和 6 月两次分赴石嘴山市、盐池县、固原市原州区和彭阳县，深入牧草种植户和种草养畜户进行实地调查，并走访了宁夏茂盛草业公司、彭阳县荣发农牧有限责任公司、宁

* 本报告是在国家牧草产业技术体系宁夏盐池综合试验站、宁夏农牧厅畜牧总站及石嘴山市、盐池县、固原市原州区和彭阳县等畜牧主管部门的大力支持下完成的，同时也得到茂盛草业等草产品加工企业的全力配合，在此特表示感谢。

夏石嘴山市卉丰农林牧场和固原市原州区农科牧草合作社，在此基础上形成了本研究报告。

一、宁夏牧草产业发展概况

（一）牧草种植形成了集中的区域化分布，种植品种以多年生苜蓿为主导

宁夏是我国主要牧业省区之一，截止 2010 年底，人工草地面积 59.5 万公顷，主要有多年生牧草（苜蓿）39.5 万公顷（占牧草总种植面积的 66%以上）和一年生禾本科牧草 20 万公顷，其中多年生牧草（苜蓿）中旱地种植苜蓿 37 万公顷，水浇地种植 2.5 万公顷，旱地苜蓿一般亩产干草 200～500 千克，水浇地可达 1 000 千克左右。从区域分布来看，宁夏牧草种植主要集中在三个区域[①]，从南向北依次为：南部山区固原市、彭阳县、隆德县、泾源县、西吉县和原州区生态退耕还草地 36 万公顷，占宁夏牧草种植总面积 60%以上；中部干旱带的海原县、盐池县和同心县人工草地 20 万公顷，占宁夏牧草总面积的 30%以上；北部灌溉农业区的灵武市、石嘴山市的平罗县和大武口区高产优质高效牧草 3.5 万公顷，占宁夏牧草总面积的 10%左右。从种植品种看，南部山区以多年生固原紫花苜蓿和陇东苜蓿为主，以一年生草高粱和禾草为辅；中部干旱带因气候因素，主要种植一年生牧草和零星的饲料玉米；北部灌溉农业区牧草种植既有一年生青贮玉米和苏丹草，又有多年生的进口苜蓿品种，如美国的金皇后等。

（二）牧草生产经营模式在不同区域表现各异

目前，宁夏的牧草生产经营方式主要有两种，一种是小规模农户种草，另一种是以养殖场、企业基地为主的规模化种草。与此相适应，牧草利用方式也分为两种，一种是农户自产自用，即典型的种草养畜；另一种是出售草捆、草块、草颗粒、草粉等草产品。南部山区

---

① 根据自然特点和传统习惯，一般把银川市、石嘴山市、中卫市和吴忠市的利通区、青铜峡市的引黄灌溉区称为宁夏北部；把吴忠市的盐池、同心两县和灵武市、中卫市的山区以及中卫市海原县的北部称为宁夏中部；把固原市的原州区、西吉县、隆德县、泾源县、彭阳县及中卫市海原县的南部山区称为宁夏南部。

和中部干旱带主要是农户小规模种草养畜。这些地区农户家家户户养畜，牲畜品种主要是肉牛和肉羊，农户家庭经营收入主要来源于种草养畜和外出打工。牧草利用主要是农户自己贮藏干草捆青刈割，即现割现喂，每年刈割4～5次，只有10%左右的牧草用于加工销售。草地主要是退耕还林地，这些生态退耕草地产量低，不利于机械作业，苜蓿多在盛花期刈割，产品质量差，粗蛋白含量只有12%左右，市场售价较低。北部黄灌区以养殖厂或牧草企业的规模化基地种植为主，养殖厂或企业通过承包、租赁等土地流转形式将土地集中连片，实现大面积种草，牧草种植品种以进口苜蓿（如金皇后、阿尔冈金等）为主，采用全程机械化作业，产量较高（一般亩产干草1吨左右），质量较好（粗蛋白含量能够达到15%以上），大部分作为商品草销售（若兼营养殖，部分用于养殖场自用）。北部黄灌区的高产优质牧草基地是近几年发展起来的集约化、大规模牧草种植区，代表了宁夏优质牧草产业发展的水平和趋势。

（三）草产品加工仍以小规模粗放型生产为主，但大规模集约化经营发展的势头很好

2010年，宁夏牧草加工企业共加工销售牧草26万吨，销售产品90%以上为苜蓿草捆，剩余10%为草粉、草饼或草颗粒等；产品80%左右销往区外，仅约20%用于宁夏自用。产品主要销往国内的广东、上海、浙江、天津、西安、内蒙古等以及日本、韩国、沙特等国家。当前宁夏牧草加工企业从经营规模上分为两类：一类是小规模和个体无证收购加工，一类是大规模牧草收购企业。小规模牧草加工企业主要集中在南部山区。调查发现，目前彭阳、海原、原州区及同心、盐池、灵武地区有小型牧草收购加工企业20余家，还有个体无证牧草收购大户60多户。这些企业和农户主要收购苜蓿青干草，2010年共收购苜蓿青干草18万吨，其中90%以上是经过粗加工的苜蓿草捆，受当地苜蓿品种、种植、收割、加工工艺以及管理等因素影响，苜蓿粗纤维含量高，蛋白质含量只有10%左右，销售价格1 300元/吨左右。较大规模的牧草加工企业主要集中在北部灌区，2010年共收购加工苜蓿青干草8万吨。由于北部灌区苜蓿品种优良，采用机械化适时刈割，粗纤维含量低，蛋白含量在15%以上，因而销售价

格显著高于南部山区，一般在 1 400元/吨以上，最高价格可达 1 800元/吨。

(四) 宁夏牧草供需缺口仍很大，且草畜结合与匹配不合理

牧草是作为家畜饲料而栽培的植物，优质牧草是畜牧业发展的物质基础。宁夏当地农牧户已普遍反映，饲喂苜蓿口感好、营养丰富；饲喂后肉牛肉羊体重增加快、抗寒能力强、出栏率高；驴、马、骡等大家畜强健体质、提高免疫力、节约精饲料。自 2003 年宁夏实施全区草原禁牧以来，其家畜饲料来源主要依靠人工种草、农作物秸秆等。2009 年全区草食家畜有 1 602 万个羊单位，全区人工种草每年可为草食家畜提供优质牧草 600 多万吨，但仅可满足草食家畜 1/3 的饲草料，优质饲草供需缺口较大。从牧草种植分布看，90%的牧草集中在中南部地区；而从草食家畜特别是奶牛场的分布看，大规模养殖场都集中在北部地区，导致种草和养畜不能有机结合，草畜搭配不合理、不平衡，有草无畜和有畜无草的现象较为严重。例如种植苜蓿面积最大的固原市奶牛存栏数最少，奶牛主产区银川市，苜蓿保留面积仅有 16.06 万亩，产业布局极不平衡。目前宁夏只有 10%的奶牛日粮中添加苜蓿草，其他 90%左右的奶牛基本上是“有啥吃啥”，日粮中精料过多，优质青粗饲料严重不足。与此同时，南部山区苜蓿地大多处在边远、偏僻的山坡陡地，交通不便，有草无畜农户的草卖不出去，直接浪费在地里成为生态草，出现了一方面总体饲草资源不足，而又存在饲草浪费严重的现象。

二、牧草种植及加工比较效益

(一) 苜蓿种植的收益低于玉米，但高于其他粮食作物

如前所述，苜蓿是宁夏种植面积最大的牧草，占牧草总种植面积的 60%以上。小麦、玉米和水稻是宁夏三种主要粮食作物。表 1 是根据对典型地区的实地调查整理后计算出的苜蓿、小麦、玉米和水稻的成本收益数据。

表1 苜蓿与其他农作物成本收益比较

单位：千克/亩、元/亩

生产区域	作物种类	单产	成本	收入	纯收入
中南部山区	玉米	450	450	945	495
	小麦	100	130	200	70
	苜蓿	400	120	360	240
北部灌区	水稻	500	920	1 400	480
	小麦	350	580	700	120
	玉米	800	700	1 680	980
	苜蓿	1 200	650	1 440	790

注：①数据来源于课题组于2011年2月和6月的宁夏实地调查；

②价格为2010年平均价，小麦2元/千克、玉米2.1元/千克、水稻2.8元/千克，由于质量不同，中南部山区苜蓿0.9元/千克，北部灌区1.2元/千克；

③成本中包括人工成本但未包括土地费用。

（1）中南部山区种植苜蓿收益尽管低于玉米，但苜蓿投入低，且可旱涝保收，农户种植积极性高。南部山区主要是山坡丘陵地，降雨量在300～500mm之间，中部干旱地年均降雨量不足150毫米，“十年十旱”，中南部地区农业生产靠天吃饭，农作物主要种植玉米和小麦。根据对彭阳县牧草种植户的调查数据，平均每亩紫花苜蓿产干草量400千克，苜蓿价格0.9元/千克[①]，总收入360元/亩，苜蓿种植成本为120元/亩，种植苜蓿纯收入为240元/亩。而同类地块正常年景种玉米纯收入为495元/亩，种植小麦纯收入为70元/亩（具体数据见表1）。从当年种植收入来看，玉米种植收入最高，苜蓿次之，小麦最低。但是玉米每年都需要投入，而苜蓿种植是一年投入多年受益。该区域贫困人口集中，是宁夏扶贫攻坚的重点地区，当地农户收入低无力进行投入。即使玉米种植效益高于苜蓿，为了降低生产投入，农户仍会种植苜蓿。特别是在特大干旱情况下，玉米和小麦基本绝收，苜蓿仅减产30%左右，可有效减低旱灾的危害程度，

① 中南部山区的苜蓿地大多是在退耕还林（草）地的基础上发展起来的，没有灌水条件，且收获的机械化程度低，苜蓿品质差，所以价格低。

对灾年稳定畜牧业发展，解决温饱、防止返贫起到了积极的作用，此时苜蓿种植的优势更加凸显。

（2）北部灌区种植苜蓿收益低于玉米，但高于小麦和水稻，且苜蓿产业发展的氛围已经形成。北部黄灌区，属平原区，土壤质量及其他种植条件均好于中南部山区，农作物主要种植玉米、小麦和水稻。根据对石嘴山市卉丰农林牧场和茂盛草业苜蓿种植情况的调研，苜蓿亩产干草平均为1 200千克，苜蓿干草价格为1.20元/千克，每亩总收入为1 440元，苜蓿种植成本为650元/亩，苜蓿种植纯收入为790元/亩。同类型耕地种植小麦亩均纯收益为120元，种植玉米纯收益为980元/亩，种植水稻亩均纯收益为480元。比较而言，种植玉米纯收益最高，苜蓿次之，水稻第三，小麦最低。更为重要的是，北部灌区苜蓿的种植，受牧草企业的带动作用很大，这些企业都配置了全套种植、收获、加工等机械，且都有贮草设施，形成了牧草产业发展的基本氛围。所以，尽管这些地区土地流转费很高，但还是兴起不少牧草种植基地。

（二）牧草加工收益比较稳定

宁夏牧草加工企业，荣发公司在中南部地区比较有代表性，茂盛草业公司在北部地区比较有代表性。根据上述实际情况，表2总结了荣发公司和茂盛公司牧草加工成本效益情况。

根据我们的调查，2010年荣发公司加工一吨苜蓿草捆的成本是1 092元/吨，经过加工后按照1 400元/吨出售，每吨干草获得纯收入308元；公司加工一吨苜蓿草颗粒的成本是1 400元/吨，草颗粒的出厂价格1 600元/吨，苜蓿草颗粒加工纯收益为200元/吨。荣发公司在自身获得良好经济效益的同时，还增加了牧草种植户的收入。如前所述，2010年彭阳农户种植苜蓿每亩成本为120元，亩均产400公斤苜蓿干草，荣发公司一般按照0.9元/公斤，向农户收购苜蓿，即农户每亩苜蓿种植纯收入为240元；此外公司还可以解决当地剩余劳动力就业问题，在苜蓿草收获加工季节，公司雇佣劳动力500多名，人均月收入达到1 500元，每个生产季节按4个月计，平均月收入6 000元，有效增加农民收入。

表 2　苜蓿加工成本收益比较

单位：元/吨

区域	产品种类	成本	收购费	加工费	售价	纯收入
荣发公司（中南部山区）	草捆	1 092	980	112	1 400	308
	草颗粒	1 400	980	420	1 600	200
茂盛草业（北部灌区）	草捆	1 315	1 200	115	1 600	285

注：数据来源同上。

调查中了解到，茂盛公司加工苜蓿草捆的成本是 1 315 元/吨，经过加工后按照 1 600 元/吨出售，每吨干草获得纯收入 285 元。茂盛公司除加工牧草外，还拥有自己的牧草种植基地，该基地地处宁夏北部灌区，耕地质量好，灌溉充足，种植苜蓿品种属于高产品种，每亩土地平均能够产 1.2 吨苜蓿干草，每亩土地为公司带来收入 790 元，其中 200 元为土地租金，590 元为公司的经营纯收入。

三、宁夏牧草产业主要发展模式

2000 年以来，宁夏先后成立了十余家牧草产品加工企业，经过多年市场竞争，造就了一批骨干企业。目前宁夏经营效益比较好的牧草产品加工企业主要有宁夏贺兰山茂盛草业公司、彭阳荣发草业公司、惠农卉丰草业公司等。正是在这些龙头企业的带动下，采取不同的发展模式，将宁夏草业带入可持续发展轨道。

（一）“公司＋专业合作组织＋农户”模式

这种模式立足宁夏南部山区实际，是该地区牧草产业化的主要发展模式，其中最有代表性的是彭阳荣发草业公司。宁夏南部山区种植牧草的农户多、面积大，但由于地处偏远、交通不便，经济发展水平低，市场发育慢，依靠单个农户很难找到牧草销售市场，无法将当地牧草资源优势转化为市场优势。荣发公司立足本地资源优势（目前彭阳县苜蓿草种植面积达 103 万亩），于 2005 年投资建办苜蓿草饲料加工厂，通过与专业合作组织签订合同，建立起“公司＋专业合作组织＋农户”的经营模式，形成了企业与农户利益联动的机制。

荣发公司的具体做法是：企业同专业合作组织签订中长期牧草种植购销合同。根据合同规定，企业对苜蓿种植基地采取统一规划、统一丈量、统一供肥、统一耕作、统一机播的“五统一”，免费为农户种植牧草提供技术支持和赊销化肥等农业生产资料，事先签订合同确定牧草最低保护收购价，规定当市场价格高于保护价时，随行就市；当市场价低于保护价时按照保护价收购，降低了农户市场风险。合作组织按照企业要求将其内部农户组织起来建立标准化牧草生产基地，按照企业要求进行标准化种植管理，牧草收获时按照合同规定交售给企业，既保障了企业优质牧草的稳定供应，又解决了农户牧草销售困难的问题，同时还向农户提供就业机会，增加农户收入。

（二）“公司＋基地＋农户”模式

这种模式在宁夏北部灌区比较常见，其中有代表性的是茂盛草业公司。其做法是：公司将自有土地作为苜蓿生产基地向农户出租，农户承包土地种植苜蓿，并向公司交售苜蓿干草。根据合同规定，农户按每亩200元向公司缴纳土地租赁费，苜蓿收获后统一交售给公司，公司依据苜蓿草品质等级按照优质优价原则收购农户苜蓿。苜蓿种植生产由农户负责，公司则组织农户统一购买种子、化肥、农药，为农户提供苜蓿种植技术指导；苜蓿收获时，公司为农户提供有偿机械收获服务；农户收获苜蓿后交给公司，由公司统一加工销售。茂盛草业公司始终在产业中居于主导地位，协调种植户、农机户、运输业主、劳务工等各方利益关系，尤其是在市场价格波动时，及时征求各方意见，出台相应的价格保护政策，保持稳定的产业体系。运行结果表明，茂盛草业通过签订土地承包合同和产品购销合同形式，形成“公司＋基地＋农户”的产业化经营模式和较为合理的产业链，同农户达成利益共享、风险共担的共同体，在自愿互利共赢基础上，企业和农户通过发展苜蓿产业都获了较高的经济收益。

（三）“草畜一体的工厂化养殖”模式

“草畜一体工厂化养殖模式”主要在宁夏北部地区，以畜牧业作为农村经济的支柱产业，实现了养殖园区化、生产标准化、经营规模化。在这

方面比较有代表性的是石嘴山市的惠农卉丰草业公司。该公司以自有土地为基础，通过采取租赁、承包农户或农场的土地等流转方式，建设苜蓿基地 14 000 亩（其中自有土地 3 000 亩），在满足公司自有奶牛场和周边奶牛养殖企业的前提下，其余全部销往蒙牛澳亚牧场。在种植苜蓿同时，公司还经营奶牛养殖场，使用“奶业之星”智能化管理系统，对奶牛实施科学养殖，每头奶牛产奶量比农户自养奶牛产奶量提高 1～2 倍。

公司通过“企业＋基地＋农户”三位一体的产业化运营模式，组成联合体，将企业和农户利益有机联结在一起。具体做法如下：一是公司按每年 550 元/亩标准，同附近乡镇农户签订为期 5 年的土地承包合同，实现土地集中连片规模经营；农户将土地承包给公司后除了有稳定的土地收益外，还可以在企业从事劳动，目前在企业上班的固定工有 40 多名。季节性用工有 100 多名。二是利用政府扶贫项目资金，建立扶贫奶牛托养中心，托管 45 个贫困农户的奶牛 290 头，每头牛每年可分红 2 600 元，五年后农户还可得到同样数量同样月龄的奶牛，不仅创新了政府资金扶贫机制，更实现了奶牛场养殖规模扩张，实现了企业和贫困户的双赢。

上述三种主要的发展模式表明，宁夏牧草产业立足自身发展实际，充分利用各地区、各利益主体不同的优势，形成了各具特色的经营模式和产业链条。总结和借鉴不同发展模式的成长道路和各自特点，对于全国牧草产业的持续健康发展具有重要的现实指导意义。

四、对我国牧草产业发展的启示

（一）地方政府重视为牧草产业顺利发展提供了良好的政策环境

长期以来，我国种植业处于粮食作物和经济作物为主体的二元结构模式，一直没有将牧草种植纳入种植业规划中。牧草产业发展缺乏行业规划、专业布局和政策引导，导致牧草产业基础薄弱、发展缓慢，绝大多数牧草种植户缺乏饲草商品化意识，牧草自产自用，真正形成商品流通的很少。这种状况与当前我国畜牧业转型升级中对优质饲草的巨大需求极不相称，急需相关政策大力调控、引导和支持。在这方面宁夏进行了有益尝试并取得了初步成效。

为了加快苜蓿产业的健康快速发展，宁夏在 2002 年就制定下发了《关于加快中部干旱带生态环境建设和大力发展草畜产业的意见》、《关于全面推进宁南山区草畜产业发展的若干意见》和《关于全面推进宁南山区草畜产业发展的若干意见实施细则》。2006 年又制定出台了《全区优势特色农业产业发展规划》，并把优质饲草列为全区农业六大区域优势产业之一，将人工种草列为农业产业化建设体系，在政策、资金、物质、税收等方面重点扶植发展，立草为业，为当地人工种草创造了良好的政策机遇。2003 以来，宁夏财政累计投入人工种草专项资金 10 068 万元，同时拉动社会投入资金达 5.2 亿元，有力推动了全区牧草产业的快速发展。

（二）产加销一体化产业链条的形成是牧草产业快速发展的重要基础

牧草产业发展必须要形成一定的氛围和气候。牧草的生产和收获比粮食要求的条件更高，在几亩田里种植粮食作物可以用人工或机械很方便地种植、收获、储存或销售。而种植牧草就不同了，其种植和收获要求的时效性更强，不然就会严重影响牧草的产量和质量，甚至最终会导致一无所获。所以牧草产业的发展必须要形成产、加、销一体化的产业链条，必须有相对集中的种植区域，必须配备完备的机械化装备，必须有加工企业、营销组织的介入，这样才能确保牧草产业的顺利发展。宁夏这些年牧草产业的持续快速发展，就得益于已经在当地形成比较成型的产业链条，形成了发展牧草产业的统一认识和良好氛围。

牧草产业化发展的关键措施是培育龙头企业。政府部门应为牧草产业龙头企业创造良好的投资政策环境，促进和引导企业扩大规模，提升草产品效益，加速牧草商品化水平，增强牧草龙头企业对农户的辐射带动能力。针对目前牧草龙头企业普遍存在的资金短缺、机械加工设备、仓储设备设施不足、企业争取资金支持难度大等问题，建议将牧草纳入主要农作物项目投资序列，增加牧草企业获得项目资金能力；设立专项基金，扶持企业建设仓储设施、配套农机加工设备；进一步加大牧草机械购置补贴范围和标准，给予牧草专用机械设备更广泛补贴；完善贷款担保机制，让企业更容易获得金融机构贷款。通过上述措施的持续执行可以改变牧草企业发展缓慢、对农户辐射带动能力弱的局面，为今后牧草产业做大做强奠定坚实的基础。

（三）草畜一体化是拉动牧草产业发展的最有效、最直接形式

牧草是中间产品，是作为家畜饲料而栽培的作物，牧草种植能否与家畜养殖协调发展，牧草能否稳定供应，品质优良与否，对于畜牧业发展十分重要。发展优质牧草基地是我国畜牧产业转型和升级的重要保障。从世界范围来看，畜牧业发达国家都十分重视牧草生产的发展，例如法国 1/3 的国土面积是草地，加拿大 1/5 的耕地面积种植牧草，美国土地面积一半以上是生产牧草饲料的基地，其他畜牧业发达的国家皆是如此。而我国却多年来只重视畜牧业的发展，忽视牧草基地的发展，有畜无草、有草无畜、草畜不匹配的地区十分普遍。宁夏卉丰公司却在草畜结合方面探索出一条可行的发展道路。该公司先从种植牧草起家，在种草过程中认识到养畜的重要性，逐步发展壮大奶牛养殖，并打造自己高端奶业的优质品牌（长期供应蒙牛集团），奶价一般比普通农户能高出 0.8～1.2 元/千克，这样高的奶价也支撑了将自己生产的优质苜蓿首先提供给自己的奶牛，剩余部分才出售。

建议在出台扶持政策时，应保持各项政策之间的衔接和联系。如国家在扶持奶牛养殖小区或标准化规模养殖场时应要求配套牧草种植基地，必须保证每头奶牛配套至少 2 亩牧草地，达到该标准后才能给予扶持或奖励。同时，牧草地的规划一般应选在养殖小区或规模场附近，以充分实现农牧结合和循环经济。这样即可将牧草生产与需求直接结合在一起，既可以获得种草养畜的综合收益，也可以通过强劲的市场需求更进一步拉动牧草产业的发展。

（四）创新牧草生产组织形式可以有效规避生产中突出的制约因素

鼓励扶持草业合作经济组织。为了降低同单个农户交易的成本，企业采取同当地牧草合作经济组织签订合同。由合作社作为中介组织连接企业和大量的种草户，可以有效解决牧草产业化实践过程中曾经出现过少数企业和农户的违约问题。企业和农户之间的违约具体表现在：如果牧草大量上市供过于求，企业就会压级压价，损害农户利益；当牧草量少供不应求时，农户就会违约将产品卖给出价更高的第三方，结果企业得不到稳定原料供应，造成巨大损失。

应在农户小规模分散种植牧草的地区，通过提供优惠政策，大力扶持牧草专业合作社，为广大牧草种植户和企业服务。对企业来说，通过与专业合作组织签订合同，降低了同单个农户打交道的交易成本和违约成本，获得了稳定高质量的优质原料草供应；对农户而言，可获得免费的生产管理技术服务，减轻单个种草户自筹资金购买牧草专用机械的经济负担。当前特别应加强对专用牧草机械合作社的扶持力度，尝试开展跨区种植和收获，以提高牧草机械的使用效率和经济效益。

参考文献

内部资料. 2010 年宁夏人工草地生产力监测与评估工作报告. 宁夏草原站，2010.

内部资料. 宁夏苜蓿产业发展问题调研报告. 宁夏农牧厅.

内部资料. 优质牧草利用、加工产销情况调研报告. 宁夏草原站，2010.

内部资料. 2009 年全区人工种草及草产业发展调研报告. 宁夏农牧厅.

内部资料. 石嘴山市草畜产业发展情况汇报. 石嘴山市农牧局，2011.

内部报告. 宁夏苜蓿产业发展问题调研报告. 杨春，2011.

内部资料. 彭阳荣发草业有限责任公司简介. 彭阳荣发草业公司，2011.

内部资料. 宁夏农垦茂盛草业有限责任公司简介. 茂盛草业有限公司，2011.

内部资料. 石嘴山市卉丰农林牧场企业现状及规划. 惠农卉丰草业公司，2011.

西北农区牧草产业发展研究*

——基于内蒙古土左旗的案例分析

辛　岭

摘要： 内蒙古土默特左旗是全国最大的县级奶源基地，以奶牛业为主的畜牧业已经成为农民增收致富的主导产业，但是牧草产业发展相对滞后。本文在分析土左旗牧草产业发展概况和牧草产业发展优势的基础上，总结出三种具有代表性的土左旗牧草产业发展模式，并且对种植苜蓿和种植玉米的经济效益进行了对比分析，最后提出了建立种草养畜示范基地、发展一村一品等土左旗牧草产业的发展思路。

牧草业在我国刚刚起步，国家又大力提倡发展食草节粮型畜牧业，国内市场需求旺盛，国际市场前景广阔，经济效益十分可观。农区广阔的草原和草地资源、优越的气候条件、不断加大的农业结构调整原动力，伴随着科技进步以及人们对良好生态和生存环境的渴求，决定了农区草业必然会不断向前发展。

内蒙古土默特左旗是全国最大的县级奶源基地。作为农区，大力发展优质牧草，是实现农业和农村经济战略调整的有效途径，是促进农区畜牧业发展的重要突破口，是促进农业增效、农民增收的重大战略措施。国家牧草产业技术体系调查组于 2011 年 10 月对内蒙古呼和浩特市土默特左旗进行调研，通过和牧草产业有关部门座谈以及走访公司和农户的方式，形成以下报告。

* 本报告是在对国家牧草产业技术体系鄂尔多斯综合试验站及其示范基地之一的内蒙古土左旗调研的基础上完成的，在此对试验站及土左旗畜牧局的大力配合表示感谢！

一、土默特左旗牧草产业发展概况

土默特左旗位于内蒙古自治区中部，大青山南麓富饶的土默川平原上，全旗辖5个镇、4个乡、7个服务中心。总面积2 780平方公里，总人口35.7万人。总土地面积416.98万亩，其中水浇地76万亩。从利用状况看，农用地面积379.87万亩（其中耕地168.36万亩，林地88.7万亩，草地105.71万亩，园地3.05万亩，其他农用地14.05万亩），主要农作物有葵花、玉米、蔬菜等。

过去，土左旗是一个以农业为主的旗，土地肥沃、水利条件好，粮食生产是主导产业，畜牧业只是一个副业。可是多年来农区农民的收入提高却不大，旗政府不断带领全旗农民调整产业结构，加大畜牧业在农业生产中的结构比例，大力发展畜牧业，特别是1999年以来土左旗把大力发展以奶牛业为主的农区畜牧业作为推动全旗经济发展的突破口，以及随着伊利集团公司和蒙牛集团公司在土左旗的入住，更增加了农民的养牛积极性。

随着农村产业结构的调整，以奶牛业为主的畜牧业如今已经成为农民增收致富的主导产业。优质牧草、青贮玉米和粮饲兼用玉米在种植业中的比例越来越大，饲草饲料是发展畜牧业必不可少的物质基础。优质牧草、青贮玉米，近几年来在土左旗得以大力推广，并且得到了政府的支持，在科技人员的指导和宣传下，在大型牧场园区大力推广的带动下，已为农民所认识，已初见成效。农民由过去"营养低劣的作物秸秆＋精料＋清水"的粗劣的饲养方式逐渐地向追求营养丰富的"优质青贮饲料＋营养丰富的优质青干草（干苜蓿）＋精料＋清水"的方向发展。农民已认识到过去粗劣的饲养方式已不适应现代畜牧业发展的要求，过去之所以养牛不赚钱，是因为投入少、成本低，常年饲喂作物干秸秆，营养跟不上去，奶牛产奶量低、品质差，农民的收入上不去，形成了恶性循环。近几年来，随着政策的扶持，科技的带动，农民不仅在奶牛的品种上加以改良，防疫上加以重视，尤其在牲畜的饲草饲料上，推广优质牧草和青贮饲料，奶牛业得到了长足的发展。

近年来，为了实现农业增效、农民增收的目标，土左旗积极进行农业经济结构的调整，把发展优质牧草产业作为农业内部结构调整的重点，提出了为养而种的发展战略，使全旗优质牧草种植得到了快速发展。据统计，2011 年全旗农区优质牧草种植面积达到 2 万亩，粮经草比例达到 6∶2∶2，牧草种植形式也由间种、复种，发展绿肥为主转变为单种、套种，发展饲养和加工为主，品种主要以紫花苜蓿草为主，也有少量柠条，这些都为草业产业化和农区畜牧业的快速发展奠定了良好的基础。

但从目前牧草产业发展情况看，全旗农业总产值中牧草产业产值占比很小。而且草加工业刚刚起步，牧草的种植转化技术广大农民还远未掌握，未能达到农牧结合共同发展的目标。相比于庞大的奶牛养殖规模，土左旗却缺乏大型优质牧草种植基地，草业发展也没有形成规模化效应。由于受传统种植饲喂方式影响，农户对草产业不够重视，“商品草”意识淡薄，各村都有种植，却没有大面积连片开发，普遍存在种植规模小、专业化程度低的问题。

二、土默特左旗牧草产业发展优势

（一）政府重视

系统工程的耗散原理揭示，系统可以通过系统外输入负熵流而使其有序化发展。对于草业系统来说，负熵流是由市场经济规律和政府宏观调控共同作用产生的，推动草业发展的动力是效益，而草业效益表现为经济效益、生态效益和社会效益三者的统一。因此，在市场经济条件下，政府对草业的宏观调控机制既保证了草业与农业、林业的协调统一，又保证了资源的合理配置、劳动力的合理分配、资本的合理流动，以取得最大的经济效益。

为了加快种植优质牧草的步伐，推动全旗牧草种植业的发展，调动广大农民的种草积极性，使农民增产增收，土左旗制定出台了一系列鼓励农民发展牧草种植业的政策和措施，包括：第一，政府种草补贴政策；牧草良种补贴，多年生优质牧草保留面积每亩补贴 10 元，2011 年新种多年生优质牧草每亩补贴 50 元，2011 年新种饲用灌木每亩补贴 10 元。第二，农业局作为牧草良种补贴技术支撑单位将以旗草原站为主体成立人工种草技术支撑组，负责对人工种植优良牧草进行技术指导和服务，做好优质高产牧草栽培、牧草良种繁育、牧草收获加工等技术的试验示范和推广宣传工作；同时，利用新闻媒体组织技术讲座，进行广泛宣传，并将苜蓿草种植技术编印成册，发放到农民手中，多次请专家前来授课，使全旗上下形成大力发展苜蓿种植业的浓厚氛围。

（二）适宜的自然条件和突出的区位优势

土默特左旗自然条件较好，水、热充足，为种植优质牧草提供了优越的气候条件。全年四季分明，平均气温 6.3℃，年均日照 2 876.6 小时，无霜期 130 天，年均降水量 400 毫米，年均蒸发量 1 870.3 毫米，年均冻土层厚 108 厘米，属温带半干旱大陆性季风气候。土左旗境内河流水系主要有大黑河、小黑河、什拉乌素河、哈素海及沿山各大小山沟水，平均年径流量 4.1 亿立方米，年产地表水 1.8 亿立方米，地下水 2.3 亿立方米，每年引黄河水入境 7 336 万立方米，地下水资源丰富，完全符合优质牧草栽培对气候条件的要求。

土默特左旗土地类型多样，为种植优质牧草提供了充裕的土地资源。土默特左旗境北部是山区，南部为平原。草原面积 95.3 万亩，其中山地草原约 57 万亩，平原草原约 38 万亩，可利用 82.9 万亩。轻度退化 14 万亩、中度退化 12 万亩、重度退化 16 万亩。人工草地保留面积 3 万亩。

土左旗地理位置优越，地处自治区首府呼和浩特市、草原钢城包头市和国家重点建设项目鄂尔多斯准格尔大煤田的“金山角”腹地。交通通讯发达，京包铁路、110 国道、呼包高速公路横贯全境，呼准、呼清、呼托公路纵贯旗境东部，交通运输便利，为牧草产业化生产提供了便利的条件。

（三）畜牧业的巨大潜力为发展牧草产业提供了广阔的市场前景

全旗耕地面积 160 万亩，年生产粮食 50 万吨。近年来，随着农村产业结构的调整，土左旗畜牧业发展迅猛，以奶牛业为主的畜牧业成为农民增收致富的主导产业，在伊利、蒙牛两大乳业集团的带动下，土左旗已成为两大乳品加工企业的主要奶源基地，全国第一奶牛养殖大旗（县）。2006 年，土左旗人民政府同内蒙古伊利实业集团签订合约，联手建设国

家级敕勒川精品奶源基地，新建牧场，依靠现代化、国际化的牧场设施设备及先进的管理理念，实施规范化、集约化、标准化的饲养管理。项目计划在2008—2012年的五年内新建千头奶牛牧场120个，到2012年末，全旗奶牛稳定到30万头，全旗60%的奶牛入区饲养，全旗每年将向企业提供优质原奶130万吨。截止2010年末，全旗牲畜存栏量为73.8万头，其中奶牛存栏25万头，产奶量达到105.34万吨。

奶牛产业作为土左旗农业总产值的支柱产业，其饲料在过去绝大部分来源于农副产品的副产物和田边地角杂草等，仅有很少来源于草地，人畜争粮矛盾突出。因此，大力发展农区牧草业已成为迫在眉睫的任务。苜蓿长期以来被认为是奶牛的高标准优质饲草，可以替代部分精饲料，并能提高乳脂率，增加产奶量，从而提高经济效益。因此，由于畜牧业发展，牧草产业的市场有保证，这势必推动牧草业的大发展。

三、土左旗牧草产业发展模式和效益分析

（一）牧草产业发展模式

随着土左旗牧草产业的发展，规模化牧草种植基地正在加速形成，对于不同的区域，由于环境、产业基础等条件的不同，草业产业化经营过程中其组织运行模式也各具特色，从而为土左旗牧草产业的发展开辟了许多新的发展途径。

1. “经纪人+农户”的经营模式

“经纪人+农户”的经营模式就是农户在利用自家的土地发展牧草产业的过程中，从牧草种子的购买、播种，到牧草的收割、搂草、打捆、销售和牧草的运输都是由农村经纪人负责，农户需要付给经纪人相应的费用。土左旗善岱镇依肯板村在发展牧草产业的过程中，就是利用“经纪人+农户”的经营模式使得依肯板村成为2 000亩紫花苜蓿种植基地。2009年以前，依肯板村几乎所有农户都是种植玉米，2010年开始，在村书记的带领下，全村一半的土地全部改种“中牧二号”紫花苜蓿，由于种植牧草省工省劳，而且经济效益比种植玉米要高得多，因此，该村准备2012年将其余2 000亩土地也全部种植紫花苜蓿。

"经纪人＋农户"这种牧草产业发展模式的优势是：

第一，从牧草的种植到销售全部由经纪人负责，大大解放了农业劳动力，特别是由于以前农民种草技术缺乏，所种牧草品种质量参差不齐，多以本地品种为主，性状退化明显，且在田间管理上存在许多误区，如种草间距过宽，收获时间太晚、杂草太多等，导致种草效益不高，大大影响了农户种草积极性。经纪人雇佣懂技术、会经营管理的人员，而且连片的规模化种植使得各种牧草生产机械可以最大限度的发挥作用，从而大大降低了劳动强度。

第二，经纪人联系市场紧密，牧草的附加值得到提高，农户收益增加。农村经纪人受利益的趋动，他们必须牢牢把握市场对农产品的需求信息，并将信息不断反馈给农民，使农民根据这些信息不断调整自己的生产结构，以获取更大的利益。由于依肯板村种植的紫花苜蓿质量上乘，经纪人把苜蓿进行小包装处理并销售到上海某市场，专门用作一种宠物的饲料，这种苜蓿的销售价格是普通苜蓿的3倍还多，大大提高了种草的经济效益。

2. "专业牧场＋农户"的经营模式

土左旗为实现"为养而种、为牧而农"的发展战略，通过政府引导，多渠道投资，使各地出现了一批集中连片、规模经营的种草养畜小区。"专业牧场＋农户"的经营模式就是由单个农户直接形成一个家庭专业牧场，集中连片成为专业牧场区，每户按照奶牛数量配套草地、棚圈。对于入区养殖奶牛的农户，政府和企业都给予优惠政策，即企业按每公斤高于现价0.20元的价格收购鲜奶；如奶牛因疫苗过敏造成死亡或流产后，奶牛风险金的补贴可由目前的65％提高到100％；冻精补贴每头奶牛政府提供15元、企业提供15元；种草补贴每亩政府提供15元、企业提供15元。"专业牧场＋农户"的经营模式较好的解决了草畜结合问题，而且产生了集约饲养、规模经营的效益。

众所周知，奶牛是大食量的草食畜种，具有非常发达的瘤胃和反刍功能，饱食后的反刍是奶牛的生理需要。牧草所含有的粗纤维对于刺激奶牛的咀嚼活动和维持稳定的乳脂率是十分重要的，而且牧草含有丰富的蛋白质，是奶牛最经济的粗蛋白饲料。特别是豆科牧草（紫花苜蓿、红豆草

等）是集约化奶牛养殖最可靠、最经济的优质蛋白质来源。所以，在奶牛日粮中添加豆科牧草，既可满足奶牛营养需要，提高奶产品品质，又可显著提高奶牛对粗饲料的利用率，降低奶农饲养成本。土左旗瓦窑村云姓农户，饲养的150多头奶牛，由以前的散养模式到2008年全部进入奶牛小区饲养，每天每头奶牛喂5公斤苜蓿，和以前不饲喂苜蓿相比，每头每天产奶量提高1千克，奶牛纯利润每天增加30元，而且奶牛发病率大大降低，奶牛使用年限也可以延长1～2年。但是由于配套的草地不够，每年还得购买苜蓿30吨。

3.“政府＋公司＋农户”的经营模式

“政府＋公司＋农户”的经营模式是指政府负责草籽的提供，种草技术的培训，农户经营管理牧草生产，农户和公司签订合同，公司负责牧草的销售。土左旗牧草产业发展的“政府＋公司＋农户”的模式，是通过旗政府和呼和浩特市草原工作站共同提供草籽，呼市草原站和中国农业科学院草原研究所提供种植技术，土左旗草原站负责落实地块，农户和内蒙古奶联科技有限公司（加牛公司）签订收购合同的方式进行实施。在这种牧草产业发展模式中，政府主要起服务作用，种草农户负责牧草的生产和田间管理，公司负责牧草的销售。

截至目前，内蒙古奶联科技有限公司和依肯板村的农户共签订苜蓿种植订单合同面积1 500亩，根据土质全部用来种植中牧二号苜蓿品种。土左旗草原站和农民也签订了种植苜蓿协议，共签订订单苜蓿2 100亩，分别为毕克齐董家营村种植紫花苜蓿300亩、铁帽猛源肉牛公司种植紫花苜蓿500亩、台阁牧乡庙营子村种植紫花苜蓿100亩、栽生村160亩、铁帽乡白庙子村种植紫花苜蓿250亩、城留村500亩。草籽全部由呼市草原工作站提供补贴，种植和田间管理由农户负责完成，种植技术由呼市草原站提供，收获机具由土左旗草原站和呼市草原站负责联系，实行统一管理、统一收割，收获的苜蓿由加牛公司收购。

（二）土左旗种植牧草和玉米的效益对比

过去，由于宣传不到位，以及国家政策的缺乏，种植牧草的观念在农区农民当中还比较淡薄，拥有饲料地的奶农，也都以种植粮食类饲料作物玉米为主，大型优质牧草基地还没有形成，草产业化发展滞后。其实，种植牧草的经济效益明显，是种植玉米的数倍；而且农民种植玉米会大量使用化肥，对土地进行掠夺式经营，导致土壤越来越瘠薄，农作物产量越来越低，而且造成大量的水土流失、土地退化、生产能力下降等严重后果，使生态环境恶化，甚至陷入恶性循环。种植牧草对改善土壤成分，增进土壤肥力也具有一定的作用。因此，发展牧草种植业对改善生态环境，改进农民单一粮经二元种植结构，促进农民增收都有积极意义。

苜蓿和玉米进行对比，苜蓿的经济效益远远高于玉米（见表 1）。根据我们对土默特左旗大岱服务中心依肯板村于 2010 年春季集中大面积种植“中牧 2 号”苜蓿进行调研，有关数据如下：

苜蓿 2010 年每亩投入种子费 50 元，整地费 50 元、灌溉浇水费 38 元，当年刈割一茬，收割费每亩 50 元，平均亩产 700 千克，每千克 1.2 元，平均每亩纯收入 652 元。苜蓿是多年生植物，第二年开始就不需要再播种会自然返青，2011 年刈割两茬，灌溉浇水费 40 元，两茬收割费每亩 160 元，平均亩产 900 千克，平均每亩纯收入 880 元。紫花苜蓿一般一次性种植可持续利用 10 年。

玉米每亩投入：种子费 20 元，整地费 50 元，灌溉浇水费 80 元，锄地费 25 元，地膜 40 元，化肥 60 元，除草剂 25 元，收割费 100 元。平均亩产 500 千克，每公斤 2 元，平均每亩纯收入 600 元。

从苜蓿和玉米的对比可以看出，种植苜蓿每亩纯收入要远远高于玉米。

表 1　种植苜蓿经济效益

单位：千克、元/亩

作物	当年投入								投入	当年产出		当年
	整地	种子	浇水	锄地	地膜	化肥	除草剂	收割	合计	产量	产值	纯收入
苜蓿（第 1 年）	50	50	38					50	188	700	840	652
苜蓿（第 2 年）			40					160	200	900	1 080	880
玉米	50	20	80	25	40	60	25	100	400	500	1 000	600

注：①数据根据作者调查整理获得。

②苜蓿年刈割二茬；按当地 2010 年度市场价格，苜蓿按市场价格 1.2 元/千克，玉米 2 元/千克。

四、土左旗牧草产业发展思路

（一）草业发展的目标与方向

充分利用土左旗牧草产业发展的优势条件，调整种植结构，加快土左旗农区种草和发展草业的步伐，大搞人工草地建设，积极发展草业和发展具有农区特色的畜牧业。

在农区建立草业系统，对农业资源进行重新配置，由粗放低效向集约高效转变是可持续发展的必然趋势。根据土左旗的土地资源特点和生态条件，种植优质牧草、实施荒山荒地绿化，使农林草的补偿机制得到恢复，实现经济开发和生态建设的同步发展。

（二）建立种草养畜示范基地

一是坚持农户自愿和高起点的原则，选择一批有一定基础条件、有一定文化基础、有一定经济能力、有一定积极性和商品意识，经发展后能起到切实的示范带动作用的农户，确定为种草养畜的示范或试点对象。按照产业化的布局要求，实行集中连片发展，并最终形成优势产业带。二是实行以农户自主投入为主，国家贷款或项目资金扶持为辅，积极引导和启动民间资金转变为民间资本，支持和鼓励有经济实力的业主进行规模化种草养畜，国家投入部分以实物形式支持其发展，并实行有偿投资、还贷结合、滚动发展，扭转长期性单纯依靠国家无偿扶持的惰性思维，变被动发展为主动发展，增强项目的活力和发展后劲。三是效益兼顾。推广种草养畜的目的是提高畜牧业生产水平和经济效益，增加农民收入。在坚持经济效益优先的原则基础上，在项目建设中注重培育流通体系。建立协会中介组织，加强生态环境改善，实现经济效益、社会效益和生态效益的协调统一。四是牧草产业发展需要引入新的技术体系，在政府的协调下建立技术推广部门、科研机构和草业生产单位的联合体，对优良牧草的引种选育及高产栽培、家畜饲养、饲料加工、生态环保等技术进行试验、示范和推广，重点研究引进牧草在当地的适宜施肥量、播种量、留茬高度、病虫害防治等应用技术，为农民种草养畜起到良好的推广示范作用。此外，要构筑草业信息咨询和市场服务系统，完善并发挥草原站的服务功能。

（三）发展订单式草业

实现立草为业的关键在于把草业真正建成为有产品、有市场、有综合调控能力、有经济效益的产业，同时生产经营过程能逐步实现产业化。从目前土左旗的草业发展和种植情况看，发展订单式草业是一条可行之路，是确保农民增收、提高农民种植意愿的有效途径。那就是必须以草产品加工的龙头企业为依托，实行订单式生产，采取保护价收购牧草的方式，解决农民种草的后顾之忧。从目前来看，草产业链条中龙头企业与农民的联系仍然是一个比较松散的系统。农民从种植到销售仍然存在信息不灵、心中无数、种植盲然的问题，不知道种什么、怎么种、怎么销，往往是政府引导得多，企业指导得少，尚未形成真正的产、加、销一条龙服务和利益共同体。因此种草虽然形成一个产业，但产业“化”的问题没有从根本上得到解决。

今年在土左旗善岱镇衣肯板申村推广牧草种植基地建设时，内蒙古加牛科技有限公司和该村农民签下协议，以 1 500 元/亩的保护价收购牧草，即企业收购草产品时，当市场价格低于保护价时按保护价的价格收购，当市场价格高于保护价时，按市场价格收购，这极大鼓舞了该村种植牧草的信心。今后，在牧草种植推广工作中，应逐步完善这种公司与农户签订合同的订单契约型草业发展模式。协调企业与基地农户的利益连接机制，加快牧草产业化运作步伐。建立草业协会按照自愿入会、自理会务、民主选举的原则，吸收业务主管部门、牧草加工企业、牧草种植大户、养殖大户组建“四位一体”的草产业协会，架起政府与企业、农户之间的桥梁，在行业中发挥服务、协调、自律的作用，在市场中维护会员与行业的合法权益，确保草产品市场销路畅通，使产、加、销一条龙有序运行。

（四）发展“一村一品”，形成牧草产业与畜牧业优势互补的格局

“一村一品”是实现农业和农村经济专业化、规模化发展，促进现代化农业迅猛发展的新型模式。它是以行政村为区域单元，依托区域经济学与农业生态学基本理论，挖掘当地资源优势，通过“一户带多户，多户带全村，一村带多村，多村成基地”的发展思路，培育形成特色产品业为中心链的产业集群，因此是带动区域经济与资源环境和谐发展的重要举措。

土左旗有着得天独厚的农业生产条件，长期以来都是自治区重要的商

品粮生产基地。过去由于种植单一，几乎全部种植玉米，农民只增产不增收，严重地制约了当地经济的发展。而且农区在分户经营条件下的草畜产业十分薄弱，其规模小、质量低，难以形成与市场发展相适应的产品优势，也难以形成抵御市场风险的能力，各农户立足自身利益，小农经济意识严重，没有一种与人协同合作的团队精神，直观地表现为分散式、零散型分布格局，制约了当前分户经营条件下向现代牧草业和现代畜牧业的发展，形成一种“瓶颈”现象。

土左旗按照产业化布局的总体要求，把单个或多个农户联结为一体，集中连片建立牧草种植和奶牛饲养基地，形成牧草和奶牛产业优势互补的产业带。比如依肯板村牧草生产基础好，发展牧草产业，有利于集中生产要素，实现牧草集约化、标准化、机械化生产，有利于促进牧草产业专业化生产、规模化经营，降低生产成本，提高牧草的土地产出率、劳动生产率和经济效益。瓦窑村奶牛养殖规模大，可以发展奶牛养殖，依肯板村的牧草直接提供瓦窑村饲喂奶牛，这样一来不仅节省了运输成本，而且苜蓿产品的销路稳定，实现了牧草产业和畜牧业的双赢。

（五）制定积极的草产业发展政策

在草业产业化形成的初级阶段，政府的积极引导具有非常关键的作用。相对奶业投入而言，政府在人工种草方面的投入严重不足。2010 年以前，土左旗政府在推广优质牧草上的投入极少，也很少出台鼓励农民发展牧草业的相关优惠政策，致使土左旗的草业发展进展缓慢，甚至出现萎缩的趋势，与日益发展的奶牛养殖业严重不匹配，没有形成一个相互促进共同发展的局面。另一方面，由于缺乏有效的宣传和指导规划，像奶牛合作社那样的草业组织也没有形成，农民们感觉不到种植牧草带来的明显的经济效益，因此，农民的种草积极性不高，优质牧草基地发展滞后。

因此，要加紧制定有利于草产业发展的有效措施，并在税收、投入等方面给予扶持。财政应每年安排专项资金用于草业的发展，应用小额贷款、反租承包等手段，鼓励和扶持草业龙头企业的发展，使牧草种植实现区域化种植、规模生产，尽快形成产业。

（六）积极进行体制和机制创新，大力培植牧草生产加工龙头企业

要充分利用实施西部大开发所聚集的人才、信息、资金等，拓宽资金

筹措渠道，组建多种形式的优质牧草生产加工龙头企业。利用民间资本，扩大招商引资力度，坚持谁牵头，扶持谁的原则，在现有基础上发展一批草产品加工企业；由政府扶持集中建设一批有一定规模的草产品加工企业，延长草畜产品生产链条。

参考文献

王广玲，司咏梅.2008.内蒙古草业的现状及发展对策.北方经济（7）.

孟淑红，等.2004.内蒙古草地资源及草业发展现状、问题与对策.中国草地（9）.

仲传武.2005.川北农区种草养畜优化模式研究初探.元坝畜牧（5）.

王明利.2010.中国牧草产业经济2010.北京：中国农业出版社.

云南牧草产业发展调研报告*

——基于德宏芒市、龙陵县的典型调研

杨 春 王明利

摘要：2001年以来，云南的牧草产业发展经历了稳定发展向回落减少的转变。目前，牧草种质资源丰富，种植品种多样化，农区种草得到进一步发展，牧草产业发展处于基础起步阶段；牧草产业经营模式主要有分散种植模式、基地+农户模式、科研机构+农户模式等。根据对德宏芒市的调研，种植象草、黑麦草等牧草的收益要高于种植稻谷、玉米等粮食作物，但是当地牧草种植一般以自用为主，未形成商品草，地方政府对种植烤烟扶持较大，对牧草种植形成一定的影响；根据对龙陵县的调研，种植黑麦草的收益要高于种植小麦，但是林畜争地现象突出，石斛等高收益的药材种植发展较快。当前来看，云南牧草产业发展仍面临牧草资源开发利用不足，优质豆科牧草短缺，牧草生产技术水平有待进一步提高，牧草业的商品化、规模化、专业化程度较低，牧草生产的比较效益相对低下，草地畜牧业总体发展不足等问题。因此，建议要加强云南牧草产业发展的政策扶持，积极推行草田轮作、林草间作模式，推进冬闲田牧草种植的区域化、规模化发展，加强牧草生产的关键技术研究与推广，大力开发草山草坡资源。

特定的地理、气候条件，使得云南的牧草资源和畜禽资源非常丰富，长期以来，云南畜牧业发展以传统的放牧方式为主，饲草主要以粮食秸

* 本报告是作者对国家牧草产业技术体系德宏综合试验站及云南德宏芒市和龙陵县调研的基础上形成的，在此对试验站及相关畜牧主管部门的大力协助表示感谢！

秆、绿肥类、甘蔗稍、野生牧草、人工牧草为主。随着畜牧业的不断发展和科学技术的进步，云南牧草业也正逐步发展。为深入了解云南牧草产业发展情况，牧草产业经济团队于 2011 年 11 月 16 - 20 日，赴云南省草地动物科学研究院、德宏芒市、龙陵县，通过与科研院所、当地主管部门、典型种草户、养殖大户等进行座谈，对云南牧草产业发展进行了深入细致调查。现将情况汇报如下。

一、牧草产业发展基本现状

(一) 牧草产业发展历程

近年来，云南的牧草产业发展基本经历了由稳定发展向回落减少的变化。

1. 稳定发展期（2001—2007 年）

2001 年以来，在畜牧业逐步发展、退牧还草工程实施、以及国家对牧草发展大力扶持的背景下，云南牧草种植业稳步发展，一年生牧草种植面积明显增加。2001 年到 2007 年，云南年末保留种草面积由 391.9 万亩稳步增加到 972.8 万亩；其中人工种草面积由 333.4 万亩增加到 784.9 万亩；一年生牧草种植面积由 83 万亩增加到 432.6 万亩。此阶段，一生牧草毛苕子（非绿肥）各年新增面积占很大比例，基本在 75%以上。

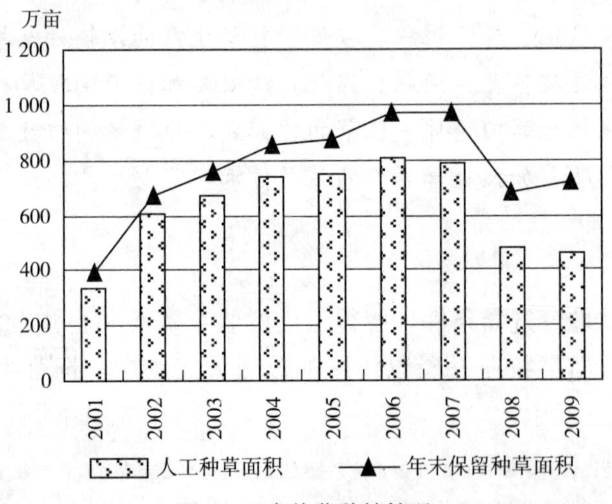

图 1　云南牧草种植情况

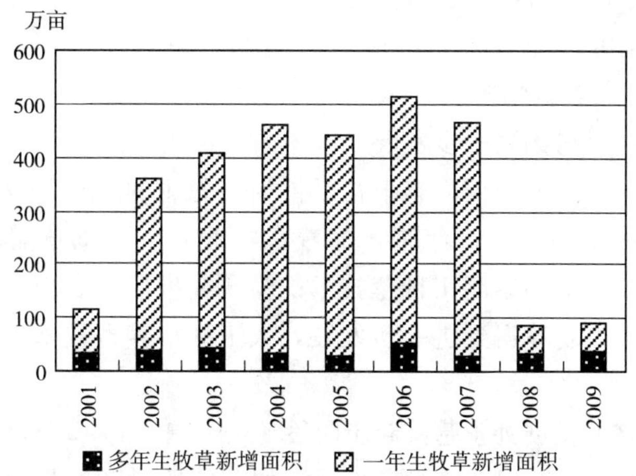

图 2　云南牧草新增面积情况

资料来源：《草原基础数据册（2001—2008）》、《中国草业统计 2009》。

2. 回落下降期（2008—2009 年）

2008 年以来，受牧草种植效益低于经济、林果作物的影响，云南牧草种植面积明显回落，其中一年生牧草种植面积下滑明显。2008 年和 2009 年，云南年末保留种草面积分别为 678.1 万亩、720.2 万亩；其中人工种草面积分别为 478.5 万亩、456.7 万亩；一年生牧草种植面积分别为 52 万亩、51.9 万亩。此阶段，一年生牧草毛苕子（非绿肥）各年新增面积明显回落，2008 年和 2009 年，一年生牧草毛苕子（非绿肥）的新增面积占当年牧草新增面积的比例分别为 53.8%、13.9%。

（二）牧草产业发展主要特点

1. 牧草种质资源丰富，种植品种多样化

云南是中国草原类型最多、草资源最丰富的草业大省，有 11 个草原类 150 多个草原型，有草地植物 199 科 1404 属 4 958 种，其中饲用植物 3 200多种[①]。经过近年来的研究、试验和推广，目前种植的牧草品种中，一年生的牧草品种主要有多花黑麦草、高粱苏丹草杂交种、箭筈豌豆、狼尾草（一年生）、毛苕子（非绿肥）、饲用青稞、籽粒苋以及其他一年生牧

① 资料来源：云南省发展节粮畜牧业，牧草先行调研报告。国家牧草产业体系德宏试验站。

草等；多年生牧草品种主要有多年生黑麦草、狗尾草（多年生）、菊苣、狼尾草（多年生）、旗草（臂形草）、三叶草、象草（王草）、鸭茅、银合欢、柱花草、紫花苜蓿等。

2. 农区种草得到进一步发展

以前，受云南土地较为有限及以粮为纲思想的影响，牧草种植一般在边远瘦瘠的荒山上。近年来，随着畜牧业发展对饲草需求增加的拉动，以及人工种草和冬闲田种草技术试验研究推广，农田种草尤其是利用冬闲田种植黑麦草得到进一步发展，人工种草养畜技术已被广大养殖户所接受。

3. 牧草产业发展处于基础起步阶段

在云南独特的地理、气候条件下，牧草的质量和产量要明显优于北方，但与云南的林果、花卉、烤烟、药材、蔬菜等产业相比仍属弱势产业。云南的牧草产业发展仍处于基础起步阶段，牧草种植面积在2008年有所回落，草产品加工企业相对较少，牧草种业发展缓慢，未形成产业化体系，据统计，2001年以来，云南牧草种子田面积基本保持在2.3～3.6万亩之间，单产为15千克～17千克/亩。

二、典型调研点德宏芒市和龙陵县基本情况

（一）德宏芒市

德宏自治州地处亚热带地区，气候温和，冬无严寒，夏无酷暑，光热充足，水草丰富，非常适宜“常绿”草地畜牧业发展。全州总面积11 526平方公里，根据上世纪80年代末在德宏全州开展的自然草场资源普查结果表明，全州共有六大类草场，毛面积40.78万公顷，占德宏国有土地总面积的35.38%，理论载畜量275 610.83个黄牛单位，并且每年约有4.8亿千克的农作物秸秆和2.3亿千克的甘蔗稍可供草食动物食用，德宏实际年可饲养草食动物35万～38万个黄牛单位，而现有大牲畜存栏仅20万多头，与丰富的资源及不相称①。

① 资料来源：德宏“十二五”规划材料。

（二）龙陵县

龙陵县位于云南西部边陲，是一个典型的山区县。全县总面积 2 884 平方公里，山区面积占 98%，坝区占 2%；耕地 40.6 万亩，草场 196 万亩；另外，由于特殊的气候特征，龙陵县已成为目前市场行情好的中药材石斛的主产地。2009 年末，全县改良草地面积累计已达 0.6 万公顷，改良草地平均鲜草产量达 45 吨/公顷，牛、羊等主要草食家畜存栏分别达 8.3 万头和 6.7 万只。

三、牧草产业经营模式

根据本次调研情况，云南牧草产业经营模式主要有以下三种：

1. 分散种植模式

此种模式以农户分散种植牧草为主，满足自己家庭养殖牲畜的饲草需求，由于散养户饲养牲畜规模偏小，牧草种植面积相对较少。根据对德宏芒市潞西市风平镇那目村的调研，该地区畜牧业主要采用以公司带动农户养殖水牛为主，公司将母牛养殖到一定时期后，转给农户养殖，养殖户在母牛生了小牛后，将小牛交给公司，母牛养殖户一般有自己的饲草地，根据饲养量确定饲草的种植规模。根据对龙陵县平达乡黄连河村农户白楼仙的调研，该农户养殖了 2 头猪和 2 头牛，种植了 2 亩黑麦草，用黑麦草以及秸秆等饲草喂饲牲畜。这种模式，种植较为分散，种植技术主要以粗放方式为主，种植、收割和喂饲的科学技术研究与示范推广仍有待进一步提高。

2. 基地+农户模式

此模式通过基地与农户签订合同，实行基地提供饲草地、饲草料、畜禽、养殖技术、疫病防控等，农户负责畜禽养殖，基地为农户支付工资的形式。龙陵黄山羊核心种羊场乌木山基地，为县级种羊场。基地通过与养殖户签订合同（每三年一签），向其支付工资，并提供养殖方案、技术等，养殖户负责羊的放牧喂饲。目前，该基地有草场面积 11 600 亩，其中人工草场 6 000 亩，天然草场 5 600 亩；羊存栏 2 100 只，其中种公羊 100 只，后备母羊 400 只，羔羊 700 只，商品羊 300 只，2010 年基地出售羊 500 只；基地已与 18 个养殖户签订合同。

根据对基地其中一个签订合同的养殖户刘成进的调查，2010 年，该养殖户共负责 460～560 只羊的养殖管理，养殖种母羊 120 只，种公羊 40 只，肉羊 300～400 只，由两个人负责羊群喂饲管理，每人每月的工资为 1 000 元。除放牧外，冬天还需要补饲 1～2 个月，每天每只补饲 0.1 千克精饲料玉米，每年每只羊的医疗费为 4 元，防疫费为 2.2 元，每年每只喂饲盐 1.5～2 千克。草场的维护管理主要由龙陵县畜牧局负责。存在的主要问题，一是草场围栏老化，需要修复，2010 年，用于草场维护管理的费用为 9 万元，其中草地围栏 6 万元，草地除杂草 3 万元；二是草地管理技术仍需要不断完善，局部草地有所退化。三是养殖技术仍缺乏，2011 年刘成进养殖户负责的羊场，死亡 15 只羊，其中 2 只母羊因患脑包虫病，13 只小羊因断奶拉肚死亡。

此种模式，在草场管理、草畜结合、技术服务等方面，相对比较完善，是典型的草地畜牧业模式，但仍需要注意的是，在草场运营规模较大的情况下如何实现科学管理草场和畜禽饲养。

3. 科研机构＋农户模式

此模式以科研机构开展牧草栽培管理、种草养畜研究，并开展对基础农户的示范、推广。云南草地动物科学研究院利用其科研条件，开展了以 600 公顷试验示范牧场为基础的牧草科研技术研发，以及婆罗门、BMY 热带肉牛、云岭黑山羊等的养殖研究。德宏瑞丽市于 2009 年 11 月份从云南草地动物科学研究院开展牧草引种试验，并于 2011 年开展黑籽雀稗、棕籽雀稗、杂交苏丹草、乐食高丹草、伏生臂行草、内农一号苏丹草的大面积推广；同时，瑞丽市与柠檬研究所合作实施柠檬地套种牧草 17 公顷，完成人工种草 146 公顷。这种模式在牧草技术研究上更为科学、合理，牧草种植技术相对较好。

四、种植牧草与其他作物成本收益分析

（一）德宏芒市

根据对农户调研，种植象草、黑麦草等牧草的收益要高于种植稻谷、玉米等粮食作物，但是当地牧草种植一般以自用为主，未形成商品草；地

方政府对种植烤烟扶持较大。

1. 种植牧草成本收益分析

根据对德宏芒市勐稳村芒丙村民小组赵苍道的调查，该养殖户在2005年开始养牛，至2010年已养殖67头牛，其中产奶牛20头，主要喂饲青贮和精料，其中青贮1/3为自种，2/3需要购买，玉米2/3为种植，1/3需要购买。目前，有饲草地50～60亩，1头牛一天喂饲青贮30～35千克，喂饲精料1千克。

（1）象草。种植象草每亩总成本为1 420元，其中种子费250元，人工费1 080元，肥料费40元，机械费50元；每亩总收入为3 240元，单产为27 000千克/亩，单价为0.12元/千克/亩；每亩种植纯收益为1 820元。

（2）黑麦草。种植黑麦草每亩总成本为435元，其中种子费40元，人工费20元，肥料费275元，机械费100元；每亩总收入为1 200元，单产为6 000千克/亩，单价为0.2元/千克；每亩种植纯收益为765元。

2. 种植其他作物成本收益分析

（1）稻谷。种植稻谷每亩总成本为530元，其中种子费50元，人工费180元，肥料费200元，机械费100元；每亩总收入为1 080元，单产为900千克/亩，单价为1.2元/千克；每亩种植纯收益为550元。

（2）玉米。种植玉米每亩总成本为530元，其中种子费50元，人工费180元/亩，肥料费200元，机械费100元；每亩总收入为585元，玉米粒单产为450千克/亩，单价为0.5元/千克，玉米秸秆每亩单产为3 000千克，单价为0.12元/千克；每亩种植纯收益为55元。

表1　种植牧草及其他作物的成本收益情况

项　目	计量单位	多年生牧草	一年生牧草	粮食作物	
		象草	黑麦草（冬闲田）	稻谷	玉米
一、种植面积	亩	37	11	11	13
二、每亩种植总成本	元	1 420	435	530	530
1. 种子费	元	250	40	50	50
2. 人工费	元	1 080	20	180	180
3. 肥料费	元	40	275	200	200
4. 水电费	元				
5. 机械费	元	50	100	100	100
6. 其他费用	元				

（续）

项　目	计量单位	多年生牧草	一年生牧草	粮食作物	
		象草	黑麦草（冬闲田）	稻谷	玉米
三、每亩种植总收入	元	3 240	1 200	1 080	585
1. 单产	千克/亩	27 000	6 000	900	450
2. 单价	元/千克	0.12	0.2	1.2	0.5
3. 其他	元				360
四、每亩种植纯收益	元	1 820	765	550	55

资料来源：本研究整理。

另外，近年来，德宏州对烤烟业发展给予了较大扶持，烤烟业发展快。根据《德宏州2010—2015年烤烟种植规划》，全州烤烟生产远景发展目标为20万亩、60万担，晾晒烟为20万亩、40万担。一些典型的烤烟种植户，每亩交售烟叶150千克，上中等烟比例达88%，平均亩产值达2 250元，平均单价达15元/千克，亩效益较高，逐渐成为德宏州2010年主栽品种。政府对烤烟业的大力扶持，在一定程度上也制约着牧草种植发展。

（二）龙陵县

根据对农户调研，种植黑麦草的收益要高于种植小麦，但是林畜争地现象突出，石斛等高收益的药材种植发展较快。

1. 种植牧草成本收益分析

根据对云南龙陵县象达乡象达村李家寨村民小组高明荣的调查，种植黑麦草每亩总成本为452元，其中种子费27元，人工费250元，肥料费175元；每亩总收入为800元，单产为4 000千克/亩，价格为0.2元/千克；每亩种植纯收益为348元。

2. 种植其他作物成本收益分析

种植小麦每亩总成本为528元，其中种子费为8元，人工费为300元，肥料费为220元；每亩总收入为780元，单产为650千克/亩，单价为1.2元/千克；每亩种植纯收益为252元。

表 2　种植牧草及其他作物的成本收益情况

项　目	计量单位	黑麦草	小麦
一、种植面积	亩	0.4	1.2
二、每亩种植总成本	元	452	528
1. 种子费	元	27	8
2. 人工费	元	250	300
3. 肥料费	元	175	220
4. 水电费	元		
5. 机械费	元		
6. 其他费用	元		
三、每亩种植总收入	元	800	780
1. 单产	千克/亩	4 000	650
2. 单价	元/千克	0.2	1.2
3. 其他	元		
四、每亩种植纯收益	元	348	252

资料来源：本研究整理。

同时，受林业补贴较高的影响，当地林草争地矛盾明显，一般种植林木每年可补贴 400 元/亩，种植水果每年补贴 800 元/亩，而种草每年仅补贴 20 元/亩，农户一般会选择种植林木。另外，由于龙陵县地处滇西，地势高低相差悬殊，形成 6 种气候特征，特别适合中药材生长，是石斛的主要产地。目前全县石斛种植面积由 2006 年的 13.6 万平方米发展到现有的 84 万平方米，年均可吸纳农村劳动力、下岗工人 1 000 人左右，会员人均纯收入在 2009 年就超过 4 440 元，高于全县农民人均纯收入 53.37%[①]。

五、当地牧草产业发展的主要难点

(一) 牧草资源开发利用不足，优质豆科牧草短缺

受以下因素影响，云南牧草资源开发利用仍不足。一是草地生物多样

① 资料来源：龙陵县林业局。

性受到严重破坏，云南省目前已有15%～20%的动植物种类面临灭绝的威胁。二是收集保护投入不足，基础薄弱，相关技术不完善。三是缺乏对牧草种质鉴定等方面的系统性深入研究，使得品种不清，利用价值不明，难以开发利用。云南的饲草基本能满足需求，但面临的突出问题是优质高产适应性强的豆科品种较为缺乏。目前，云南广泛种植的牧草品种以禾本科牧草为主，虽然白三叶、紫花苜蓿等品种通过农耕技术能在土壤水肥条件好的地上生长，但是难以发挥其高产潜力，其种植范围受到很大的限制。根据对龙陵县的调查，目前能形成优势当家牧草的仅有白三叶、多年生黑麦草、鸭茅、非洲狗尾草，豆科牧草中，仅有白三叶基本表现出较强的适应能力。

（二）牧草生产技术水平有待进一步提高

栽培方面，存在热带人工草地豆禾混播中适宜豆科品种选择、人工草地建植当年杂草的有效防控、氮肥的合理使用、牧草合理利用等技术难题。田间管理方面，一方面重种疏管，牧草产量低、质量差，改良草地和人工草地退化的现象明显，如龙陵县乌木山基地，由于缺乏合理的草地利用制度以及超载、过牧等现象存在，导致草地的过早退化；另一方面未能有效掌握合理的刈割时间，以及象草、王草等刈割型牧草的产量与品质关系，放牧利用牧草存在放牧强度不合理现象。加工方面，草产品深层次加工利用尚未开展，青贮料存在品质较差，并且浪费较大的问题，在原料、青贮技术、利用等方面存在许多需要解决的一般性技术性问题。

（三）牧草生产商品化、规模化、专业化程度低下

受以下因素的影响，牧草生产的商品化、规模化、专业化程度较低。一是云南地形较为复杂，西北高、东南低，约94%的面积是山地，且山高坡陡，普遍缺乏水利排灌设施和机械耕作设施，种草土地的基础设施较差，水肥调控能力较差，土地产出率较低，不利于形成有利的牧草生产商品化、规模化、专业化条件。二是由于云南气候湿润，难以对牧草进行加工储存，牧草生产商品化程度较低。三是农民种草仅局限于养畜利用，未形成以提升牧草饲料的经济价值和商品化程度的规模化、专业化生产。

（四）牧草种植比较效益相对较低

一是结合德宏芒市、龙陵县的调研，牧草种植效益虽然要高于粮食作

物，但是中药材、花卉、水果等种植效益要远远高于牧草种植，同时一些地方政策加大对烤烟种植的支持以及林业补贴较高等，对牧草种植发展形成一定的限制。二是土地费用高。受人多地少的影响，发展高效优质牧草的土地紧缺，土地使用费较高。三是干燥成本和运输成本高。云南雨热同季，牧草生长最快的时期正是雨水最多的时期，此时生产草产品全靠煤电机械烘干，干燥成本较高，加上云南交通不便，运输成本也较高，所以草产品成本必然较高。四是市场体系不完善。结合对德宏芒市、龙陵县的调研，牧草种植一般以自种自用为主，未形成商品市场，经济效益不明显。

（五）草地畜牧业总体发展不足

当前来看，云南草地畜牧业发展仍较慢，一是云南的草地畜牧业尚处于逐步发展阶段，投资规模和生产规模普遍较小，畜牧业龙头企业数量少，产业化程度较低，以农户为主的小规模畜禽养殖仍是主流，农民依靠自身力量就可解决小规模家庭养畜的饲用牧草，一般情况下不愿花钱购买商品牧草产品来发展畜禽生产。二是缺乏能高效转化牧草产品的优良畜禽品种。草产品经济效益最终需要靠畜产品进入流通市场来体现，由于缺乏能高效转化牧草产品的优良畜禽品种，一定程度上影响着种草养畜经济效益的体现。三是草畜结合的科学喂饲技术仍不完善，影响着畜禽对牧草的转化效率，进而影响其经济效益。根据对龙陵县的调研，一方面局部地区大牲畜存栏少，同时在饲喂过程中，牧草一般不经过机械的加工，浪费大，利用率低下。

六、相关措施建议

（一）加强牧草产业发展的政策扶持

要把牧草产业的发展定位于提供饲草料、保护生态环境的角度，因此政府要加强政策扶持。一是要对牧草种植方面给予草种和种植补贴，进一步提高补贴标准。二是积极支持发展牧草选育与良种繁育基地建设，通过项目支持等方式，在不同生态区域建立稳定的、规模化牧草良种繁育基地，推进优良牧草培育及良种繁育工作。三是政府应对积极发展草畜产业的企业和个人给予政策鼓励和资金扶持。四是要制定云南草地畜牧业发展规划，积极发展品牌畜牧业，如龙陵县黄山羊等，培育、引进和推广能高效利用牧草产品的节粮畜禽，提高畜牧业的专业化、规模化程度。通过发展品牌效应，体现牧草产业的经济效益。

（二）积极推行草田轮作、林草间作模式，推进冬闲田牧草种植的区域化、规模化发展

结合云南土地资源少，土地使用费用高的现实情况，应积极发展草田轮作、林草间作模式。开展草田轮作模式、林草复合系统研究，总结不同区域的典型模式并进行推广，使土地资源得到更充分的利用，实现二元种植结构向三元结构的转变。根据云南牧草种植比较效益低下、冬闲田牧草种植逐步发展的实际情况，积极推进冬闲田牧草的区域化、规模化发展，通过农田耕地季节性承包，采取专业合作社、“公司＋基地＋农户”等模式，积极探索集中连片种植的有效形式，开展冬闲田牧草的产业化生产经营。

（三）加强牧草生产的关键技术研究与推广

牧草生产技术是牧草产业发展的关键环节。一是要整合政府、云南省草地动物科学研究院、国家牧草产业技术体系德宏综合试验站等草业相关部门的力量，针对云南牧草生产的关键技术，进行合作规划，开展相关研究。二是重点开展亚热带速生型优质高产牧草新品种培育或筛选，当家牧草品种的良种繁育技术，草产品加工和利用技术，草地持续利用与杂草防除技术研究。三是加强技术推广的社会化服务体系建设，有计划的组织现场技术指导、培训班等形式，解决农民种草面临的突出技术难题。

（四）积极开发草山草坡资源

草山草坡是实现农区草业发展的基础。一是要积极争取国家南方草山草坡综合开发示范工程项目等，推进云南草山草坡资源的开发利用。二是开展相关研究，选择适宜草山改良的牧草良种。三是结合草山草坡开发情况，采用建立中小型牧场、划给农民自留山等多种形式，实现草畜有效结合。

参考文献

全国畜牧总站.2009. 草原基础数据册（2001—2008）. 中国草业统计.

德宏州人民政府．德宏州畜牧业发展“十二五”规划．
云南省肉牛和牧草研究中心．优良牧草新品种的引进、选育及推广研究报告．
国家牧草产业体系德宏试验站．云南省发展节粮畜牧业，牧草先行调研报告．
国家牧草产业体系德宏试验站．牧草产业技术需求调研报告．
龙陵县畜牧局．龙陵县发展节粮型畜牧业—草业先行调研报告．
左应梅，黄必志．2000. 云南牧草引种概况及草业发展建议［J］．四川草原（6）．
尹俊，孙振中，等．2008. 云南牧草种质资源研究现状及前景［J］．草业科学（10）．
杨丽萍．2005. 云南牧草种子生产现状及前景［J］．云南农业（9）．

新疆牧草产业发展调研报告*

——基于昌吉、哈密的典型调研

杨　春　王明利

摘要： 进入新世纪以来，新疆的牧草产业发展基本经历了“增长期—回落期—调整期”的转变，目前草原建设管理正不断加强，人工牧草进一步发展，牧草种子产业处于起步发展阶段，牧草加工业有所发展。政府在推动牧草发展方面，开展了牧草种植补贴、结合牧民定居工程发展种草养畜、引进优良品种并进行牧草种植技术的研究推广、人工饲草料基地建设、草原生态补奖机制、对低产田实施退耕还草等措施。从牧草种植成本收益来看，新疆牧草种植效益略好于小麦等传统作物，但远低于瓜果等经济作物。值得注意的是，当前，新疆牧草产业发展仍受畜牧业发展水平低下和水资源制约等影响，生产发展总体水平比较低、种植效益优势不突出、产业化程度低。在此基础上，本研究提出如下建议：积极发展新疆畜牧产业，提高牧草生产技术水平，发展节水牧草种植，加强优质牧草种子的生产以及牧草龙头加工企业发展，发展林（果）草套种、粮草轮作等多元化模式，推行牧民定居工程和草地畜牧业发展相结合的运行机制等政策建议。

新疆是我国四大牧区之一，畜牧业发展具有非常悠久的历史，伴随传统畜牧业向现代畜牧业的逐步转变，牧草产业发展对推动新疆畜牧业发展发挥重要作用。为深入了解新疆牧草产业发展情况，牧草产业经济团队于2011年8月15～22日，赴新疆草地资源与生态实验室草地生态试验站，

---

* 本研究报告是作者对国家牧草产业技术体系昌吉综合试验站以及昌吉州和哈密地区调研的基础上完成的，在此对试验站及相关畜牧主管部门的大力协助表示感谢！

牧草体系昌吉综合实验站，莫索弯地区农八师 148 团，昌吉阿什里乡金涝坝村，哈密地区巴里坤县奎苏镇南湾村、大柳沟牧民搬迁点、石仁子乡三村、回城乡奶牛养殖大户等，通过与科研院所、当地主管部门、典型种草户、养殖大户等进行座谈，对新疆牧草发展情况进行深入调查。现将调研情况汇报如下。

一、新疆牧草产业发展基本现状

（一）新疆牧草产业发展历程

进入新世纪以来，伴随畜牧业发展由“放牧畜牧业”为主向“暖季放牧，冷季舍饲”以及“草地畜牧业”的转变，新疆牧草产业发展基本经历了“增长期—回落期—调整期”的转变。

1. 增长期（2001—2004 年）

这期间，在畜牧业逐步发展、退牧还草工程实施，以及国家对牧草发展大力扶持的背景下，新疆的牧草种植面积稳步增加。2001—2004 年，新疆的大牲畜年底头数由 630.7 万头增加到 716.6 万头，羊年底只数由 3 764.9万只增加到 4 266.7 万只[①]。与此同时，新疆年末保留种草面积由 2001 年的 2 713.2 万亩增加到 2004 年的 3 363.4 万亩；苜蓿年末种草保留面积由 668 万亩增加到 903 万亩，苜蓿年干草产量由 300.6 万吨增加到 487.6 万吨。牧草种子田面积由 3 万亩增加到 10.1 万亩，主要是由于在 2000—2003 年，国家投资建立了 9 个牧草种子基地[②]（总面积为 9.35 万亩），牧草种子产量由 1 580 吨增加到 2 525 吨。

2. 回落期（2005—2007 年）

此期间受全国牧草政策扶持减弱、牧草种植比较效益下滑以及草原禁牧政策下牲畜饲养量减少的影响，新疆牧草种植面积有所回落。2005—2007 年，新疆的大牲畜年底头数由 739.7 万头减少到 601.1 万头，羊年底只数由 4 355.5 万只减少到 3 835.2 万只；新疆年末保留种草面积、苜

---

① 大牲畜包括牛、马、驴、骡、骆驼，羊包括山羊、绵羊。

② 其中苜蓿种子、红豆草等豆科牧草种子基地 5 个，无芒雀麦等中生禾本科牧草种子基地 2 个，木地肤、驼绒藜等旱生牧草种子基地 2 个。

蓿年末种草保留面积均为 2000 年以来的较低水平，平均年末保留种草面积为 2 359.7 万亩，平均苜蓿年末种草保留面积为 309.6 万亩；牧草种子田面积年平均为 8.8 万亩。

3. 调整期（2008 年以来）

受 2008 年“三聚氰胺事件”下国内牧草需求激增、以及牧民安置工程扶持种草养畜的发展，新疆牧草种植面积大幅回升，尤其是苜蓿的种植面积增幅明显，2008 年年末保留种草面积、苜蓿年末种草保留面积均为 2000 年以来的最高水平，分别为 3 535.5 万亩、1 948.7 万亩。之后，由于受牲畜饲养量减少，牧草种植技术限制，牧草市场价格波动较大，种植林果业、棉花、番茄等经济作物效益明显增加等因素影响，牧草种植面积明显减少。新疆大牲畜年底头数由 2008 年的3 025.7万头减少到 2010 年的 3 013.4 万头，羊年底只数由 2008 年的 543.4 万只减少到 2010 年的 536.8 万只。2009 年，新疆年末保留种草面积为2 160.2万亩，苜蓿年末种草保留面积为 492.2 万亩，种子田面积为 11.6 万亩（图 1、图 2）。值得注意的是，此阶段，牧草产品在逐步优化，单产有所提升，2009 年，苜蓿草单产为 784 公斤/亩，为 2001 年以来的最高水平（图 1、图 2），一些地区，苏丹草干草单产达每年每亩 1.5 吨，青贮玉米鲜草单产达每年每亩 4.5 吨以上。

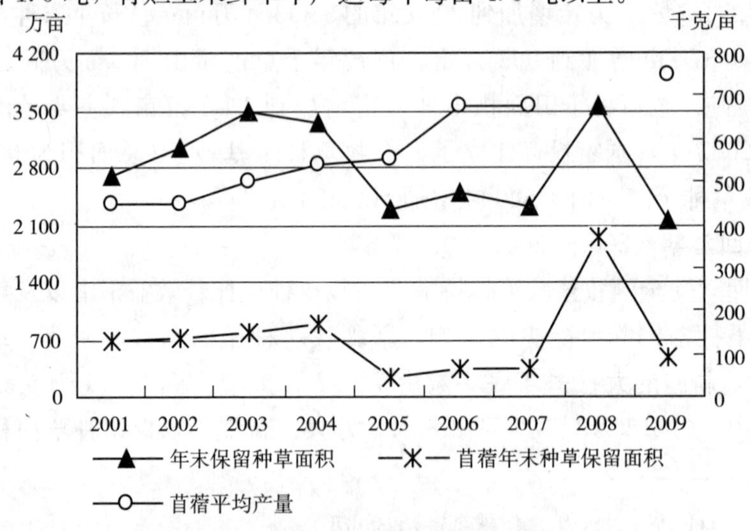

图 1 2001 年以来新疆牧草种植情况

资料来源：历年《中国草业统计》

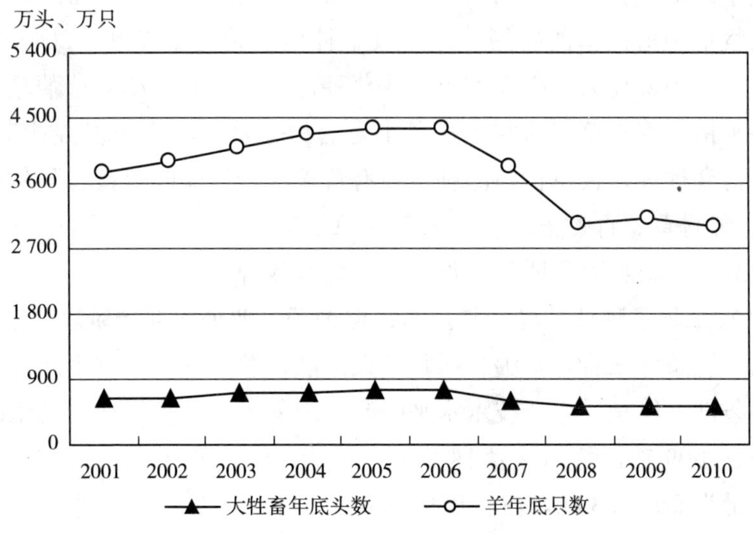

图 2　2001 年以来新疆牲畜饲养量情况

资料来源：历年《中国统计年鉴》

（二）新疆牧草产业发展主要特点

纵观新疆牧草生产发展情况，主要有以下四个方面的特点。

1. 草原建设管理不断加强，禁牧休牧面积明显增加

2000 年以来，新疆相继实行了天然草原植被恢复与建设、优良牧草种子繁育基地、草原围栏建设、天然草原退牧还草工程、人工饲草料基地建设、牧民定居建设、草原承包经营责任制、草原生态保护补助奖励机制等项目，草原建设管理不断加强。目前，新疆草原总面积基本保持在 86 888.2万亩，全区已建成人工草料基地 63.3 万亩，改良草地 449.5 万亩，优良牧草种子基地 9.7 万亩，草原围栏 9 027 万亩，其中禁牧围栏 2 624万亩，休牧围栏 5 733 万亩，划区轮牧围栏 670 万亩。2009 年，新疆草原可利用面积为 72 020.2 万亩，比 2001 年减少了 39.8 万亩，禁牧面积由 2004 年的 842 万亩大幅增加到 2009 年的 5 374.7 万亩，增加了 6.38 倍。

2. 人工牧草逐步发展，成为天然草原的有效补充

20 世纪 80～90 年代以来，由于新疆天然草场资源丰富，牲畜养殖主要以放牧为主，人工牧草种植相对较少，此阶段，年平均苜蓿种植面积基

本在 204 万亩左右。2001 年以来，随着新疆传统畜牧业向现代畜牧业的转变及牧草种植技术的发展，人工牧草种植开始逐步发展，2004 年苜蓿播种面积达到最高为 451.5 万亩。牧草种植方式主要有小麦苜蓿轮作、苜蓿滴灌种植、苏丹草苜蓿混播、冬小麦套种苏丹草、春小麦混播苏丹草、棉花苜蓿套种等。牧草种植品种主要有苜蓿（新疆大叶苜蓿、阿尔刚金苜蓿等）、苏丹草、青贮玉米等。人工牧草发展成为，近年来新疆草原可利用面积减少、禁牧面积明显增加情况下的有效补充。

3. 牧草种子种植环境优势显著，但种子产业处于起步阶段

从环境条件来看，新疆日照长，太阳能资源丰富，具有生产种子的良好气候条件。但是受生产技术水平限制等因素影响，种子产业处于起步发展阶段。2009 年，新疆牧草种子田面积为 11.6 万亩，占全国的 3.5%，种子产量为 9 944.8 吨，占全国的 4.8%。目前，新疆牧草种子生产仍供应不足，呈依赖外地供应的格局，据相关研究，每年经新疆牧草种子质量检验中心检验的入疆牧草种子就达 1 000 吨左右。

4. 牧草加工业有所发展

近年来，新疆的牧草加工业正逐步发展完善。牧草加工企业主要有：哈密市长河集团、乌苏市佳禾草业科技有限公司、八卦草业等，其生产能力分别为 5 000 吨、3 300 吨、500 吨，生产的草产品主要有紫花苜蓿、青饲青贮玉米、红豆草等。

二、典型调研点昌吉市和哈密地区基本情况

（一）昌吉市

昌吉市位于天山北麓，地处亚欧大陆腹地，准噶尔盆地南缘，地势南高北低，地貌类型可分为南部山地、中部平原、北部沙漠三大部分。总面积 8 215 平方公里，其中：山区占 40.7%，平原占 32.5%，沙漠占 26.8%。2010 年，昌吉市有乡镇数 10 个，乡村户数 32 989 户，其中牧业户数 5 779 户；乡村人口数 114 477 人，其中牧业人口数 18 669 人；牧业产值占农林牧渔总产值的 51.80%。2010 年，昌吉市农作物播种面积为 91.00 万亩，其中粮食作物播种面积为 49.60 万亩（小麦 35.85 万亩、玉

米11.25万亩)，其次是棉花23.49万亩，蔬菜8.58万亩，另外昌吉市是昌吉回族自治州番茄种植的主产区。

1. 天然草场

目前，昌吉市的草场面积约为4 000万亩，草场类型主要是高寒草甸草原（一般为夏牧场）、亚高寒草甸草原（一般为秋冬牧场）、平原荒漠（沙质荒漠400万亩、土质荒漠100万亩）等。冬牧场的面积约为1 200～1 400万亩。近年来，部分草场生态环境问题严重，主要在天山附近海拔800～1 200米的春秋牧场。针对此问题，地方政府实施了禁牧措施，对沙漠前沿十几公里的区域禁牧300万亩。

2. 人工牧草

伴随畜牧业快速发展，昌吉市加大了对畜牧业发展的投入，并且在优质牧草种植上给予支持。昌吉市种植的人工牧草主要有苏丹草、苜蓿（新牧系列）、青贮玉米（新贵一号）等，种植方式主要以苏丹草苜蓿混播、冬小麦套种苏丹草、春小麦混播苏丹草。2009年、2010年、2011年昌吉市优质牧草种植面积分别为275 784亩、71 000亩、73 000亩[①]。其中，昌吉市苜蓿种植在2005年—2007年以来有所下滑，但从2008—2009年有所回升，苜蓿产量由2008年的2 839吨增加到2009年的4 146吨，2010年苜蓿产量减少到817吨（表1）。

表1　2005年以来新疆及调研点苜蓿产量情况

单位：吨

年份	新疆	昌吉地区	昌吉市	哈密地区
2005	2 545 374	142 101	20 069	64 285
2006	1 979 980	111 917	19 186	52 072
2007	1 645 744	100 099	11 343	50 553
2008	1 292 851	27 954	2 839	21 284
2009	1 270 573	42 059	4 146	77 484
2010	1 045 820	34 413	817	31 009

注：其中新疆的苜蓿产量不包括生产建设兵团。

资料来源：历年《新疆统计年鉴》。

① 资料来源：昌吉市草原站，2011年10月8日。

（二）哈密地区

哈密地区地处新疆的东部，东与甘肃省酒泉市相邻，南与巴音郭楞蒙古自治州相连，西与吐鲁番、昌吉回族自治州毗邻，北与蒙古国接壤。全地区总面积约15.3万平方千米，占新疆总面积的9%，为新疆第三大地州。2010年，哈密地区有乡镇数31个，乡村户数52 270户，其中牧业户数13 028户；乡村人口数178 673人，其中牧业人口数48 728人；牧业产值占农林牧渔总产值的43.66%。2010年，哈密地区农作物播种面积为57.77万亩，其中粮食作物播种面积为24.89万亩（小麦16.46万亩、玉米2.80万亩），其次是棉花14.98万亩，果用瓜5.17万亩，当地以哈密瓜为代表的特色农业发展较快。

1. 天然草场

根据草地分类系统，哈密地区的天然草地共划分为9个草地类、19个草地亚类、123个草地型。哈密地区实际使用天然草地总面积5 373.3万亩，可利用天然草地5 019.9万亩。其中：哈密市天然草地2 384.3万亩，可利用天然草地2 228万亩；巴里坤县天然草地2 159.4万亩，可利用天然草地1 997.9万亩；伊吾县天然草地829.6万亩，可利用天然草地794万亩。

2. 人工牧草

近年来，哈密地区加大了人工种草扶持力度。2010年，哈密地区苜蓿等多年生牧草实际种植面积为42 986.2亩，其中哈密市153亩（红豆草），巴里坤县28 767.2亩（苜蓿），伊吾县14 066亩（苜蓿）；青贮玉米实际种植面积61 114.9亩，其中哈密市38 190.5亩，巴里坤县17 770.0亩，伊吾县5 154.4亩。哈密地区苜蓿种植面积同样也是在2005—2007年以来有所下滑，但从2008—2009年逐步增加，哈密地区苜蓿产量由2008年的21 284吨增加到2009年的77 484吨，增加了3.64倍（表1），2010年，苜蓿产量明显下降，为31 009吨。2011年，哈密地区预计种植人工草地和改良天然打草场55.45万亩。

三、政府在推动牧草发展方面的主要做法

根据对新疆昌吉市、哈密地区的实地调研，政府在推动牧草发展方面

的主要做法如下。

（一）实行牧草种植补贴

根据对昌吉地区的调研，随着近年来畜牧业的发展，昌吉市更加关注优质牧草种植，从2009年以来，对牧草种植实施补贴。具体如下：2009年，对种植牧草户每亩补贴30元，2010年和2011年进一步细分，对农区种植优质牧草每亩补贴30元，对牧区种植优质牧草每亩补贴50元。在此项政策的推动下，农牧民种植牧草的积极性极大提高，优质牧草的种植面积逐年增加。

根据对哈密地区的调研，为加快当地畜牧业发展，特下发了《关于加快地区现代草业发展的实施意见》，哈密地区采用“以奖代补”形式，加大了牧草种植补贴。①对人工种草给予每亩10元的牧草良种补贴；②对牧区连片种植50亩以上、农区连片种植100亩以上苜蓿等多年生牧草，且当年保苗率达到90%以上，第二年保存面积不减少的，由地、县（市）财政通过“以奖代补”形式分三年给予每亩400元的补助；第一年补助100元、第二年补助150元、第三年补助150元。③对连片种植300亩以上青贮玉米等优质牧草，且山南区域（包括淖毛湖、三塘湖）生物产量达到每亩6吨以上，山北区域生物产量达到每亩4吨以上的，由地、县（市）财政通过“以奖代补”形式当年给予每亩地100元的补助。

（二）结合牧民定居工程发展种草养畜

新疆有14个地区（州）84个县（市区），其中牧业县22个，半农半牧业县15个。自1986年新疆自治区畜牧工作会议提出牧民定居以来，新疆逐步开展牧民定居工程。到2010年底，新疆实现了10.65万户、50.74万人的牧民定居。牧民定居后，首要解决的就是饲草料供应问题。根据对哈密地区的调研，哈密地区下涝坝乡大柳树沟村牧民定居点，结合近年来开展的牧民定居工程，积极实行开荒地种草养畜，目前已定居100户，到2011年底预计新增100户，每户分50亩地，以发展草地畜牧业。

1. 引进优良品种并开展牧草种植技术研究推广

结合高温干旱气候、土壤及沙壤土盐碱瘠薄等生长情况，2009年哈密市开始开展了农区饲草料基地开发技术集成与示范项目，2010年哈密

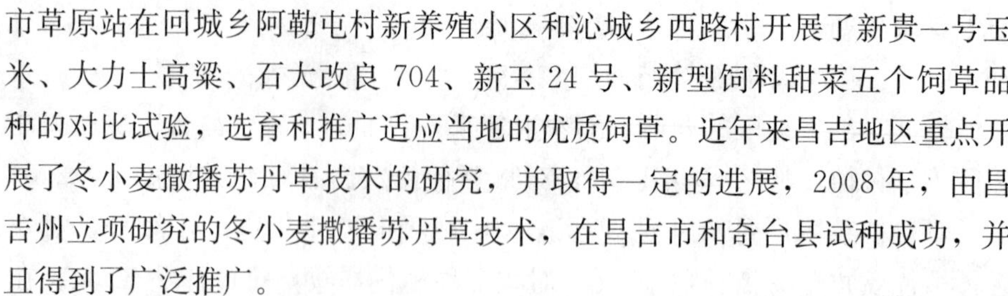

市草原站在回城乡阿勒屯村新养殖小区和沁城乡西路村开展了新贵一号玉米、大力士高粱、石大改良 704、新玉 24 号、新型饲料甜菜五个饲草品种的对比试验，选育和推广适应当地的优质饲草。近年来昌吉地区重点开展了冬小麦撒播苏丹草技术的研究，并取得一定的进展，2008 年，由昌吉州立项研究的冬小麦撒播苏丹草技术，在昌吉市和奇台县试种成功，并且得到了广泛推广。

2. 重视人工饲草料基地建设

近年来，哈密地区逐步重视人工饲草料基地建设，一是积极争取对人工饲草料基地建设规划区域的种草项目支持。二是加大了饲草种植的水利等基础设施建设，通过牧区水利工程建设、完善水利基础配套设施、实施高效节水灌溉以及农区退粮退棉种草，实现人工饲草料基地的水源保障。并且对在人工饲草料基地实施高效节水工程的，由各县（市）给予配套补助，使补助标准高于其他作物。三是逐步完善饲草料基地建设的扶持政策，引导、鼓励农牧民通过土地流转，连片规模发展人工饲草料基地，并在机械化作业方面给予扶持。

3. 实施草原生态补奖机制

2011 年，哈密地区和各县（市）相继成立了草原生态保护补助奖励机制工作领导小组，形成了《哈密地区落实草原生态保护补助奖励政策实施方案》。对哈密地区生态环境非常恶劣草原、植被严重退化的草原、不宜放牧的草原和核心风景区草原 1 145 万亩，实行禁牧封育，5 年为一个禁牧周期，每年按中央政策 6 元/亩给予补助（具体标准将按自治区统一规定执行）；对禁牧区域以外的全部可利用草原 3 956.6 万亩，在核定合理载畜量的基础上，对没有超载放牧的牧民每年每亩按照 1.5 元标准给予奖励；对地区牧民按每户每年 500 元的标准实行生产资料综合补贴。

4. 对低产田实施退耕还草

针对地质不好、种植粮食产量较低的土地，通过扶持种植牧草，一方面改善地质，另一方面增加饲草种植。根据对哈密地区的调研，该区近年来出台了针对亩产达不到 300 千克的小麦地实行全部退耕还草、种植苜蓿等多年生优质牧草的措施。

四、种植牧草与其他作物的成本收益分析

结合对新疆的昌吉市、哈密地区的实地调研，对种植牧草与其他作物的成本收益情况进行了对比分析。

（一）昌吉市

1. 牧草种植成本收益分析

根据 2011 年调研情况，昌吉市滴灌苜蓿种植效益最好，其次是苏丹草、青贮玉米。但苜蓿前期投入及后期维护要求较高。

（1）滴灌苜蓿种植。由于新疆气候干旱，苜蓿节水灌溉种植在近年来得到发展。根据对莫索弯地区农八师 148 团地下滴灌苜蓿种植的调研，苜蓿滴灌主管间距一般为 60 厘米最佳，滴灌以 1～1.5 厘米的浅埋为宜，使用 5 年后进行更换。滴灌苜蓿每亩种植成本为 1 120～1 220 元，其中种子费 18 元，人工费 200 元，肥料费 15 元，水费 7 元，机械费 60 元，土地承包费 120 元，滴灌设备折旧及摊销费用 700～800 元；滴灌苜蓿每亩种植收入为 2 025～2 160 元，其中苜蓿干草单产为 1.5～1.6 吨/亩，价格为 1.35 元/千克；则每亩种植纯收益在 905～940 元之间（表 2）。

（2）苏丹草苜蓿混播。苏丹草苜蓿混播模式，主要以苏丹草种植为主，混播苜蓿主要是为了改善地质。一般第一年种植苏丹草和苜蓿，并以苏丹草为主，一年收割 3 茬，之后则主要种植苏丹草。根据对阿什里乡金涝坝村木会衣提农户的调研，2011 年该户种植苏丹草苜蓿混播面积 5.5 亩，每亩种植成本为 1 279 元，其中种子费 45 元，人工费 1 000 元，肥料费 54 元，水电费 40 元，机械费 140 元；每亩种植总收入为 1 800 元，其中苏丹草单产为 1 500 千克/亩，单价为 1.2 元/千克/亩；则每亩种植纯收益为 521 元（表 2）。

（3）苏丹草小麦套种。近年来，昌吉市开展了冬小麦撒播苏丹草技术的研发与推广，成效显著。该项技术通过冬季种植冬小麦，在冬小麦灌溉第一次水前，把苏丹草种子种植到地里，到第二年 7 月份小麦收割时，苏丹草仅有 4 厘米左右高，不会影响小麦收割。麦收之后，只需浇两次水、施一次肥，到 9 月底就可收获苏丹草。根据对阿什里乡金涝坝村木会衣提农户的调研，2010 年该户种植苏丹草麦子套种面积 15 亩，苏丹草方面，每亩种植成本为 1 279 元，其中种子费 45 元，人工费 1 000 元，肥料费 54 元，水电费 40 元，机械费 140 元，每亩种植总收入为 1 000 元，其中苏丹草单产为 1 000 千克/亩（受干旱影响，单产降低），单价为 1 元/千克；小麦方面，每亩种植成本为 750.5 元，其中种子费 52.5 元，人工费 400 元，肥料费 126 元，水电费 60 元，机械费 110 元，其他费用 2 元，每亩种植总收入为 840 元，其中小麦单产为 400 千克/亩，单价为 2.10 元/千克，小麦秸秆的销售收入为 269.5 元；每亩种植纯收益为 80 元（表 2）。

（4）青贮玉米。根据对阿什里乡金涝坝村木会衣提的调研，2011 年该户种植青贮玉米 13 亩，青贮玉米每亩种植成本为 1 418 元，其中种子费 130 元，人工费 1 000 元，肥料费 108 元，水电费 60 元，机械费 120 元；每亩种植总收入为 1 750 元，其中鲜草单产为 5 000 千克/亩，鲜草价格为 0.35 元/千克；每亩种植纯收益为 332 元（表 2）。

2. 其他作物种植成本收益分析

根据 2011 年调研情况，昌吉市苏丹草苜蓿混播种、青贮玉米的种植效益高于粮食作物（主要是小麦），但远低于种植番茄等经济作物。

（1）小麦。根据对阿什里乡金涝坝村木会衣提的调查，2011 年该户种植小麦 10 亩，小麦每亩种植成本为 750.5 元，其中种子费 52.5 元，人工费 400 元、肥料费 126 元、水电费 60 元、机械费 110 元、其他费用 2 元；小麦每亩种植收入为 1 025.5 元，其中小麦单产为 350 千克/亩，小麦价格为 2.16 元/千克，小麦秸秆的销售收入为 269.5 元；每亩种植纯收益为 275 元（表 2）。小麦种植效益要低于苏丹草苜蓿混播、青贮玉米种植。

表 2　昌吉市种植牧草及其他作物的成本收益情况

单位：亩、元、千克/亩、元/千克

项　目	农八师 148 团		阿什里乡金涝坝村农户木会衣提				
	2011 年		2011 年		2010 年		
	滴灌苜蓿	苏丹草苜蓿混播	青贮玉米	小麦	苏丹草麦子套种		青贮玉米
					苏丹草	冬小麦	
一、种植面积	1000	5.5	13	10	15	8	

（续）

项 目	农八师148团		阿什里乡金涝坝村农户木会衣提				
	2011年		2011年		2010年		
	滴灌苜蓿	苏丹草苜蓿混播	青贮玉米	小麦	苏丹草麦子套种		青贮玉米
					苏丹草	冬小麦	
二、每亩种植总成本	1 120～1 220	1 279	1 418	750.5	1 279	750.5	1 418
1. 种子费	18	45	130	52.5	45	52.5	130
2. 人工费	200	1 000	1 000	400	1 000	400	1 000
3. 肥料费	15	54	108	126	54	126	108
4. 水电费	7	40	60	60	40	60	60
5. 机械费	60	140	120	110	140	110	120
6. 土地承包费	120						
7. 滴灌费用	700～800						
8. 其他费用				2		2	
三、每亩种植总收入	2 025～2 160	1 800	1 750	1 025.5	1 000	840	1 600
1. 单产	1 500～1 600	1 500	5 000	350	1 000	400	5 000
2. 单价	1.35	1.20	0.35	2.16	1.00	2.10	0.32
3. 其他				269.5		269.5	
四、每亩种植纯收益	905～940	521	332	275		80	182
五、其他							
1. 销售比例		0	0				0
2. 销往地区		无	无				无

资料来源：根据对农户的调研结果进行整理。滴灌苜蓿的调研点为莫索弯地区农八师148团，其他牧草及粮食作物的调研点为阿什里乡金涝坝村农户木会衣提。苏丹草苜蓿混播的单产、价格按干草计算，青贮玉米的单产、价格按鲜草计算。用工价格按每个工100元计算。小麦种植成本中，其他费用主要指农药费；小麦种植收入中其他项主要指其副产品麦秸销售。

（2）其他作物成本收益。棉花。据新疆自治区统计局统计，2011年全区棉花播种面积2 457万亩，较上年增加266万亩，增长12%。棉花种植成本收益方面，种植棉花每亩总成本为 1 694.21 元，每亩现金收益为 1 113.79 元，则每亩净利润为 580.42 元。

番茄。目前，番茄业种植业已成为昌吉州的重要经济作物，是农民增收的重要途径。根据相关研究，番茄每亩种植成本约为 1 200 元，种植纯收益为 1 040 元。

(二) 哈密地区

1. 牧草种植成本收益分析

结合 2011 年情况，哈密地区苜蓿混播、套种的种植效益较好，滴灌青贮玉米种植投资大运营成本高，效益不显著。

(1) 苜蓿大麦混播。根据对哈密地区巴里坤县奎苏镇南湾村牧草种植大户李云龙的调研，该种植户从 2010 年种植牧草 800 亩，以苜蓿和大麦混种，苜蓿品种为阿尔岗金。苜蓿大麦混播，每亩种植总成本为 333.4～333.6 元，其中种子费 49.4～49.6 元，人工费 40 元，肥料费 100 元，水电费 60 元，机械费 34 元，土地承包费 50 元；每亩种植总收入为 907.5～960 元；牧草种植补贴为 100 元；则每亩纯收益为 574.1～626.4 元。2011 年，该种植户单纯种植苜蓿，每亩种植成本为 194.1～214.6 元；每亩种植总收入为 402.5～460 元；每亩纯收益为 208.1～245.4 元（表 4）。

(2) 苜蓿小麦套种。根据对下涝坝乡大柳树沟牧民定居点胡尔买提汗，该户属于牧民定居户，有耕地 50 亩，2010 年种植苜蓿 26 亩，以苜蓿和小麦套种。苜蓿和小麦套种，每亩种植成本为 328 元，其中种子费 24 元，人工费 60 元，肥料费 200 元，水电费 24 元，机械费 20 元；每亩种植总收入为 1 097～1 149.5 元；每亩纯收益为 769～821.5 元。2011 年，该种植户单纯种植苜蓿，每亩种植成本为 313 元；每亩种植总收入为 460～575 元；每亩纯收益为 147～262 元（表 4）。

(3) 青贮玉米（滴灌）。根据对石仁子乡三村五组的调研，青贮玉米（滴灌），2010 年，每亩种植成本为 799 元，其中种子费 15 元，人工费 400 元，肥料费 12 元，机械费 132 元，地膜费 40 元，滴灌费用 200 元；每亩种植总收入为 460 元；每亩纯收益为－339 元。2011 年，每亩种植成本为 709 元，其中种子费 15 元，人工费 400 元，肥料费 12 元，机械费

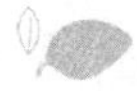

142元，地膜费40元，滴灌费用100元；每亩种植总收入为460元；每亩纯收益为－249元（表3）。

表3　哈密地区种植牧草及其他作物成本收益情况

单位：亩、元、千克/亩、元/千克

项　目	牧草种植大户李云龙		下涝坝乡大柳树沟牧民定居点胡尔买提汗		石仁子乡三村五组	
	2010年	2011年	2010年	2011年	2010年	2011年
一、种植面积	800	800	26	26	400	400
二、每亩总成本	333.4～333.6	194.1～214.6	328	313	799	709
1. 种子费	4.4～4.6　45	4.4～4.6	9　15	9	15	15
2. 人工费	40	30～40	60	60	400	400
3. 肥料费	100	20	200	200	12	12
4. 水电费	60	60～70	24	24		
5. 机械费	34	30	20	20	132	142
6. 地膜费					40	40
7. 土地承包费	50	50				
8. 滴灌费用					200	100
9. 其他费用						
三、每亩总收入	907.5～960	402.5～460	1 097～1 149.5	460～575	460	460
1. 单产	350～400　300	350～400	350～400　2 000	400～500	2 000	2 000
2. 单价	1.05　1.8	1.15	1.05　0.23	1.15	0.23	0.23
3. 其他				269.5		
四、每亩纯收益	574.1～626.4	208.1～245.4	769～821.5	147～262	－339	－249
五、其他						
1. 销售比例						
2. 销往地区						

资料来源：根据对农户的调研结果进行整理。牧草种植单产、价格均按干草计算，青贮玉米的单产、价格按鲜草计算。苜蓿种子费按照5年分摊折算。

2. 其他作物种植成本收益分析

结合2011年情况，哈密地区苜蓿混播、套种的种植效益要高于小麦，但远低于种植哈密瓜等作物的效益。

（1）小麦。根据对哈密地区巴里坤县石人子乡三村六组钱新军的调研，该户种植小麦100亩，2010年，每亩种植成本为464元，其中种子费66元，人工费100元，肥料费150元，水电费80元，机械费68元；每亩种植收益为432元；每亩种植纯收益为－32元。2011年，每亩种植成本为470元，其中种子费70元，人工费100元，肥料费150元，水电费80元，机械费70元；每亩种植收益为600元；每亩种植纯收益为130元（表4）。

表4 哈密地区农户种植小麦成本收益情况

单位：亩、元、千克/亩、元/千克

项 目	2010年	2011年
一、种植面积	100	100
二、每亩种植总成本	464	470
1. 种子费	66	70
2. 人工费	100	100
3. 肥料费	150	150
4. 水电费	80	80
5. 机械费	68	70
6. 其他费用		
三、每亩种植总收入	432	600
1. 单产	240	300
2. 单价	1.8	2.0
3. 其他		
四、每亩种植纯收益	－32	130

资料来源：根据对农户的调研结果进行整理。

（2）其他。近年来，哈密地区实行了特色农业发展战略，把哈密瓜、马铃薯、食用菌和大枣作为重点发展的特色农产品给予大力扶持，预计到“十二五”末，哈密地区的哈密瓜、马铃薯、食用菌种植面积将分别达到

8万亩、3万亩和100万平方米，林果面积达到50万亩。

目前，哈密地区，哈密瓜种植面积为6.8万亩，亩均纯收益795元左右；马铃薯种植面积为2.19万亩，亩均纯收益813元左右；大枣种植面积达32.88万亩，亩均纯收益2 635元；种植食用菌27.5万平方米，每平方米收益28元左右（表5）。由此看出，牧草种植效益低于当地哈密瓜、马铃薯、大枣和食用菌等特色农产品。

表5　哈密地区其他农产品种植及收益情况

单位：万亩、万平方米、元/亩、元/平方米

农产品	种植面积	种植纯收益
哈密瓜	6.8	795
马铃薯	2.19	813
大　枣	32.88	2 635
食用菌	27.5	28

资料来源：农村信息网．哈密地区农民种植业收入三成以上源自特色农产品（2011－12－17），http：//12582.10086.cn/main/News。

五、牧草产业发展中存在的问题

当前，新疆牧草产业发展仍存在以下问题：

（一）牧草产业受畜牧业发展总体水平低下的影响

虽然，近年来，新疆的畜牧业逐步由传统放牧向舍饲、半舍饲放牧转变，但总体而言，畜牧业发展总体水平低下是制约牧草发展的主要因素。一是品牌畜牧业发展不足，虽然新疆具有许多优良的畜种，如新疆绒山羊、新疆细毛羊、新疆褐牛，无论从肉食上还是毛用及乳品上，新疆畜产品在品质上都有很大的优势，但是具有品牌的高端产品仍不是很多，不利于带动农牧民发展畜牧业。二是长期以来，农牧民形成了靠天养畜的习惯，对牧草有消费的需求，但是不愿用现金去购买牧草产品，使得牧草产品市场仍比较薄弱。三是牧民搬迁项目发展种草养畜中，由于牧户没有更多的流动资金用于购买牲畜，从而在畜牧业未得到足够发展的情况下，牧

草业发展更为缓慢。

（二）牧草生产发展总体水平比较低

总体来看，新疆牧草生产发展水平低下。一是缺乏科学的种植管理。在哈密地区，苜蓿种植并没有进行科学合理轮作倒茬，一些苜蓿地已连续种植 10 年，老苜蓿地翻耕以后继续种苜蓿，不利于新种苜蓿生长。二是牧草技术指导服务不足。在牧草种植中，遇到相关问题，难以得到及时解决。三是牧草种植的机械化程度低下，一些地区还是依靠收获，牧草机械的配套性差，牧草机械技术研发不足。

（三）牧草种植效益优势不突出

新疆的得天独厚的气候条件，使得种植棉花、林果等经济作物优势显著，并且种植效益要明显优于牧草。同时，一直以来牧草种植基本没有补贴，而种植粮食作物有持续稳定的补贴，虽然近年来一些地方出台了补贴政策，但补贴的标准也低于粮食，即使哈密地区补贴相对较高，但仅仅补贴 3 年。另外，新疆种植棉花有相应的农业保险政策等。

（四）牧草产业化程度低

牧草种植业和加工业没有形成规模化、产业化，家畜饲养分散、不成规模是目前新疆草业经营的一个普遍特点。目前新疆普遍存在的现象是种、养、加一体化的生产体系不健全，人工高产饲草料地普遍缺乏，草料加工跟不上，草畜不配套，饲养周期长，草料转化效率低等，使得种草养畜生产成本居高不下，直接影响了农牧民种草养畜的积极性和主动性。

（五）牧草发展受水资源制约

新疆是一个水资源相对贫乏的内陆干旱区，新疆农业用水量占总用水量的 94%，由于灌溉方式落后，灌溉水的有效利用率只有 42%，牧草种植的供水保障是一个很突出的问题。在农区缺水的地方，夏季用水高峰期很难保证牧草种植的及时灌溉。根据对哈密地区的调研，当地苜蓿大部分在三类地种植，水源很难得到保证，使得苜蓿产量低下，据相关调查，哈密地区约有 74%的留茬苜蓿地，水源基本无保证，每年仅能灌溉两次水，亩产干草产量均在 300 公斤以下。

六、推动牧草产业发展的措施建议

结合以上分析，进一步提出推动新疆牧草产业发展的措施建议如下：

（一）积极发展畜牧产业，拉动牧草产业发展

结合新疆地区发展畜牧业的优势，努力营造良好的畜牧业发展政策支持。一是，出台相关政策解决农牧民发展畜牧业面临的资金、土地等问题，如发展畜牧业担保公司，开展贴息贷款、扶贫贷款等。二是，抓住优势，发展品牌畜牧业。三是推行草畜结合的有效发展模式。四是进一步深入落实牧民定居项目，带动定居牧民发展畜牧业。

（二）进一步提高牧草生产技术水平，发展节水种植

把相关科研院所、草业站、昌吉综合试验站、塔里木综合试验站等草业部门，联合成立新疆牧草发展委员会，形成合力，从牧草技术方面加大研究，积极进行试验推广，完善牧草生产技术服务体系。积极争取政府牧草机械购置补贴，推行牧草机械化运作、发展。进一步选育、研发抗旱的优质牧草品种，解决牧草发展水源不足的问题。加大牧草喂饲配方技术的研究，并积极在牧民中进行推广，使其逐步掌握科学的喂养技术。全面实施以节水为中心的灌区续建配套与改造规划，积极发展与粮经饲三元结构调整相适应的灌溉条件，进一步完善牧草种植的节水技术支撑体系。

（三）促进优质牧草种子的生产和牧草加工龙头企业发展

进一步加大牧草种子生产投资，积极建立规范化的牧草种子田基地，加强种子生产管理人员的专业化培训，提高牧草种子生产、加工能力，确保种子质量，实现牧草种子产业化发展。对现有的发展较好的加工企业给予支持，并积极扶持一批新的草产品加工龙头企业，促进草产品加工业的发展。

（四）积极发展林（果）草套种、粮草轮作等多元化模式

加大宣传力度，提高对实施“林（果）草套种、粮草轮作”的认识；开展多元化种植模式的技术研发，并做好对农户的试验推广；采取多种形式举办科学种草、科学养畜等技术培训班，实现牧草种植多元化发展。

（五）推行牧民定居工程和草地畜牧业发展相结合运行机制

一是积极实施以草定畜工作，改变生态环境，保证畜牧业的可持续发展；二是加大人工饲草料建设步伐，按照牧民人均 10 亩地的标准，实施饲草料基地建设，实现减牧不减收，推行现代畜牧业的发展；三是安排技术人员确定技术指标，对牧民的种植、养殖等生产活动进行跟踪服务，及时提供技术指导和服务。

参考文献

国家统计局．中国统计年鉴．2002—2011 年．

新疆维吾尔自治区统计局．新疆统计年鉴．2006—2011 年．

全国畜牧总站．《草原基础数据册（2001—2008）》、《中国草业统计 2009》．

贾伯炜．2004. 新疆苜蓿草产业化发展的思考［J］. 新疆农垦经济（5）.

李景彬，坎杂，等．2005. 新疆生产建设兵团牧草生产机械化现状浅析［J］. 中国农机化，（4）.

马瑛，王承武．2007. 浅谈新疆牧草地利用问题［J］. 水土保持研究，14（4）.

刘新平，吕晓．2009. 新疆牧草地资源利用动态变化及其绩效分析［J］. 干旱区地理（1）.

赵德云，李柱．2004. 新疆牧草生产现状、市场分析与产业化途径［J］. 新疆环境保护（12）.

李学森．2012. 新疆地区牧草产业技术研究进展．

新疆昌吉市委员会文件，关于进一步推动牧区经济发展，加快农牧区一体化建设的实施意见，2011-2-14.

新疆昌吉市委员会文件，关于进一步夯实农业农村发展基础，加快实现农牧业现代化建设的实施意见，2011-2-14.

昌吉市草原站．昌吉市草场资源和人工草地基情况，2011-10-8.

哈密地区草原站．2010 年人工饲草地种植验收报告，2010-10-18.

哈密地区草原站．哈密地区留茬苜蓿调查报告，2010-7-1.

哈密地区草原站．2010 年度地区草原站业务工作总结，2010-12-2.

新疆维吾尔自治区哈密地区行政公署文件哈行署发〔2010〕74 号，关于加快地区现代草业发展的实施意见，2010-7-3.

哈密地区草原站．哈密地区草地资源情况．

哈密地区草原站．哈密地区草原站 2011 年上半年工作总结，2011-6-14.

附　　表

附表1　2011年以来我国苜蓿干草贸易情况

单位：万美元、吨、美元/吨

月份	出口金额	出口数量	出口价格	进口金额	进口数量	进口价格
2011年1月	5.25	456.00	115.13	536.89	18 854.11	284.76
2月	2.62	228.00	114.91	215.50	7 466.95	288.61
3月	12.26	818.00	149.88	661.92	22 426.10	295.16
4月	21.31	1 437.88	148.20	476.36	15 894.46	299.70
5月	6.90	469.45	146.98	612.27	19 846.51	308.50
6月	0.68	21.78	312.76	495.34	15 192.47	326.04
7月	5.05	456.00	110.70	370.44	10 722.40	345.48
8月	0.68	21.66	312.79	833.34	22 402.16	371.99
9月	3.61	163.74	220.45	1 540.59	39 570.80	389.33
10月	4.01	272.40	147.31	1 281.56	32 856.79	390.05
11月	2.13	35.00	608.86	1 858.54	46 722.52	397.78
12月	2.84	25.88	1 097.47	1 473.63	36 513.30	403.59
2011年1—12月	67.34	4 405.79	152.84	10 356.38	288 468.57	359.01
2012年1月	0.35	11.10	312.79	1 033.30	25 253.63	409.17
2月	0.70	22.35	312.80	1 381.08	33 651.27	410.41
3月	2.01	56.35	355.83	1 475.15	35 263.74	418.32
4月	2.64	131.52	200.48	1 454.94	35 089.32	414.64
5月	3.56	250.50	141.95	1 687.48	40 768.34	413.92
6月	14.74	920.30	160.17	1 452.83	35 912.33	404.55
7月	8.78	507.80	172.99	1 555.82	39 609.45	392.79

（续）

月份	出口金额	出口数量	出口价格	进口金额	进口数量	进口价格
8月	10.73	631.50	169.98	1 520.63	40 493.17	375.53
9月	0.70	22.50	312.80	1 998.14	54 168.64	368.87
10月	2.50	37.65	663.51	1 677.13	45 264.22	370.52
2012年1—10月	46.70	2 591.57	180.22	15 236.51	385 474.11	395.27

资料来源：根据海关统计资料进行整理（下同）。

附表2　2011年以来我国苜蓿粗粉及颗粒贸易情况

单位：万美元、吨、美元/吨

月份	出口金额	出口数量	出口价格	进口金额	进口数量	进口价格
2011年1月	26.12	1 253.32	208.41	0.48	23.00	208.70
2月	12.54	602.85	208.01	13.41	7.80	—
3月	7.46	388.02	192.26	15.26	114.26	1 335.55
4月	22.40	1 072.69	208.82	7.15	218.10	327.83
5月	10.94	508.00	215.35	18.91	11.00	—
6月	26.10	1 240.75	210.34	9.26	28.10	3 296.05
7月	14.73	701.94	209.83	6.15	52.54	1 170.93
8月	26.37	1 202.66	219.23	27.09	15.31	—
9月	11.83	481.00	245.91	9.40	109.34	859.79
10月	18.83	827.52	227.52	19.77	11.50	—
11月	24.85	1 119.95	221.89	10.94	363.50	300.97
12月	25.41	1 065.99	238.35	15.73	154.84	1 015.81
2011年1—12月	227.57	10 464.69	217.46	153.55	1 109.28	1 384.23
2012年1月	43.90	1 810.05	242.56	15.79	420.28	375.69
2月	5.47	228.00	240.09	35.04	666.77	525.54
3月	20.54	852.98	240.75	18.28	331.04	552.26
4月	5.82	241.04	241.32	6.84	5.54	12 350.00
5月	27.34	1 150.91	237.55	10.28	85.50	1 201.71
6月	21.79	932.18	233.70	6.67	5.40	12 350.06
7月	13.73	585.15	234.68	15.76	38.33	4 111.01
8月	26.12	1 085.33	240.71	8.65	7.00	12 350.00
9月	8.40	360.00	233.29	26.78	448.18	597.59
10月	14.54	586.75	247.80	9.51	114.04	833.97
2012年1—10月	187.65	7 832.39	239.58	153.59	2 122.08	723.79

附表 3　2011 年以来我国紫苜蓿种子贸易情况

单位：万美元、吨、美元/千克

月份	出口金额	出口数量	出口价格	进口金额	进口数量	进口价格
2011 年 1 月	105.10	415.50	2.53	8.97	19.93	4.50
2 月	5.35	21.50	2.49	0.00	0.00	—
3 月	0.20	0.50	4.00	22.72	57.00	3.99
4 月	10.87	30.55	3.56	21.92	55.02	3.98
5 月	4.28	10.00	4.28	43.68	98.00	4.46
6 月	0.00	0.00	—	7.70	20.00	3.85
7 月	128.63	341.23	3.77	26.20	60.00	4.37
8 月	180.27	287.67	6.27	0.80	1.82	4.41
9 月	18.40	39.18	4.70	7.74	17.00	4.55
10 月	0.00	0.00	—	22.18	39.96	5.55
11 月	21.01	64.50	3.26	7.70	20.00	3.85
12 月	22.90	64.50	3.55	6.82	14.99	4.55
2011 年 1—12 月	497.01	1 275.13	3.90	176.42	403.71	4.37
2012 年 1 月	29.16	86.00	3.39	6.83	15.01	4.55
2 月	28.74	87.00	3.30	32.53	61.75	5.27
3 月	1.09	1.72	6.35	67.36	129.82	5.19
4 月	0.00	0.00	—	142.16	256.57	5.54
5 月	0.16	0.50	3.18	132.53	290.18	4.57
6 月	0.00	0.00	—	147.33	351.24	4.19
7 月	11.52	40.00	2.88	123.59	231.30	5.34
8 月	25.49	110.00	2.32	65.51	100.00	6.55
9 月	11.14	47.40	2.35	65.27	95.77	6.82
10 月	0.00	0.00	—	14.28	16.80	8.50
2012 年 1—10 月	107.30	372.62	2.88	797.38	1 548.45	5.15

附表 4　2011 年以来我国黑麦草种子贸易情况

单位：万美元、吨、美元/千克

月份	出口金额	出口数量	出口价格	进口金额	进口数量	进口价格
2011 年 1 月	0.00	0.00	—	14.80	120.92	1.22
2 月	0.00	0.00	—	55.75	643.47	0.87
3 月	0.02	2.45	0.08	157.06	1 708.64	0.92
4 月	0.00	0.00	—	142.57	1 670.77	0.85
5 月	0.00	0.00	—	107.59	1 110.06	0.97
6 月	0.00	0.00	—	19.08	201.31	0.95
7 月	0.05	0.35	1.44	79.64	672.44	1.18
8 月	0.23	0.56	4.10	293.87	2 262.10	1.30
9 月	0.00	0.00	—	284.85	2 657.76	1.07
10 月	0.00	0.00	—	66.59	711.49	0.94
11 月	6.94	40.00	1.74	8.28	74.84	1.11
12 月	0.24	0.58	4.07	7.23	49.90	1.45
2011 年 1—12 月	7.48	43.94	1.70	1 237.32	11 883.70	1.04
2012 年 1 月	0.00	0.00	—	7.86	49.90	1.58
2 月	0.00	0.00	—	127.26	985.50	1.29
3 月	0.31	5.15	0.60	118.13	729.87	1.62
4 月	0.00	0.00	—	104.61	808.98	1.29
5 月	0.00	0.00	—	116.52	970.57	1.20
6 月	0.00	0.00	—	204.74	1 727.14	1.19
7 月	0.00	0.00	—	249.72	1 680.37	1.49
8 月	0.00	0.00	—	248.07	1 385.00	1.79
9 月	0.00	0.00	—	454.56	3 169.20	1.43
10 月	0.00	0.00	−63.51	747.51	0.85	
2012 年 1—10 月	0.31	5.15	0.60	1 694.96	12 554.04	1.38

附表 5　2011 年以来我国其他三种草种子进口情况

单位：吨、美元/千克

月份	三叶草		高羊茅		草地早熟禾	
	进口数量	进口价格	进口数量	进口价格	进口数量	进口价格
2011 年 1 月	26.00	3.25	588.42	0.88	184.98	2.40
2 月	87.91	3.18	1 525.37	1.01	770.08	2.52
3 月	311.34	3.18	2 959.81	0.99	1 240.49	2.61
4 月	281.54	3.11	2 489.55	0.96	780.95	3.04
5 月	155.96	3.14	932.57	1.05	757.41	2.72
6 月	258.77	3.64	464.82	1.09	355.17	3.26
7 月	90.51	3.12	497.65	1.04	562.43	2.57
8 月	117.08	3.72	1 702.05	1.21	549.28	2.97
9 月	117.66	3.71	1 032.09	1.17	108.36	2.97
10 月	48.75	4.44	341.79	1.23	17.94	4.89
11 月	21.50	3.35	64.30	0.91	17.58	3.71
12 月	74.44	4.00	49.44	1.39	0.00	—
2011 年 1—12 月	1 591.46	3.39	12 647.85	1.04	5344.66	2.76
2012 年 1 月	49.90	3.95	630.22	1.47	297.04	2.43
2 月	321.73	3.59	4 635.77	1.27	2 427.11	2.95
3 月	123.47	3.52	2 988.19	1.49	1203.12	3.23
4 月	364.41	3.93	2 402.22	1.58	892.72	3.01
5 月	561.30	4.01	1 681.32	1.62	553.87	3.21
6 月	133.65	4.49	780.36	1.64	211.34	3.63
7 月	213.95	3.92	302.08	1.81	368.55	3.61
8 月	232.00	4.39	297.30	1.71	214.12	3.61
9 月	42.88	4.17	135.94	1.65	128.53	2.40
10 月	46.50	4.21	290.76	1.41	34.04	4.21
2012 年 1—10 月	2 089.77	3.97	14 144.15	1.47	6 330.43	3.09

附表 6 2011 年以来我国其他饲料植物种子贸易情况

单位：万美元、吨、美元/千克

月份	出口金额	出口数量	出口价格	进口金额	进口数量	进口价格
2011 年 1 月	9.14	61.79	1.48	0.00	0.00	—
2 月	0.00	0.00	—	0.00	0.00	—
3 月	0.94	14.00	0.67	0.00	0.00	—
4 月	2.12	2.19	9.68	2.35	1.00	23.50
5 月	0.00	0.00	—	0.00	0.00	—
6 月	0.00	0.00	—	0.00	0.00	—
7 月	168.14	632.00	2.66	0.00	0.00	—
8 月	148.27	263.10	5.64	4.33	4.50	9.63
9 月	17.28	26.80	6.45	4.69	3.20	14.65
10 月	0.00	0.00	—	0.01	0.01	7.10
11 月	1.23	35.32	0.35	0.00	0.00	—
12 月	7.86	194.58	0.40	8.78	19.96	4.40
2011 年 1—12 月	354.97	1 229.77	2.89	20.16	28.67	7.03
2012 年 1 月	3.96	131.83	0.30	0.00	0.00	—
2 月	0.00	0.00	—	2.25	1.00	22.50
3 月	8.01	103.75	0.77	2.03	1.01	19.99
4 月	2.88	79.64	0.36	5.38	19.54	2.75
5 月	67.91	298.42	2.28	2.51	1.25	20.14
6 月	126.83	554.00	2.29	0.75	1.50	5.00
7 月	33.74	120.00	2.81	4.95	2.00	24.80
8 月	35.11	130.68	2.69	9.03	9.00	10.03
9 月	10.75	49.90	2.15	4.02	4.00	10.04
10 月	0.00	0.00	—	0.00	0.00	—
2012 年 1—10 月	289.20	1 468.23	1.97	30.90	39.29	7.87